［美］艾琳·L.凯利（Erin L. Kelly） ［美］菲利斯·莫恩（Phyllis Moen） 著 张扬 译

过劳

好工作是如何变坏的

中国科学技术出版社

·北京·

OVERLOAD: How Good Jobs Went Bad and What We Can Do about It by Erin L. Kelly and Phyllis Moen, ISBN: 9780691227085
Copyright © 2020 by Princeton University Press
New preface copyright © 2021 by Princeton University Press
All rights reserved. No part of this book may be reproduced or transmitted in any form or by any means, electronic or mechanical, including photocopying, recording or by any information storage and retrieval system, without permission in writing from the Publisher.
Simplified Chinese translation copyright © 2024 by China Science and Technology Press Co., Ltd

北京市版权局著作权合同登记　图字：01-2024-1316

图书在版编目（CIP）数据

过劳：好工作是如何变坏的 /（美）艾琳·L. 凯利（Erin L. Kelly），（美）菲利斯·莫恩（Phyllis Moen）著；张扬译 . — 北京：中国科学技术出版社，2024.5

书名原文：Overload: How Good Jobs Went Bad and What We Can Do about It

ISBN 978-7-5236-0430-4

Ⅰ.①过⋯ Ⅱ.①艾⋯ ②菲⋯ ③张⋯ Ⅲ.①劳动强度—研究 Ⅳ.① F014.2

中国国家版本馆 CIP 数据核字（2024）第 039798 号

策划编辑	刘颖洁	责任编辑	刘　畅
封面设计	周伟伟	版式设计	蚂蚁设计
责任校对	吕传新	责任印制	李晓霖

出　　版	中国科学技术出版社
发　　行	中国科学技术出版社有限公司发行部
地　　址	北京市海淀区中关村南大街 16 号
邮　　编	100081
发行电话	010-62173865
传　　真	010-62173081
网　　址	http://www.cspbooks.com.cn

开　　本	880mm×1230mm　1/32
字　　数	198 千字
印　　张	10
版　　次	2024 年 5 月第 1 版
印　　次	2024 年 5 月第 1 次印刷
印　　刷	北京盛通股份印刷有限公司
书　　号	ISBN 978-7-5236-0430-4 / F · 1202
定　　价	69.00 元

（凡购买本社图书，如有缺页、倒页、脱页者，本社发行部负责调换）

序

2020年3月,本书英文版首次出版,那时正值新冠疫情在美国及全球范围内传播。美国各州下发居家办公通知,一些公司出于安全考虑,取消了办公室到岗制。因此,许多人突然被迫居家办公,并持续了数月。一些高管曾对这种远程办公方式保持警惕,或将其视为不过是对特定员工的一次变通。但是,他们后来突然发现,远程办公对所有员工来说其实都是可行的。很快,员工、经理、客户和供应商便掌握了Zoom、WebEx和Microsoft Teams等线上交流技术,弄清楚了如何在线上完成工作,以及如何在无法线下面对面交流的情况下协同工作。之前,人们时常抱怨弹性工作制不切实际,但现在这突然变得无关紧要了。不得不说,需求乃发明之母。

在新冠疫情暴发导致员工工作地点大范围变动之前,我们就开展研究并撰写了这本书,但远程办公也是我们研究的工作再设计计划的一个重要组成部分。疫情之前,我们研究了白领脑力工作者的工作场所创新问题,并总结出了一些经验和准则。现在,这些经验和准则显得十分有用。随着疫苗接种有效控制了疫情,我们的研究成果可以促使高管们进一步重新思考其员工的工作地点及方式。

过劳
好工作是如何变坏的

因为疫情的原因，许多从事脑力工作的白领专业人员和经理一直在经受工作地点、时间和方式转变的考验。我们的研究成果为探寻后疫情时代更好的工作方式提供了参考，同时也揭示出，仅仅居家办公是行不通的。

本书认为，在不做出相应改变的情况下，远程办公时间增多存在多种风险。同时，在后疫情时代混合工作的模式中，即便所有白领员工能够安全返回办公室岗位，远程办公方式依然普遍，而本书则为适应这一新模式提供了实用指南。

当然，新冠疫情时期，远程办公并不是引发劳动力市场混乱的唯一原因。服务行业人员深受失业和降薪的影响。医疗保健行业一线员工的需求极大。现在，杂货店、食品生产企业、仓储和送货服务企业的工人"不可或缺"，但他们也面临新的健康和安全风险以及客户需求。然而，就像本书的研究对象一样，从事脑力劳动工作的专业人员和经理，既有尝试新工作方式的机遇，也遇到了新的风险和挑战。

过劳日益严重所带来的风险

新冠疫情加剧了本书所描述问题的严重性：过劳指感觉工作要求不切实际，以及感觉在手头资源有限的情况下，需要做的工作太多。对于许多专业人员和经理来说，疫情增加了工作需求。因为在"常规"工作量的基础上，他们需要重新设想和构建更多的流程。我们当然也在大学里发现了这一情况。即使大学的运行秩序和政策一再改变,以应对疫情导致的变化和不确定的健康状况,但除了以往的工作照常进行,我们还需要迅速学会如何利用网络开展线上教学、提供建议和开展研究工作。

随着居家办公模式的出现,家庭和工作之间的分界线消失了,这导致许多员工的工作时间变得更长。特别是穿衣打扮、通勤和办公室工作等日常惯例都省掉之后,无论在清晨还是深夜,我们都可以很方便地打开电脑进行工作。诚然,居家办公的父母,尤其是母亲,因为日托机构和学校关闭,她们的工作需求与家庭需求直接冲突,所以她们有时需要通过缩短工作时间来进行平衡,有些母亲甚至被迫离职。然而,即使在这种情况下,许多父母仍然坚持完成正常的全职工作量,甚至还会延长工作时间。他们会将工作分散到早、晚以及零碎时间中,牺牲睡眠、锻炼、休闲娱乐的时间来完成工作。

我们的研究表明,早在新冠疫情引发经济危机之前,许多专业人员和经理,无论白天是否在办公室全天工作,晚上和周末都会居家办公。工作的不安全感迫使他们长时间地投入工作,接受不切实际的工作安排,并试图通过快速回复电子邮件、短信和聊天信息的方式,让经理和高管看到自己的努力,希望以此保住工作。

疫情也引发了类似的担忧。由于失业率上升、劳动参与率下降,至今仍保住工作的人们内心越发担忧。远程办公的员工经常感到一种随时待命的压力。在发生裁员或预料将要裁员后，他们会拼命工作，表现出奉献精神，证明自身对公司的价值。在"达摩克利斯之剑"高悬的情况下，员工们不得不想尽一切办法证明自己的价值。即使自己已经筋疲力尽，身体不舒服，或者需要照顾家人，他们也会长时间工作，以迎合别人的预期。

因为工作在家里进行，所以这些工作模式可能看起来很灵活，远远好过传统的"朝九晚五"的工作日程。但是，正如本书所描述的那样，这只是企业需求的灵活性，而不是员工自主选择或让他们受益的灵活性。居家办公而不改变工作方式和要求，通常会危及员工的健康和幸福，增加他们的压力。

改变工作方式和管理居家办公的更好的手段

总体看来，本书讲的是一个正面的故事。机构、主管和团队领导可以重新设计工作方式，使这种工作方式更适合专业人员、经理及他们的家庭和公司。一个重要经验是，远程办公不应是工作再设计计划的唯一或主要重点。要求人们必须远程办公的政策，甚至是认为员工可以随时随地工作的政策，都很容易延长工作时间，并给员工带来随时待命的工作压力。相反，利益相关者需要重新设想和改造团队内部的工作组织方式，以及经理评估绩效的方式。

我们研究的一家《财富》世界500强公司的创新工作再设计计划，有助于大规模实施居家办公，但这一方法将远程办公视为更广泛战略的要素之一，以便共同打造更好的工作方式。本书第二部分介绍了这种综合的工作再设计计划，包括经理如何做出关键的角色转变，引导团队讨论，帮助过劳员工确定在作为个体和相互协作时可以做出的改变。

在保持工作时间稳定的同时，这种工作再设计计划改变了日常工作方式（包括增加远程办公时间）。这些改变可以保证员工和经理的身体健康，提升幸福指数，促进工作与生活的融合，提高工作满意度。除此之外，还可以减少有价值、有经验的专业人员和经理的流失，节省公司资金，保留专业技术。

然而，需要注意的是，只有当员工觉得自己可以选择工作地点和时间，而不是公司简单地强制要求远程办公或关闭所有办公室的时候，才能实现上述优势。经理和同事认可并尊重员工的个人和家庭生活也很重要。换句话说，我们提到的这些优势主要不是来自居家办公，而是来自自我控制和得到支持的感觉。在本书中，我们研究的专业人员和经理喜欢被信任的感觉。这种信任可以让他们自己决定何时、何地以及何种方式工作，并且有机会培养新的团队文化和得到更多的支持。

我们有机会再设计未来的工作

在后疫情时代，工作既是挑战，也是机遇。疫情打破了原有的工作模式，不仅增加了远程办公或更加灵活的工作日程安排的可能性，也增加了对以前被认为是理所当然的工作方式进行重新评估的可能性。书中描述的工作再设计计划，为变革工作方式提供了参考。

那将会是什么样的一种工作方式呢？早在疫情催生"混合工作方式"一词之前，我们的研究所涉及的员工和经理就创造了可行的"混合工作方式"。由于具有自我选择权和支持性的团队文化，大多数人会选择居家办公，同时偶尔在办公室工作。许多人倾向大部分时间居家办公，但也会到公司参加重要会议。这些人可能会优先考虑亲自参加与客户召开的第一次会议，参加其认为亲自到场会更有成效、更能激发想象的设计会议，或者参加庆祝同事生日、庆祝项目成功启动的活动等。部分员工更喜欢大部分时间在办公室工作。原因大致有3种：其他家庭成员在家（退休，在家里带孩子或者居家办公）；认为在办公室工作效率更高；希望有与同事有更多的面对面交流的机会。

尽管一些公司可能希望所有员工都居家办公，部分原因是可以节省公司的办公室租赁成本，但我们预计大多数员工和经理会更喜欢居家和坐班相结合的混合工作方式。具体的工作方式可能取决于工作类型以及员工个人和家庭生活情况，但完全居家办公只适合某些员工和某些"角色"。研究表明，一成不变的是，在各个年龄段、人生阶段，以及不同的性别和行业的员工对何时、何地和如何工作至少有一部分的发言权，是非常有价值的。

本书的核心建议并不是制定正式的政策，规定员工每月或每周的坐班时间，或者规定员工必须经过经理或领导批准才可以居家办公。不同于传统方式的是，我们设立了定期对话的机制，以了解员工期待的工作方式以及最佳的团队协作方式。这一机制为灵活、个性化和具有适应性的工作方式奠定了基础。通过团队对话和经理指导，员工知晓自己的工作任务，这样就可以全身心地投入工作，而不用分神去担心别人会对自己选择的工作地点、工作时间或工作方式指指点点。其他企业可能会选择建立更正式的工作流程，但是集体讨论工作再设计问题仍然至关重要。

正如后面的章节中所阐述的，公司要为员工提供多样化的工作方式，甚至要期待多样化的工作方式。在许多公司，灵活办公一度是一种选择，但实施这种选择被视为存在风险。雇主与员工都常把长时间待在办公室看作完成工作、证明工作奉献精神的理想方式。在疫情之前，居家办公或因个人原因调整工作时间的做法并不受欢迎。由于男女在承担家庭责任方面存在着性别差异，女性，尤其是母亲，即使认为灵活办公会带来污名化或者会对自己的职业发展产生影响，她们也更倾向于寻求灵活办公的机会。未来，如果"复工"意味着企业允许员工继续居家办公，但只能将其作为备选，那么母亲们的职业生涯可能会进一步受阻，性别不平等的状况也会进一步加剧。但是，我们所描述的工作再设计计划表明，新的工作方式不仅有益于全体员工，还有利于企业发展。

本书描述了一个工作再设计计划，而目前是实施类似计划的绝佳时机,方法是邀请多个团队进行讨论,了解个人和集体在当前的工作模式中遇到了什么困难,并设想什么样的工作方式对团队来讲效果最佳。如果有机会这样做,各个团队就可以重新设想工作方式,精心设计可以让企业和员工双赢的新工作模式。这是一个非同寻常的机会,能够让我们极大地改善工作模式,对员工和企业都大有裨益。这本书能够在这方面提供帮助。

目 录

第一部分 "社畜"生活的现状

第一章 旧规则,新现实 2
研究对象和方法 8

重新设想21世纪的工作 13

第二章 过劳的特点和危害 16
过劳无处不在,无时不有 16

过劳成为新常态 21

过劳与工作强度的4个层面息息相关 25

过劳对健康和幸福的危害 38

过劳对家庭关系的危害 44

过劳是否存在性别差异? 48

第三章 为什么过劳问题变得如此糟糕? 59
(缺失的)政策背景 60

过劳的解释：三种视角　62

TOMO公司IT专业人员和经理的案例　67

过劳对公司是利还是弊　89

其他好工作与过劳　93

第二部分　摆脱"社畜"生活的潜在解决方案

第四章　双议程工作再设计——在TOMO公司了解STAR计划　100

我们要用STAR改变什么？为什么要这样做？　102

STAR与"把灵活性当作变通"　110

STAR：制度工作和制度变革　114

STAR是什么：阐明制度化的工作　117

激励变革：刺激变革需求或渴望　118

STAR是什么：出现的问题　136

第五章　工作再设计计划给企业和员工带来的变化　145

舍文的转折点　145

更广泛的问题以及如何回答　147

职业倦怠、过劳和工作满意度的变化　150

人员流失和流失意向的变化　154

实际上发生了什么变化？　158

工作投入度、协作和反思的改变　176

哪些事情本应改变但尚未改变？　179

第六章　工作再设计对健康、幸福和个人生活的益处　188

主观幸福感和心理健康　189

关爱自己　193

个人时间与工作-生活冲突　199

亲子时光和更多的健康福祉　202

其他家庭成员的时间　210

第三部分　展望未来

第七章　前进两步，后退一步　218

公司合并与STAR正式终止　220

终止STAR的其他解释和理由　225

尽可能长时间地利用模糊性　238

俯瞰全局：维持新计划为何如此之难？ 243

第八章　创造合乎情理和可持续的工作　249

雇主能够做出的改变　253

经理和员工能够做出的改变　263

改变公共政策环境　267

设计更加美好的未来　275

参考文献　281

though # 第一部分

"社畜"生活的现状

第一章
旧规则，新现实

目前流行的工作方式不可持续，舍文（Sherwin）对此深有体会。舍文是 IT 行业的专业人员，有着 20 年的从业经验，技术高超。他所在的公司是《财富》世界 500 强公司之一，我们在这里称之为 TOMO 公司。我们曾采访这家公司的许多专业人员和经理，其中包括舍文。他身兼数职，不仅设计软件解决方案来解决商务问题，而且直接参与新软件的研发。他既有大局观，又熟悉计算机编程的具体知识。在个人生活方面，舍文是一位离异的父亲，两个女儿主要和他一起生活。舍文还需要照料他年迈的母亲，而他的母亲看到儿子如此繁忙，有些于心不忍，正在考虑是否搬进养老院。

舍文认为，他在照顾家庭方面问题不大，但工作负担让他难以承受。舍文估计，他每周需要工作大约 70 个小时。每天早上 5 点，他就开始借助手机进行工作，其间还要抓紧时间送孩子们上学。工作一整天后，他回家给孩子们做晚餐，辅导她们做作业。忙完这些之后，他还经常不得不在家里继续加班，工作至午夜的现象屡见不鲜。然而，舍文的经理塔内（Tanay）不

第一部分
"社畜"生活的现状

会对舍文长时间、高强度的工作感到吃惊,因为塔内本人就是一个"超级工作狂"。塔内表示,他自己的顶头上司(在组织结构图上比舍文高两级)给团队压的担子过重,几乎难以完成。

舍文积极投身于自己的工作,并且为之感到兴奋。他喜欢工作中的技术挑战。当听到"团队成员天赋异禀,这些人太聪明了"这样的评价时,他心存感激。这种感觉是相互的:当我们单独采访塔内时,塔内表达了他对舍文的才智和技能的尊重。然而,尽管舍文喜欢工作的大部分方面,但他明白,他的工作方式是有害的。他告诉我们:"永远无法完成的工作给我的健康造成了巨大伤害。"他的工作模式让他很难照顾好自己。"不停地熬夜,不停地熬夜",他还表示,"我最不愿意做的事情是起床和健身,我太累了"。事实上,不久以前,舍文心脏病发作,所幸不太严重。他告诉我们:

> 我之所以去看医生,只是因为我感到不适,我甚至没有意识到那是心脏病发作。他们让我做了心电图和其他一些检查,然后告诉我:"昨天你心脏病发作了。"

为了从疾病中恢复,舍文大约4周没有上班。这次生病给他带来了持久的影响。正如他所说的那样,"我对生活中许多事情的看法有了很大改变"。他希望以后能够以不同的方式工作,以便更好地照顾自己。

过劳,也就是那种"时间紧、任务重"的感觉,是大量

过劳
好工作是如何变坏的

专业人员和经理目前所面临的问题。舍文的工作和生活方式就是典型的例子。从工资、福利、工作能力和工作环境的角度而言，这一部分人无疑是幸运的。通常，他们会受到尊重，他们的贡献和想法也往往能够得到认可。从许多方面来讲，他们的工作是"好工作"。北卡罗来纳大学社会学教授阿恩·卡勒伯格（Arne Kalleberg）建议，人们可以通过考虑以下因素来评估一个工作是否为好工作：收入、福利、稳定性、晋升机会、自主权和控制权、工作任务的意义和趣味性，以及工作时间和日程安排是否与日常生活相匹配。

但是这些专业人员和经理发现，原本不错的工作已经演变成更紧张、保障更少的工作。通信技术的进步促成了一种"永远在线、永远工作"的文化。经理和同事们都知道，通信技术使他们可以随时随地保持联系。因此，他们在工作时间之外也经常讨论工作问题。此外，全球化、自动化和人工智能的兴起，使各种职业和行业中受教育程度最高、经验最丰富、技术最娴熟的员工也清楚地意识到，他们的工作正在发生根本性的变化，甚至可能消失。虽然这一部分人的收入和福利待遇仍然相对较高，但他们需要付出更大的代价。过去的好工作以相对高水平的自主性和良好的保障著称，然而，随着工作量的不断增加、工作节奏的日益加快，以及工作期望几乎无法满足，这类工作已经变得很糟糕。

难道这种高速运转、深陷"棘轮效应"和安全性受到侵蚀的工作，就是我们所期待的未来工作吗？这样的工作方式要么会破坏组织机构，要么会压垮员工。过时的政策和过高的期望，与数字化革命和全球"知识型工作"（以及"知识产品"）大量涌现所带来的紧张节奏相互碰撞，加剧了员工的倦怠和压力，损害了他们的健康。大多数企业除了实施"朝九晚五"（或"朝八晚六"）的办公时间，还要求员工在凌晨与海外人员通话，完成在晚上10点紧急安排的工作，及时回复无时不在的邮件、短信和即时信息。

除与新技术和全球竞争相关的变化外，美国公司的兼并、重组、裁员以及破产都已经成为家常便饭。这使所有员工，包括专业人员和中层经理都不能确定他们明年甚至下周是否会被裁员。那些在裁员潮中幸存下来的员工则不得不承担被裁员工的工作，工作负担骤然上升。公司下定决心秉持"少花钱、多办事"的原则，员工们则被迫加班加点，疲于奔命。

我们在TOMO公司IT部门的采访和调查表明，过劳会给员工带来伤害。这一点不仅对读者来说不足为奇，接受我们采访的专业人员和经理更是心知肚明。昆瓦尔（Kunwar）是一名经理，管理着近30名员工，同时也是一位妻子和母亲。她解释道，晚上10点的会议意味着她"整个晚上实际上都被毁掉了"，因为她一直"处于紧张状态"，忙于为会议做准备。与此类似，她经常不得不参加在周六或周日早上5点半或6点半召开的"项目状态"电话会议，严重干扰了她的周末生活。

这种工作模式使人们无法充分放松，肯定会对身体健康、心理状况甚至血压造成影响，而人们可能对此并无察觉。我得不到充分的睡眠，甚至没有时间去锻炼。在这种工作环境中，我不得不总是考虑工作问题。

同时，我们也知道，过劳同样也会给这些专业人员和经理所在的组织机构带来问题。如果只追求工作速度，那就意味着工作质量将会大打折扣，主要原因不在于缺乏技能，而在于缺少时间。通常，依赖知识型人才的公司，会尽量招聘和留住具有创新精神和创新能力的人才。然而，创新和创造力与倦怠和疲惫并不兼容。

在我们的调研过程中，一名经理解释说，其手下的软件开发人员感到沮丧，因为整天"都会有人向他们询问问题"。那些问题通过公司内部的聊天软件发送，导致他们在编写代码时经常被打断。这些信息科技专业人员认为，"他们每天、每个星期都如此，以至于无法在正常工作时间内完成工作"，因而不得不加班至深夜，甚至在周末也要加班（与舍文的状况类似），以便赶上工作进度。这名经理也意识到，这种快节奏会影响团队的工作质量。他表示，由于团队成员的工作压力过大，他们之间的"关系越发紧张"。

一直不停地踩踏板……全速前进。别停下来。你感到委屈？坚强一些。让我们完成工作……我不是忽略你的感受。然而，抱歉，我们必须完成工作。

第一部分　"社畜"生活的现状

我们了解到,这支团队的一个项目的截止日期在几周以后(9月份),因此我们询问那名经理,他们的压力是否来源于此?他解释说,这种强度的工作已经成为常态:

> 我们6月份是这样,9月份是这样。我预计,12月份也将是如此。

过劳以及旧规则与新现实的冲突,不是员工和一线经理通过早起、夜晚不查阅与工作有关的电子邮件,以及减少处理家庭事务的时间,就能解决的私人问题。解决这些问题,需要创造新的工作方式,以促进合乎情理和可持续的工作,提高工作效率,并努力提高性别、年龄、教育背景、职业和生活阶段不尽相同的员工的生活质量。

我们认为,美国联邦政府的安全体系和劳动法规应当更新,以应对新的工作强度和不稳定性,以及美国和其他地方日益严峻的不平等问题。同时,公司和其他用人单位同样也可以采取措施,解决过劳的问题。通过借鉴我们和一个名为"工作、家庭和健康网络"(Work, Family, and Health Network)的跨学科专家小组的研究经验,我们确定了具有创造性和实用性的方法,重新设计工作方式,并把它称之为"双议程工作再设计"(dual-agenda work redesign)策略。该策略鼓励员工和管理者去思考应该如何改变工作方式,以便使其既有利于员工(及其家庭),也有利于用人单位。结果表明,工作方式的改变，对员工、他们的家庭以及雇用他们的用人单位都很有效。

这项研究表明，事情可以向好的方向转变。那些与我们上文介绍的方法类似的创新举措，能够创造一种新常态。在这种新常态下，员工有更大的权力做出自己的决定，经理和员工认可并支持工作之外的生活，并且每个人都不太关注工作的时间和地点，而是更关注高效的合作。"更聪明地"工作包括放弃一些任务和会议，以及适时地关闭通信设备。尽管正如我们在TOMO公司的研究所揭示的那样，在面临组织结构变化时（比如管理层发生人事变动），新的工作方式比较难以维持。但是，工作规则、日常实践和期望是可以改变的。

现状似乎非常顽固，难以改变。但是，如果我们有意愿、有力量并愿意用足够的想象力去推动变革，我们就有办法把工作变得更加可持续、愉快和高效。

研究对象和方法

我们首先通过开展调查、查阅公司记录、进行民族志研究和深度访谈等不同的方法收集数据，然后借助这些数据来研究过劳及其产生的后果。同时，我们还总结了其他研究人员的相关研究。随后，我们通过创新性的随机现场试验来收集证据，并利用这些证据来研究应该改变什么以及如何改变。

我们的研究历时大约5年，数据主要来源于一家《财富》世界500强的科技公司的IT部门，就是前文提到的我们称之为 TOMO 的公司。研究对象为该部门的大约一千名员工和经理。这家公司的总部不在硅谷，也没有一个超级令人兴奋的工作场所，但人们普遍认为这家公司善待员工，是一家不错的公司。当我们第一次参观这家公司的办公室时，发现其工位设置和文化氛围似乎与其他科技公司工作场所的布置非常类似。这家公司的 IT 专业人员和经理大部分是中年人，他们往往穿着牛仔裤、休闲裤、领尖有纽扣的棉衬衫和挺括的毛衣。他们大部分是白人或者南亚人。尽管 TOMO 公司 IT 部门的女员工比例（约 40%）比许多科技公司的要高，但整体而言，该部门的工程师符合我们对工程师的刻板印象。然而，与其他公司不太相同的是，该部门的办公区显得有些空旷。在许多楼层，至少有 1/3 的工位空置。这明确地提醒我们，该公司在向海外扩张的过程中，已经一再裁员，并通过科技来实现工作的自动化和便利化。

这支团队包括从事各种 IT 相关工作的人员，如软件开发人员、质量保证人员、项目经理，以及将客户需求转化为项目规划并提供给其他 IT 专家进行参考的分析人员。从调研的样本中，我们发现，TOMO 公司 IT 部门的员工和经理的薪酬相当高，平均工资超过 9 万美元，福利也很丰厚。除了优厚的薪水和福利，令 TOMO 公司的员工感到满意的事项还包括良好的工作环境、具有挑战性的工作，以及公司所在的城市。因为这是一座美国中部城市，生活成本合理，基础设施完善。TOMO 公司的 IT 专业人员拥有高超的技术能力，但与位于硅

过劳
好工作是如何变坏的

谷或纽约的更著名的科技公司的员工相比,他们的经验与美国中部其他大型公司的专业人员和经理更接近。我们的受访者平均在 TOMO 公司工作了 14 年。这说明,假如不被裁员的话,他们会倾向一直在这家公司工作。

我们特意将研究重点放在专业人员和一线经理身上,虽然他们有一份"好工作",但不属于最精英的阶层,也不处于财富分配的最顶端。这些专业人员和经理通常具有本科学历,他们的薪水也远高于美国工资的中位数。作为全职员工,他们享有很好的福利待遇。近期其他关于工作的调查研究,倾向于调查处于"职业带"两端的人员,即按照钟点计算工资的零售和快餐等行业的从业人员,以及在著名的管理咨询公司、金融公司和大型律师事务所等精英公司任职的人员。与此形成对照的是,我们选择的研究对象处于中间地带,主要包括受过大学教育、收入处于中上水平的员工。他们既不属于精英人群,也没有受雇于著名的大公司。我们在 TOMO 公司听到的工作负担重、不安全和过劳的故事,可能对许多人来说都很熟悉。当然,当我们和来自多个行业的白领员工、专业人员和经理分享我们的研究成果时,他们会点头表示认可,脸上通常带着遗憾的微笑,并讲述他们自己的过劳故事。我们相信,我们在 TOMO 公司研究的对象,代表了当今美国相当多的员工和经理。他们的故事反映了目前的现实性和未来的可能性。

我们的这项研究包括多个组成部分,涉及的人员众多,时间跨度较长,是"工作、家庭和健康网络"跨学科专家小组的研究项目之一。该小组的成员来自美国多所大学和研究中心，共同开展令人兴奋的合作。在本书中，我们分享了这个专家团队发表的论文中的研究成果。然而，我们在这里提出的证据，主要来自对TOMO公司的员工所面临的严峻现实的分析，以及我们对这家公司和其他公司的组织变革所面临的前景和挑战的分析。我们多次到这家公司参加会议，进行考察和采访，并和高管以及其他人员进行交流。我们的研究团队包括几位"嵌入式"社会科学家，他们进驻这家公司，进行实地观察，组织开展了多轮调查，进行了大约400次访谈。他们还组织相关培训，实施我们称之为STAR（Support，Transform，Achieve，Results；支持、转变、实现和结果）的工作变革计划（以下简称"STAR"），并把它作为"双议程工作再设计"策略的一个案例。

在TOMO公司的IT部门中，有一半的人员参与了STAR计划，另一半人员作为对照组，继续在传统的公司政策下工作。这次的试验使我们的证据更加具有说服力：由于人员被随机分配到STAR"实验组"，因此，在研究刚开始的时候，两组人员汇报给研究人员的焦虑、压力水平和态度是相同的。随着时间的推移，实验组和对照组的人员的感受和态度发生了变化。通过对比这些变化，就可以揭示STAR的效果。我们的研究团队遵循严格的设计标准以及检验假设和预期的标准；在评估STAR能够带来什么变化以及不能带来什么变化方面，现场试验给我们带来了信心。

过劳
好工作是如何变坏的

  关于何时、何地和如何完成工作，我们有一些正式和非正式的规则。本书描述了在我们试图改变这些规则时，会产生什么样的结果。在时间管理、如何按时完成任务、使用或不使用技术设备以及照顾好自己方面，STAR 给予团队及其成员更大的控制权。STAR 还鼓励经理积极表达对员工的支持，确认员工在工作范围之内和之外的优先事项和责任。与此同时，组织机构的关切和利益也很重要。STAR 旨在做出一些变革，这些变革不但不影响工作的完成，甚至还能帮助公司提高业绩。

  在一个真实的公司中研究正在发生的组织机构变革，既具有挑战性，又令人欣慰。这种研究方法使我们能够从两个非常重要的视角探寻我们所处的世界。首先，当实行像 STAR 这样的组织机构变革时，组织机构的成员会面临这样的问题："如果不实施这样的变革，会怎样？"传统的工作方式，并不是唯一的合适、合理和可行的安排。它只是现行的方法，是 20 世纪中叶设计出来的，而当时的技术、任务、劳动力及其对工作的期望与现在相比都大相径庭。STAR 的工作流程使多个利益相关者清楚地知道，"游戏规则"是可以改变的。事实上，这个项目的集体的、反思的过程，对那些想当然的策略、实践、互动模式和假设进行了检验，而不是假定它们就是合理的或最优的。我们允许并鼓励 STAR 实验组的专业人员和经理积极思考，以便构想出完成工作任务所需要的更理智和更具可持续性的方法。在 STAR 实验组的专业人员和经理选择改变什么，并尝试把新方法变成新常态时，我们观察他们质疑了什

第一部分　"社畜"生活的现状

么，并进行了实时跟踪。我们希望这本书能够触发读者进行类似的反思过程，鼓励读者对工作方式进行批判性思考，为各个职业和行业找到更好的工作方式。

社会科学的一个重要原则是，我们通过试图改变社会体系来了解社会体系。著名的组织学专家库尔特·勒温（Kurt Lewin）认为，"如果你想真正理解一件事，那就试着去改变它"。改变工作方式所付出的努力，会引发各种反应。无论这些改变是否能够以预期的方式获得成功，那些反应都是非常有价值的。我们的研究方法，使我们能够捕捉到实践、理解和关系的变化，还能够让我们了解到，预先制订变革计划可能会失败。在我们的研究过程中，TOMO 公司被一家更加保守的公司（我们在这里称之为 ZZT 公司）兼并。兼并之后，STAR 在这家公司最终被撤销。我们的体会是，企业界正处在一个紧张、不安全和不断变化的时代，我们从 STAR 在这家企业被撤销这件事情上所学到的东西，与我们从 STAR 的成功实施中所学到的东西几乎一样多。

重新设想 21 世纪的工作

我们以 TOMO 公司的组织结构变革案例为中心，进行了更广泛的分析。本书的第一部分深入探讨过劳问题，这一问题被我们视为这个时代的关键问题之一。什么是过劳？过劳的后果是什么？过劳是如何变得无处不在的？探讨这些问题，对于

过劳
好工作是如何变坏的

确定真正的解决方案非常重要。我们对这个问题的理解,是通过这项研究逐渐形成的。尽管在我们的学术生涯中,我们对公众关注的工作问题和家庭问题都进行调查和研究,但是,我们目前的观点是:许多专业人员和经理所关注的核心问题不是如何平衡工作和家庭责任,而是如何管理高强度的工作任务。

换句话说,我们不把过劳问题的根源定位到工作与家庭的关系上面,而是定位到高强度工作本身上。在如何定位问题方面,这是一个重大转变。我们担心,"工作－家庭"这种定位问题的方式并不恰当。这是因为,如果这样的话,过劳问题就会被视为女性的问题,或者被视为以职场妈妈为主,涉及部分父亲的问题。但是,过劳会影响各个年龄段、处于不同人生阶段的男女员工。工作对承担母亲或父亲角色的员工来说具有挑战性,对于那些需要照顾年迈的配偶或父母以及面临自身健康问题的员工也同样具有挑战性。不仅如此,年轻员工——通常是没有家庭责任的千禧一代,认为他们"不停地工作",而我们采访的婴儿潮一代的许多人也感到负担过重,精疲力竭。这说明,过劳现象普遍存在,无孔不入,这种高强度的工作方式把健康、幸福、生产力和创新置于危险之中。

本书的第二部分介绍并评估了一个潜在的解决方案,用以解决过劳问题和创造新的工作方式。我们调查和研究了我们称之为 STAR 的特别计划,并把它作为"双议程工作再设计"策略的一个案例。STAR 带来的变化包括但不局限于改变工作日程安排、在可行的情况下居家办公、对会议和"低价值"的

第一部分 "社畜"生活的现状

工作任务提出质疑,以便员工可以更专注于核心工作。这些工作方式可以被视为职场的灵活性,但我们也研究了灵活性在不同背景下的不同含义。我们需要设计出能够真正帮助员工的灵活性工作方式,而不是仅仅强迫他们随时待命,或者要求他们放弃良好的职业生涯规划,以换取他们所需要的灵活性和控制权。

本书的第三部分探讨了重新设计工作方式的可能性。在这一部分,我们的讨论超越了 STAR 在 TOMO 公司的实施情况。正如我们在第二部分中所证明的那样,组织机构可以在更好地为员工着想的同时提高业绩。我们在企业和公共政策中发现了一些变化和令人兴奋的创新举措。但我们也认识到,要在各种环境下实现有意义的制度变革,并使之惠及更多的员工,是一项严峻的挑战。在这一部分的最后,我们分享了创造更理智和可持续工作方式的多种途径。

这是一条前进的道路,这项研究指出了创造新的工作方式的可能性,即不把当下近乎疯狂的工作方式视为理所当然。但在此之前,我们需要更多地了解高强度工作带来的问题和过劳的普遍感受。

第二章
过劳的特点和危害

过劳无处不在，无时不有

兰德尔（Randall）是一名软件开发人员。他是一名白人，40岁出头，单身，留着整齐的黑胡子，精力充沛。他最近买了一套房子，准备装修。他还喜欢看电视和做运动，但他每周的工作时间长达50到70个小时，几乎没有时间做这些事情。他解释说，他最近的日程安排是上午8点半到下午5点半在办公室工作，除此之外还有许多工作要做：

> 在很多项目中，他们希望你晚上8点到午夜也在工作。如果你晚上8点至午夜没有保持电话畅通，随叫随到，第二天早上就会有人问你："嘿（敲工位的边缘），昨晚8点到午夜你在哪里？"

兰德尔认为，在办公室工作一整天之后，被迫在很晚的时候还要保持电话畅通，原因是有人——很可能是兰德尔的上级——已经"颁布法令"（兰德尔的原话），要求他以及团队的其他成员这样做。兰德尔把TOMO公司IT部门的管理风格描述为"独裁统治"。他还表示，"这根本不是令人愉快的工作环境"。

兰德尔感到沮丧的部分原因是，他认为自己没有必要在晚上还要保持电话畅通。他不认为自己对最近几周讨论的技术问题提供了任何具体意见，"但每天晚上，我从晚上8点到午夜都要保持工作状态"。即使在电话通话中发表了一些有用的看法，兰德尔也认为这样的日程安排太过分，令人精疲力竭。他觉得自己被公司"占有"，因为"他们"制定的工作要求，占据了他的私人生活。他回忆说：

> 有时候，我会在晚上7点下班回家，有意识地打个盹，因为我知道我将从晚上9点工作到午夜。在那个时候，我为公司而活，你知道吗？我打盹不是为了我自己，而是为了他们……我不得不打盹。因为我知道，我要和他们一起熬一整晚，并且每晚都是如此。

这种工作模式除了助长怨恨情绪，还造成了一些实际问题。兰德尔回忆说，在最近一段时期，他所在的团队一直处于"危机模式"：

> 我开着手机免提，在洗手间冲马桶。我经常做类似

过劳
好工作是如何变坏的

的事情。这就像我在说,"你占用了我的生活,我能怎么办?"你明白吗?我知道,电话另一端的人都能听到我在做什么。

你每天只给我3个小时的睡觉时间,这太荒唐了!如果你和公司的关系是这样,那你肯定不高兴。

兰德尔的经理乔纳森(Jonathon)是一名中年白人男子,已婚,有3个孩子。他管理着一个大型软件开发团队,并向总监瓦妮莎(Vanessa)汇报工作。作为一名经理,乔纳森为自己的工作感到自豪,他认为自己的工作与自己的技能非常匹配。乔纳森还致力于参加家庭和社区活动,他所居住的社区距离公司约一小时车程。他尽量保持合理的工作时间,以便留出时间参加那些活动。

但是,从他讲述的故事以及我们对他的第一次采访屡次被打断的情况来看,他很难从工作中脱身。当我们问他,他的工作对个人生活和健康有什么影响时,他先是声称,自己有很强的边界感,但他随即又描述了工作是怎样占用家庭时间的。在采访过程中,他的手机响个不停,让我们从侧面了解了他被工作打扰的频繁程度:

回到家以后,我什么也不做,除非电话响起。我拒绝在家工作。当我在家的时候,我只和我的家人在一起。

唯一例外的情况是电话响起的时候。当老板打来电

第一部分
"社畜"生活的现状

话或者有事先计划的会议时，我不得不破例。今晚 9:30 就有一场会议，但那时已经很晚了。到那个时候，孩子们已经安静下来，四周也变得一片沉寂。孩子们知道，我要开会，做我自己的事情了。

乔纳森不希望超负荷的工作影响家庭生活。他认为，他妻子的健康已经由于他在深夜接听电话而受到伤害。他尽量把手机放在另外一个房间，但这时他们会把电话打到座机上。他说："座机的铃声比较大，会吵醒所有人。"

当乔纳森开车回家后和家人在一起（无论醒着或睡着）或者在参加童子军或教会的活动时，他经常被打扰。这与他所说的优先考虑家庭时间和参加社区活动的价值观相冲突。乔纳森是两个不同社区团体的官员，他告诉我们，他不久前参与组织了一次烹饪比赛，在比赛期间，他接到了他的老板瓦妮莎的电话：

> 我能怎么办？不接电话？我是说，我最终还是接了电话。是瓦妮莎打来的。她想谈点事情，所以我就谈了。

虽然他知道，与老板的此类通话既没有成果，也没有效率，但他还是不得不占用参与家庭和社区活动的时间去接听电话，乔纳森笑着说道：

过劳
好工作是如何变坏的

第二天早上,我甚至不记得她说了什么。我甚至不记得我们谈了什么,因为我当时处于信息过载的状态。

鉴于他目前的过劳情况,乔纳森还思考了他对孩子们以后工作的期许。他与他们谈论"职业道路",并带他们参观 TOMO 公司。孩子们对不同的 IT 工作角色感到好奇,他也意识到了 IT 工作对他们的吸引力。

与其他行业相比,IT 行业的薪酬往往高于平均水平。与此同时,你也要为此付出代价。坦率地说,我不希望我的孩子进入这个行业。

瓦妮莎是乔纳森、兰德尔团队和其他几个团队的总监,她的观点有些不同,但她承认,自己的工作强度很大。她估计,在她手下的经理们平均每周的工作时间为 45~50 小时,但是:

他们需要一年 365 天、每天 24 小时都能随时联系上。如果他们要离开公司所在的城市,或者因为休假而无法随叫随到,那么他们必须提前告知我。

瓦妮莎明确表示,无法及时回应工作消息只是例外,而不是规则,即使在传统的工作时间之外也是如此。

瓦妮莎似乎将过劳的责任归咎于一线经理和他们的员工。她说，工作时间应该由团队负责的项目和最后期限来决定。她把工作项目和最后期限称为团队所做的"承诺"。

假如你做了一个承诺，而这个承诺需要你一周工作70小时才能兑现。那么，下一次就不要做出这样的承诺。

然而，这并不像拒绝工作或设定更长的工作时间那样简单。我们一再听说，一线经理和员工对设定更合理的工作任务或减少他们的工作时间感到担心，因为这会使他们看起来很糟糕，会让他们更有可能丢掉工作。

过劳成为新常态

兰德尔、乔纳森和瓦妮莎等人的例子，反映了美国以及其他发达经济体的专业人员和经理目前的处境：即使是那些收入丰厚、工作体面的员工，他们的工作强度也日益加大，越来越难以控制。他们除了在工作时间内（至少从上午9点到下午5点）在办公室上班，老板还希望他们通过电话、电子邮件、短信和其他通信手段保持"可用性"（Availability），也就是能够随时投入工作。他们似乎很少有完全脱离工作的自由时间，恢复和调整精神健康的空间也很小。他们的工作时间通常压力重重，因为他们需要竭尽全力地完成越来越多的工作任务。虽

过劳
好工作是如何变坏的

然工作任务不断增加,但公司、非营利组织和公共部门都尽量配备较少的员工,并要求他们在压力巨大的情况下做到反应迅速和行动敏捷。在 TOMO 公司的 IT 部门,我们了解到了这些真实情况,但过劳在各个行业和职业中都越发明显。在你自己的生活中,你可能会很容易地识别过劳以及导致过劳的工作方式。

过劳涉及超长的工作时间,但如果我们只考虑工作时间的长短,就不能全面地认识过劳。许多人认为,美国人(以及其他在富裕的工业化国家工作的人)的工作时间越来越长,但实际上,这种趋势其实要更复杂一些。当我们衡量劳动者每周的平均工作时长时,我们看到,每周的平均工作时长近几十年来的变化并不大——尽管劳动者普遍有工作节奏加快和时间不够用的感觉。平均数掩盖了差异。我们看到,自 20 世纪 70 年代以来,美国的工作时长出现了差异。更多的人——特别是专业人员、经理和那些收入较高的人群——工作时间非常长,通常每周工作 50 个小时以上。与此同时,美国有一个相当大的劳动群体的工作时长相对较短,他们就是那些按小时数计算工资的人们,他们中的许多人都希望工作时间更长。工作时长的变化(无论在工时分布图的哪一端)在 20 世纪 80 年代和 20 世纪 90 年代较为显著,21 世纪以来的变化则相对较小。

然而,如果我们观察年工作时长的变化,我们就会注意到,近年来,年工作时长大幅上升。2013 年,美国的年平均工作时长为 1836 小时,与 1975 年相比增加了 183 小时左右。

这相当于每年额外增加 4 个 40 小时的工作周。年工作时长的变化，很大程度上反映了女性每年工作时长增加的趋势。由于女性比以前更有可能加入有偿服务的劳动力群体当中，更有可能从事全职工作，而且每年工作的周数越来越多，因而，许多家庭的有偿工作时长增加。

我们还需要考虑工作的强度。只计算工作时长不足以完全了解工作负担及其对员工、家庭和社区的影响。研究表明，在美国以及欧洲的许多国家和地区（尤其在英国、法国和爱尔兰），工作强度不断上升。工作强度通常通过问卷调查进行研究，问卷调查的问题涉及工作所需要的努力程度、工作速度、最后期限带来的压力，以及工期的紧张程度。在整个 20 世纪 90 年代，工作强度有所增加，随后似乎趋于平稳，直到大衰退（Great Recession）之后再次上升。

我们的特别关注点是过劳。我们将过劳定义为在资源有限的情况下，认为工作要求不现实的感受。压力的经典定义：在资源（如时间或人员）太少的情况下，去满足要求过多的需求或期望。这种压力不但来自不能满足别人的期望，而且来自不能满足自己的期望。在 TOMO 公司，41% 的 IT 专业人员和 61% 的经理同意或非常同意这样一种说法，即"没有足够的时间来完成工作"。他们自己觉得需要努力工作和高效工作，尤其是工作任务发生变化或者工作进度需要提速的时候。我们研究的专业人员和经理很容易受到超负荷工作的影响，但他们的情况并非个例。最近的一项美国全国范围的调查发现，有超

过劳
好工作是如何变坏的

过 1/3 的美国雇员同意或非常同意这样一种说法,即在目前的工作现状中,"工作太多,根本无法做好"。

慢性疲劳主要源自高强度的工作方式及其导致的过劳感。过高的工作要求使员工压力倍增,其中的部分原因是他们对工作几乎没有掌控权。同时,他们似乎没有任何选择来改变这种状况。兰德尔(本章开始时介绍的一线员工)和乔纳森(经理)都表达了几乎没有掌控权的感受。虽然对工作需求失去控制,然而,他们(通常是高级管理层)仍然坚持在晚上的任何时间都可以召开电话会议,并期望在他们打电话或者发信息时,下级人员立即中断个人、家庭或社区的一切活动,随时响应。

这些情况往往被视为难以解决的问题,有时被视为"就是这样",有时被视为"必须如此"。真是这样的吗?IT 系统需要维护,技术问题需要快速解决,确实如此。这些真实的业务需求,为要求 TOMO 公司 IT 部门的员工几乎全天候待命找到了理由。但是,除了 IT 行业,专业服务机构(如咨询和法律)、直接客户服务(如酒店和零售)、医疗保健(从外科医生到护士)行业以及其他行业,同样要求员工长时间工作,并且在非工作时间内做到快速响应。

在 IT 行业中,即使在没有紧急技术问题的情况下,老板也期待员工能够几乎 24 小时待命,招之即来。实际上,这种需求反映了管理层的期望,即员工能够对经理、同事或客户提出的问题做到快速响应,即使这些问题实际上并不需要得到及时解决或者根本不是紧急技术问题。其他职业和行业的情况也是如此。这就提示我们，过劳不但取决于工作量和工作时长，而且取决于关于何时、何地、如何完成工作，以及如何评价员工的社会规范。

过劳与工作强度的4个层面息息相关

我们再次强调，过劳是指在手头资源（包括时间和其他人员）有限的情况下，有太多工作需要去完成的主观感受。但是，也有一些具体的、客观的工作方式——即工作强度的具体层面——汇聚在一起，导致员工产生了对工作需求失去控制的感觉。具体而言，过劳与工作强度的4个层面存在着紧密的联系。

工时过长

过劳显然与工作时间过长息息相关。乔治亚（Georgia）是一位质检经理，她手下的人员负责对软件进行测试，以确保软件能够按要求运行。她通常每天工作12个小时，有时还会更长：

> 我通常在早上6点左右上线，一直工作，直到晚上6点左右。如果有重大项目（无论利润是否丰厚），根据具体的工作状况，我或许会24小时都在线，或者至少一天

过劳
好工作是如何变坏的

24小时断断续续地在线。

花费在工作上的时间挤占了她做其他事情的时间,即使是采购生活用品或合理休息等最基本的事情常常也无暇顾及。像兰德尔一样,乔治亚在回顾她目前的工作日程时,也提到了卫生间:

> 我的感觉是,"哦,我的上帝!不能再这样下去了!我经常只有5分钟的时间匆匆忙忙去卫生间"。在过去的几个月,我感到自己已经濒临崩溃。

IT行业以外的其他行业的员工也报告了类似的问题,他们最基本的休息权同样遭遇挑战。《纽约时报》近期的一篇报道描述了一些计划提前退休的专业人员和经理,他们在30多岁或40多岁时就打算退休。在那篇报道中,有这样一段话:

> "有一段时间,我每天工作12到14个小时。我根本没有时间去上卫生间,也没有时间吃饭,因为有太多的工作压在我身上。"龙先生(Mr. Long)说道。

除了一些护士、医生和教师分享他们好不容易才找到时间吃饭或上卫生间的故事,一项调查发现,大约40%的专业人员通常在午餐休息时间离开办公室。1/4的被调查者赞同这样的说法:"我独自吃饭是为了更好地处理多件事情。"

如果超高强度的工作持续一段时期,员工就会感到精疲力竭。我们研究的IT专业人员有时会提到,工作量的变化取决于软件开发周期的阶段和特定项目的难度。在我们最初的一个小组访谈中,贾拉(Jarla)解释说,工作强度有"高峰和低谷"。但我们很快了解到,高峰和低谷的说法与当前的现实并不相符。在那次小组访谈中,贾拉的同事指出,最近没有出现过低谷。下面的对话,是那次小组访谈的部分内容:

瑞贝卡(Rebecca):没有低谷的时间已经持续了……

卡里(Kari):很多年。

瑞贝卡:是的,超过两年。对我来说,这无疑影响了我的睡眠。我有不明原因产生的荨麻疹。我去看了医生,但医生也不知道是什么原因造成的。我只有在服用镇静剂后才能入睡。我不知道这是否是工作压力过大造成的。

我们对近1000名TOMO公司的IT专业人员和经理进行的调查,证实了工作时间与主观性过劳之间的联系。如果受访者认为,他们没有足够的时间来完成工作,我们就将其称为过劳。在每周工作50个小时及以上的人中,65%认为自己处于过劳状态。相比而言,在为数不多的工作时间少于50个小时的人中,只有35%认为自己处于过劳状态。在调整了其他风险因素的统计模型中，我们发现，每周工作50个小时及以上的人，过劳的风险增加一倍。

在这些IT专业的人员和经理当中，那些需要照顾家中孩子或老人的人员，并不一定会产生过劳的感觉。这一点很重要，这是因为，以往关于工作压力和工作时间过长的讨论，经常会强调雇员对工作和家庭平衡的渴望。我们则认为，工作领域（而不是工作和家庭责任的结合）是压力的主要来源。即使是那些几乎没有家庭责任的人，也会表示自己处于超负荷工作的状态。工作是过劳的罪魁祸首，这是因为，无论家庭和个人的状况如何，过劳都会占用人们的时间和注意力，对各个年龄段和人生阶段的人的健康和幸福造成波及面很广的负面影响。

随时待命

当前，技术性和管理性的工作不存在工作和生活的分界线。新的通信技术意味着，员工和经理可以随时随地因为工作上的事情被联系上。瓦妮莎明确指出了这一点。她说："他们需要一年365天，24小时全天候在线。"她还提到，智能手机让她能够在任何时候因工作上的事情联系到下属。这可以被称为灵活性，但我们期望的是，员工能够灵活地应对工作对个人生活的侵蚀。我们的观点是，新的通信技术，包括智能手机和云存储，使我们能够在任何时间和任何地点对问题做出响应，协调全球各地的工作。但是，科技进步不是过劳的真正原因，至少不是根本原因。过劳源自管理层的期望，即员工和经理要

第一部分
"社畜"生活的现状

做他们被要求做的任何事情，不管他们已经工作了多少个小时，也不管这些要求是什么时候提出的。

尽管我们不想把所有的责任都归咎于技术，但现实是，电子邮件、智能手机和其他通信技术意味着，人们可以尽力满足那些全天候在线的期望。布莱斯（Brice）是一名经理，每周工作约55个小时，经常在孩子们睡觉后才回到家。他注意到了周一早上收到的信息。那些信息表明，他的同事和经理似乎对他没有回复周末发送的电子邮件而感到惊讶。

这已经日益成为一种企业文化。加班和周末工作似乎是如今的职场常态。

另一位经理海登（Hayden）这样评价他的团队："在过去的5年里，我们一直保持着24小时待命的工作状态。"这意味着什么？显然，没有人会连续多年全天候工作，但海登的5名下属可能随时会接到电话，而且这种24小时随时能够投入工作的状态已经延续了5年。（海登在TOMO公司工作的前15年并没有出现这种情况，当时的员工人数远远多于现在。）海登的团队不负责监控技术系统的问题，也不负责解决出现的日常问题，这些事情由生产支持团队负责。但是，用海登的话来说，如果出现复杂的问题或"对业务造成严重影响"的问题，他的团队就需要介入了，而这些问题随时都有可能出现。海登向我们讲述了"特警电话"的故事。一旦出现上述问题，他的

过劳
好工作是如何变坏的

团队将会竭尽全力地解决技术问题,在面对"难以置信的"压力的情况下通宵达旦地工作。

对"可用性"的期待,也就是对员工能够随时投入工作的期待,使员工无法享受 TOMO 公司相对较长的休假时间,也让他们无法完全脱离工作。一位软件开发人员决定,在一段时间内,每天下午抽出两个小时的时间去看女儿的足球比赛,并把这些时间从休假时间中扣除。她会提前安排好日程,并把这些时间计算为正式休假时间。然而,她的经理"几乎每次"都会在她离开之后打电话给她。借用社会学家丹·克劳森(Dan Clawson)和内奥米·格斯特尔(Naomi Gerstel)的说法,我们面临着一种"正常的不可预测性"的情景。在这种情景下,员工们被要求应对"普遍存在的常规干扰",并不断地为了工作需要而调整个人计划。

用人单位总是希望员工能够及时查看邮件和接听电话。这种期望对员工的影响在完成上述事项以后依然存在。一项研究表明,"下班后"收发电子邮件,会使员工更加难以从精神上与工作分离,进而增加倦怠感。事实上,这些负面影响是在那些认为自己被期望及时做到响应的员工中发现的,无论他们是否真的打开了邮件。(我们给"下班后"一词加了引号,因为工作时间与个人的非工作时间的界线越发模糊)

我们的调查还证实,在"非标准"(但日益普遍)的时间内工作,会导致人们产生过劳的感觉。在那些工作到深夜乃至清晨,工作时间每日达到 10 个小时及以上(每周如此)的人当中，60% 的人感到过劳。相比之下，在传统工作时间以外工作时间较少的人当中，这一比例为 41%。在那些周末至少有一半时间不得不加班的人当中，68% 的人感到过劳。相比之下，在那些周末加班较少的人中，这一比例只有 42%。这说明，在那些工作时间较长的人当中，过劳现象很严重。然而，在那些工作时间更长，并且在一周的几乎所有时间里都要工作的人当中，过劳现象更加严重。从更广泛的角度去研究美国员工，我们会发现，IT 专业人员的工作模式并非个例。美国员工的工作时间比欧洲部分国家的员工要长，而且更有可能在传统的标准工作时间之外工作。1/3 的美国人在周末工作，1/4 的美国人在晚上工作。

我们在前文已经强调，用人单位对专业人员和经理的"可用性"有很高的期待。对这些人来说，随时待命通常意味着工作时间被拉长。然而，虽然方式有所不同，但实际上用人单位对其他类型员工"可用性"的期待也很高。例如，在零售、酒店和医疗保健等服务行业中，员工被期望随时待命，接受任何排班，并在需要时增加工作时间。这些员工按小时计酬，工资比我们主要研究的 IT 专业人员的工资低得多。因此，工作时间的变化使他们本来就紧张的家庭预算面临更大的压力。

此外，新技术也方便了工作班次的调整，但管理压力可能会有所上升。现在的日程安排软件允许公司对日程进行"及时"调整。由于能够更容易地预测客户需求，密切跟踪营收和劳动力成本，这些技术使一线经理可以随时改变员工的工作安排。如果当地一家餐馆的顾客数量少于预期，服务员就会在某天晚上被打发回家，导致他们的收入低于预期。如果某家医院或疗养院的某个部门收治了更多的病人，护理人员可能会在最后一分钟被要求去上班，或者留下来再上一个班。在仓储和运输行业（包括亚马逊和其他直接向客户发货的公司），轮班时间通常会根据订单量的变化而变化，以便按时交货。

因工作时间延长而得到加班费当然是好事情，但工作时间的不可预测性，使员工很难保持稳定的生活规律，很难照顾好自己或家人。尽管不可预知的工作安排给小时工带来不便，但他们知道，他们需要在几乎任何时间段随时准备上班。否则，他们的工作时间就会减少，薪酬也会随之下降。

多任务处理

当你的工作量超过你的承受能力时，你该怎么办？除了延长工作时间、随时处理电话和电子邮件，许多员工和经理还试图通过多任务处理的方法，增加给定时间内的工作量。

在TOMO公司，分布在各地的项目团队意味着绝大多数的会议实际上是线上会议。在这种情况下，员工和经理可以在一个时间段内参加多个会议。参会人员上线、聆听和发表意见，然后悄悄退出，再去参加另一个线上会议，或者摘下耳机与同事面对面交谈。这是许多人参加线上会议时的真实写照。当然，也有同时参加两个线上会议的情况。在我们早期对

TOMO 公司 IT 专业人员的跟踪调查中,最有意思的时刻之一是,我们第一次看到有人同时参加两场线上会议,方法是用两套耳机分别连接两场会议的音频,一只耳朵听一场。

即使只有一场线上会议,TOMO 公司的员工和经理也很少把全部注意力放在会议上。他们经常在使用内部聊天系统的同时参加线上会议。(TOMO 公司当时使用即时通信工具 IM;Slack 是目前流行的内部聊天平台之一)有时,会议变成了影子会议,因为人们在 IM 上互相"呼唤",讨论谁将提出问题或倡导某个观点。这些对话往往与会议的主题毫不相干。此外,线上会议的时间经常变成查看和回复电子邮件的时间,因为人们实在找不到其他时间处理电子邮件。乔治亚解释说:

> 有时候,我一天会坐在那里参加 10 到 12 个小时的线上会议。与此同时,我还做了其他工作。

大家都知道,许多人在参加线上会议的时候会处理多项任务。因此,会议主持人在提出问题之前,经常会把一个人的名字说上几遍,提醒那个人集中注意力。参会者有时会要求主持人再说一遍,并承认他们没有认真听。他们要么开个玩笑,要么实话实说。在一次采访中,海登模仿了在线上会议上分心,然后重新集中注意力的情况:

> 我和其他人一样擅长(同时处理多项任务)。我会

说,好的(看着桌子上的一件东西),好的(看着桌子上的另一件东西),那是——"我听到我的名字了!"(笑着坐直了身子)。

员工们在工作时,除了被电话干扰,其他形式的干扰也不断出现。他们通常被期望在即时通信系统上是"绿色的",表明他们在线,随时可以在内部聊天系统上与其他人交流。同事和经理提出的问题通过即时通信软件和电子邮件发送过来,或当面提出来。对担任技术领导角色的高级专业人员来说,其他人提出的问题接二连三,几乎不停。很多人更喜欢用即时通信工具与其他人交流,因为这种方式没有电子邮件那么正式,并且电子邮件会自动生成电子文档,记录所讨论的问题。同时,即时通信工具可以实现实时交流。因此,人们期待即时通信系统上面的问题会立即得到回答,特别是对方显示为"绿色的"时候。同事之间也会到对方的格子间聊天,这是一种老式的打扰其他人工作的行为。当然,由于团队成员可能处于不同的办公地点或城市,这种行为已经发生了变化,不同的公司在这方面也存在着差异。

对许多工作小组成员而言,即使技术问题实际上并不紧急,人们也期待这些小组成员做到快速响应。例如,莫妮卡(Monica)管理着一个IT架构师团队,他们正在对下一个技术系统进行整体规划。这些员工不会去处理技术故障或其他危机,而且莫妮卡对他们的工作地点持非常宽松的态度。然而,在即时通信系统上联系某个员工后,她期待该员工在 15 分钟内快速回应,除非她知道该位员工正在参加特定的会议或培训。

员工和经理意识到,这些工作方式并不高效。有时候,他们会抱怨说,做"真正工作"的最佳时间是夜晚。在干扰和预定的会议较少时,他们可以设计新的应用程序,编写代码或总结测试数据。但是,巨大的工作量迫使他们尽可能在条件允许的情况下多安排一些工作,即使在白天也是如此。因此,为了能够按时完成工作,他们将继续进行多任务处理,即使打扰到别人也在所不惜。显然,这种行为导致多任务处理的现象更加显著。

办公模式僵化

许多工作团队除了要求至少工作时间在办公室办公,还希望在标准工作时间之外随时待命。换句话说,新技术和全球分布的工作流程意味着,许多员工和经理既需要适应工作跨越时空的新模式,又要受到看重线下办公、希望自己被经理和其他上级看到的旧模式的制约。新旧模式相互交织,僵化的老规矩与随时待命的新期待叠加在一起,加剧了过劳的现象。

凯瑟琳(Kathleen)是一名开发经理,正在做一个备受瞩目的项目。她描述了面对面现场办公的工作模式:

> 在面对面的工作模式下,员工肯定有这样的期待,即只要老板不下班,我就需要留下来……这会产生连锁

反应。如果我的老板（下午）6:30还在这里，我就不能下班，而我的团队成员就会觉得他们也需要留在这里。因此，这绝对是一个职场文化问题。

凯瑟琳认为，"过早"下班的人是有风险的，即使他们已经完成了工作。

如果有人总是4点回家，那么他们就会成为被裁员的目标。人们会认为，"他们没有做好本职工作"，即使他们的工作效率很高。

我们不能断定那些办公时间较短的人是否真的更有可能被解雇，但这些顾虑助长了员工的加班行为以及管理者对下属的期望。凯瑟琳的团队为了赶在最后期限前完成工作，连续几周先后在办公室和家里加班到很晚。当我们向她询问，她的下属是否可以调休，以弥补在深夜或凌晨工作的时间时，凯瑟琳有点儿遗憾地回答说：

不行。这一点可以确认。我并没有告诉他们不能那么做，但如果他们那么做了，就会很显眼，因为其他人没有那么做。尽管我们在这方面把控得不是很好，但我们希望他们一整天都待在办公室，无论他们此前在清晨或者深夜是否加班。

第一部分
"社畜"生活的现状

凯瑟琳的团队所处的状况并非个例。许多专业人员和经理除了在办公室工作，还在家里加班。玛丽·努南（Mary Noonan）和珍妮弗·格拉斯（Jennifer Glass）分析了在美国具有代表性的两组数据。他们发现，"在每周工作的前40个小时中，远程办公被用来替代现场办公的情况并不普遍"。换句话说，对工作负担很重的人们而言，居家办公经常被用于延长工作时间，而不是用于替代在办公室工作的时间。

奥斯汀（Austin）是另外一名经理，他和凯瑟琳向同一位副总裁汇报工作。奥斯汀以非正式的方式给员工放假，以补偿他们的加班时间，并允许他们居家办公。尽管那名副总裁不喜欢这种做法，但奥斯汀坚持这么做。奥斯汀说，他的老板认为那些在家工作的人是在"磨洋工"，但他不这么看。

> 真的，在我们这样的工作环境中，特别是当你随叫随到，整晚熬夜后，上级不应该希望你第二天正常来上班并在办公室工作一整天。

在我们此项研究的初期，TOMO公司的高级经理对员工选择在工作日居家办公并不认可。但同样是这些员工，他们经常被要求在晚上、清晨和周末在家工作。奥斯汀认为，这种"老派"的企业文化与随叫随到、"整晚熬夜"的新期望之间的交错并不现实。他的解决方案是允许他的员工以不同的方式做事——我们称之为"把灵活性当作变通"，而不是挑战他的团队成员普遍认可的工作方式。然而,许多员工没有那么幸运,他们没有像奥斯汀一样支持他们的上级。对他们来说,超长的工时以及随时待命已经让他们精疲力竭,上级对线下办公的期待进一步加剧了他们的疲惫程度,使他们过劳的感觉更加明显。

过劳对健康和幸福的危害

为什么过劳是严重的问题?本章的例子清楚地说明,高强度的工作方式和超负荷的工作给员工和经理带来了压力和挫败感。这些做法对员工的健康、个人和家庭生活,以及组织机构的效率都会产生负面影响。

最近,管理学专家乔尔·高斯(Joel Goh)、杰弗里·普费弗(Jeffrey Pfeffer)和斯特凡诺斯·尼奥斯(Stefanos Zenios)对工作和健康方面的研究成果进行了总结。学者们很早就知晓,整体而言,那些挣得更多的人往往更健康。但是,与工作相关的哪些因素会损害健康呢?高斯、普费弗和尼奥斯总结了10种可能危害健康的具体工作环境。健康状况由身体健康和心理健康的自我评级、是否患有已被医生诊断的慢性疾病或其他疾病以及死亡率来衡量。我们在TOMO公司的专业人员和经理中进行的抽样调查表明,他们的工作环境符合10种有害环境中的至少6种。我们在前文已经讨论了其中的4种:每周工作时间过长;每个工作班次的时间过长或工作时间占用了休息时间;要求高导致工作强度大、压力大;几乎无法控制工作的进展情况以及工作与生活的平衡关系。对这些专业人员和经理而言，还有两种与工作相关的危害相当明显：工作和家庭之间的冲突很常见，这一点我们将在下一部分中进行描述；对工作缺乏安全感，担心失去工作，这一点在我们的访谈中得到了证明。

对 TOMO 公司的专业人员和经理来说，把某些特定的工作环境与不良的健康状况联系起来，并不令人奇怪，因为他们每天都在这样的环境中工作。他们的讲述有助于我们了解与工作相关的危害，以及过劳如何影响我们的健康和幸福。

过劳与不良健康行为、慢性病和健康危机

测试经理梅丽莎（Melissa）告诉我们，她的团队经常谈论工作对健康的影响：

> 没有足够的时间去锻炼，也没有足够的时间好好休息、好好吃饭。每个人都在抱怨自己"过劳肥"。

她随后提到，即使她的员工有一些时间，也会选择睡觉而不是锻炼身体。此外，他们很少有时间做健康的食物并把它们带到工作场所。

> 他们经常抓起一些食物就走，或者跑步穿过马路。我也为此感到内疚。我的意思是，我们对此表示同

过劳
好工作是如何变坏的

情……我知道我的血压很高。

在接受采访的那段时间,梅丽莎一周的工作时间超过 60 个小时,每天收到 200 到 500 封电子邮件。她与主要位于印度的海外员工密切合作。大多数时候,她很早(通常是早上 5 点)就要参加线上会议。从第一个线上会议开始,她至少在办公室工作到下午 5 点。夜间开会的频率稍低一些,但周末经常要加班,因为新软件或应用程序经常在周末上线。梅丽莎说,她最后一次"使用健身器械",是在她的团队上次开始测试一个应用程序之前。测试那个程序使她和她的团队在去年忙得不可开交。不幸的是,距我们第一次采访梅丽莎大约两年后,她中风了。她说,那是由"血压引起的"。她休了病假,但没有恢复到可以回来上班的状况,所以她只能被迫在 55 岁左右提前退休。

工作压力让人很难坚持健康的习惯和避免坏习惯。凯西(Casey)是一位 30 多岁的已婚白人妇女,她发现很难坚持自己的锻炼计划和健康饮食——尽管她自称是一名狂热的运动爱好者和一名试图控制工作时间和"正在恢复的工作狂"。她还承认,在工作压力大的时候,"欢乐时光是个问题",因为她"下班后想喝一杯"。西尔维娅(Sylvia)是一位 50 岁出头的白人女性,每周工作大约 50 个小时,管理着大约 15 名员工。尽管她之前已经戒烟 3 年,但现在又开始吸了起来。

> 每次戒烟后,导致我复吸的原因都是工作压力。每一次都是这样,毫无例外。

包括西尔维娅在内的 TOMO 公司的吸烟者,以及我们注意到的其他工作单位的吸烟者,似乎都很重视吸烟的休息时间,也很享受吸烟本身。由于会议接二连三,工作负担重,其他人又不断向她询问问题,西尔维娅和其他一些人经常不吃午饭。

> 当我真切地感受到压力时,我就站起来,到外面去(抽烟)。这就是我的习惯。

我们在前文曾经提到过莫妮卡,就是那位希望她的员工在 15 分钟内回复她的那位经理。其实,这位 50 多岁的白人妇女本人也感觉到了工作强度过高带来的压力。采访时,在我们询问工作如何影响她的个人生活和健康之前,她就谈到了工作方式对她的健康和身体产生的影响:

> 我可以告诉你在过去两年里它给我造成的损失。我正在服用 6 种药。我现在是一名患有心脏病的"心脏病专家"。
>
> 我曾经去一名脊椎按摩师那里按摩。他说,"你是做 IT 的,对吗?"我说:"是的,你怎么知道?"他回答说:

过劳
好工作是如何变坏的

"从你的头部和脖子的支撑方式,以及你身体内化的压力判断出来的。"

我们对大约 1000 名 TOMO 公司员工和经理的调查,证实了这些访谈所提示的观点。过劳(同意或强烈同意没有足够的时间完成工作)和每周工作超过 50 个小时,都预示着心理健康的恶化。超负荷工作和工作时间较长的员工报告了更严重的倦怠、压力和心理困扰(经常感到悲伤、紧张、不安、绝望、毫无价值,以及做每件事情都很费力)。不可预测的日程安排和随时待命的工作也会影响幸福感。具体来说,那些工作日程多变,对工作时间几乎没有选择权的员工,还会表现出更加严重的倦怠、压力和心理困扰。因此,这些员工的工作满意度较低,而且更有可能打算辞职,恐怕就不足为奇了。

过劳对睡眠的危害

许多专业人员和经理认识到,他们的健康受到损害,其中的部分原因是工作方式影响了睡眠质量。让我们回顾一下舍文在心脏病发作前对他的工作模式和睡眠不足的反思,兰德尔对每晚只有 3 个小时的睡眠时间(由于深夜电话的影响)的愤恨,乔纳森认识到电话干扰了他和妻子的睡眠,以及瑞贝卡由不明原因引起的荨麻疹和需要吃药才能睡觉的事。显然,在由于工作而引起睡眠问题的故事中,上面提到的仅仅是其中的一部分。

第一部分
"社畜"生活的现状

波琳(Pauline)是一名手下有大约 150 名正式员工和合同工的经理,她描述了有限的睡眠和休息时间如何影响了他们的工作。她指出,人们常常在工作日加班加点地工作,因为他们以为周末就能放松、恢复和补觉,但结果往往事与愿违。

> 我的团队在周末也不能休息……你永远不会有不上班的感觉。

卡维(Kavi)是 30 多岁的南亚人,两个孩子的父亲。他描述了过长的工作时间和夜间通话如何影响了他自己的健康和幸福。当我们采访他时,他刚刚度假回来。今年,他决定在度假时不查看电子邮件,"信不信由你,我真的睡得很好。"他说。不过,卡维的轻松是短暂的,因为他已经回到了之前在深夜保持电话畅通的状态,工作已经影响了他的睡眠质量。

> 在我们通过多方通话(我被别人拉入)与几名副总裁就某些问题进行激烈的讨论后,我辗转反侧,无法入睡。我今天早上还在想:这与(那个电话)有关系,工作压力严重影响了我的睡眠质量。

卡维认为,睡眠不好会导致白天无法集中注意力:

> 有时候我会自言自语……这与工作压力有关。我的

过劳
好工作是如何变坏的

> 妻子会问我:"你在跟谁说话?"

睡眠问题在职业人群中普遍存在。我们的"工作、家庭和健康网络"小组的同事们要求 600 多名 IT 员工佩戴睡眠活动记录仪,以便客观而详细地监测睡眠状况,捕捉睡眠时间和睡眠中断情况。数据显示,近 2/3(65%)的人属于学者们所说的"睡眠不足"的人群。41% 的人在晚上第一次入睡后至少 45 分钟内没有真正进入睡眠状态,18% 的人每晚平均睡眠时间不足 6.5 个小时,22% 的人在回答问卷调查时表示,他们醒来后从未或很少感觉自己得到了充分的休息。还有一些员工报告了其中两到三种情况。

我们的调查数据也指出了过劳和睡眠问题之间的联系。在那些说自己有太多工作要做的人当中,63% 的人通常睡眠不足 6.5 个小时。相比之下,在那些认为自己的工作负担不重的人当中,只有 40% 的人睡眠不足 6.5 个小时。每周工作 50 小时或以上的人,睡眠时间少于 6.5 个小时的概率较高。主观过劳和工时过长都预示着睡眠质量差和入睡困难。

过劳对家庭关系的危害

长时间的工作,随时待命,以及需要在办公室现场办公,意味着工作经常会产生溢出效应,进而影响到个人生活和家庭生活。我们对 TOMO 公司的员工和经理的调查以及之前对其

第一部分
"社畜"生活的现状

他劳动力的研究都表明,那些工作时间较长和超负荷工作的人向研究人员表示,他们的工作与家庭生活或个人生活之间的干扰和冲突越发明显。他们也更有可能表示,没有足够的时间与孩子、配偶或其他的家人在一起。

我们强调的工作强度的第三个层面会对家庭关系产生什么影响呢?多任务处理在家里也很常见,似乎也影响了与家人和朋友的互动。当这些专业人员和经理在家的时候,他们的电话可能会被短信和即时通信信息弄得嗡嗡作响。事情紧急时,电话会直接打过来。另外,还有需要查看堆积如山的电子邮件的压力。这些过劳的专业人员和经理最终会把注意力分散在工作和个人互动之间,即使身在家中也是如此,这样的情况常常惹恼家人。

让我们看一下昆瓦尔的情况。她是一位管理着 20 多名雇员的南亚女性,丈夫是一名工时很长的 IT 经理。昆瓦尔尚未步入青春期的女儿对自己的母亲有不满情绪,因为母亲和她在一起时常常心不在焉。

> 我女儿有时会很沮丧,她吼道:"你们的工作太忙了!你们没有时间陪我说话!"我想和她在一起,但我又需要处理邮件,这会让她感到很沮丧。

斯特拉(Stella)是一名 50 多岁的软件开发经理,她也描述了注意力分散的情况:

过劳
好工作是如何变坏的

> 我也有同样的经历。我坐在沙发上,用笔记本电脑工作,而其他人都在家里做他们自己的事情。好消息是,你可以和他们在一起;坏消息是,你一边在陪着他们,一边又在工作。

我们把这种现象称为"焦点压力",它是时间压力之外的一种压力。在工作和生活之间关系的挑战中,时间压力是其中的一个关键部分。当专业人员和经理试图占用家庭时间和空间来应付高强度的工作时,就会出现"焦点压力"。在我们开篇关于舍文的故事中,我们提到了一位名叫塔内的经理,他是一名丈夫和父亲。他描述了新技术让他的直接下属产生"焦点压力"的情况。

> 我听说过很多这样的故事:人们收到一条新信息的时候,他们的孩子正在跟他们说话。这时,他们就会有点儿走神。由于他们在手机上阅读老板发过来的邮件,没有把注意力集中在配偶和孩子们身上,配偶和孩子们就会很生气。

虽然被打扰和突然分配的工作任务令这些 IT 专业人员、经理和他们的家人感到不快,但这种"正常的不可预测性"已经成为常态。蒙哥马利(Montgomery)是一名经理,孩子已经成年。他解释说,他的员工已经习惯了长时间工作和周末加班:

第一部分
"社畜"生活的现状

我们已经能把一周七天连续工作的事情控制得很好了。

他还表示,对家庭生活的"最大影响"来自周末或晚上的"无计划"工作。桑顿(Thornton)也赞同这一观点。他指出,这让他的员工最为恼火。他说,如果周末要加班,对于周四或周五提前打招呼和周六突然打电话通知,他们(以及他自己)会有截然不同的反应。桑顿觉得他和女儿在一起的时光转瞬即逝,因此想在剩下的"爸爸时间"里陪伴她。

尽管有这种沮丧的感觉,但我们在采访中听到的更多的是一种无可奈何的声音。IT专业人员和经理对他们的工作要求很高,并认为他们必须做出相应的反应。新的通信技术意味着,下班后查看工作情况已成为常态。这些专业人员和经理甚至希望家庭成员(尤其是配偶)接受这是他们工作的一部分。约瑟夫(Joseph)是一名经理,管理着一个项目经理团队。他们团队中的每个人都在跟踪和监督几个不同的软件开发小组的工作。他讲述了经常在周末加班的情况,但表示团队成员的家人已经接受了现实:

> 大多数项目经理都拿周末加班这种事情开玩笑,说他们的周末几乎被"毙掉"了……幸运的是(至少他们是这样告诉我的),他们的家人明白,这是工作的一部分,是项目经理们需要做的工作。

过劳
好工作是如何变坏的

配偶们在对长时间的工作、被干扰的家庭时间和长期过劳的工作深感沮丧的同时,也不敢奢望有太多空闲的时间。亨利(Henry)在他的表述中明确地讲到,陪伴家人的时间经常被用于在单位或家里加班,已经成为一种常态:

> 如果我6点半以前回家,我的孩子们会感到吃惊。如果周末他们看到我没有在电脑桌前工作,他们会惊讶地说:"哦,你现在不用加班了吗?"

过劳是否存在性别差异?

通常情况下,关于工作强度的讨论,重点集中在如何在工作和家庭之间取得更好的平衡。近年来,大众媒体的叙事以及学术研究都把重点放在"角色冲突"上面,研究工作和家庭责任为什么无法协调。这种研究当然重要,然而,我们确信,更加尖锐的问题是"角色过劳",并且这一问题对许多处于不同年龄段和生活阶段的人们都会造成影响。

对这一问题进行准确的界定至关重要,因为这将决定哪些人会认为这些问题与自己相关,以及能够动员多少人去寻求解决方法。通常,许多组织机构、流行文化以及一些学术研究,把工作与家庭以及工作与生活之间的问题看作女性问题。但是,这一问题并不仅仅是女性问题(尤其是母亲、妻子以及

第一部分
"社畜"生活的现状

需要照料老人的女性),也不仅仅是那些健康、幸福和个人生活因工作时间过长和随时待命而受到负面影响的妻子和丈夫的问题。即使是单身男性也会感受到过劳的压力,其中包括我们前文中提到的兰德尔。他对工作侵入他的个人时间、干扰他的睡眠以及影响他对公司的态度感到反感。

目前,这种随时待命的职场文化对女性和男性都造成负面影响。在 TOMO 公司的 IT 部门,那些没有处于管理岗位的专业人员,无论男女,都很可能每周工作至少 50 个小时,每周在夜晚和清晨工作至少 10 个小时,每个月至少在周末工作 4 天。女经理平均每周工作 49 个小时,男经理平均每周工作 50 个小时。因此,在 TOMO 公司的 IT 部门,工作岗位相似的女性和男性员工的工作时间几乎没有差别。

在 TOMO 公司的 IT 部门,尽管高强度的工作涉及男女员工,但女性员工受到的影响似乎比男性更大。我们的调查数据显示,在报告过劳方面,男女之间存在差异。在该公司 IT 部门的专业人员当中,36% 的男性认为,自己没有足够的时间去完成工作;在女性专业人员当中,这一比例为 48%。在 IT 经理当中,40% 的男性认为自己处于过劳状态,而女性高达 74%。

既然我们的调查显示许多男性处于过劳和疲惫状态,并且男女雇员的标准工作时间和加班时间非常类似,那么,为什么会出现上述差异呢？一种可能性是,在报告压力和压抑的意愿方面,男女之间存在差异。许多调查显示,女性感受到了更

过劳
好工作是如何变坏的

多的压力,更加不安和沮丧,我们在 TOMO 公司的调查结果也同样如此。一个关于没有足够的时间去完成工作的问题,可能会激发社会期待的偏差,即接受问卷调查的人们会调整他们的反应,以满足社会期待。我们有很强的文化期待,希望男性全身心地投入工作,以养家糊口。同时。我们的文化感情规则通常还把男子汉气概与隐忍和坚韧的品质联系在一起。因此,男性或许不太愿意承认——对调查人员和本人都是如此——他们被工作弄得筋疲力尽或者在完成工作方面遇到困难。

另外一种可能性是,认为自己处于过劳状态的女性的比例高于男性,反映了她们总的劳动负担较大。换句话说,她们既要做有酬劳的工作,也要承担无酬劳的家务劳动。这些女性从事全职工作(有时还要加班),以获得报酬。她们花在承担家庭责任和照料亲人方面的时间和精力,使她们更加认为没有足够的时间去完成工作或做其他事情。虽然过劳主要集中在工作领域,但过重的家务劳动使女性更加疲惫。在我们调查的男士当中,许多人似乎在家庭生活中投入了大量时间,并描述了他们参与子女生活的特定细节。然而,他们的付出大多集中在参加活动上面,包括童子军、体育、教会团体等活动,或者在教学和表演活动中露面。这些都属于"父亲的公共身份"的范畴,卡拉·秀(Carla Shows)和纳奥米·格斯特尔(Naomi Gerstel)已经把它们描述为职业男性的理想公共身份。在接受我们调查的父亲当中,只有很少一部分人担负起了"首要的"家庭责任,其中包括日常家务、照料子女,以及重要的"劳心

第一部分
"社畜"生活的现状

事务"。这些"劳心事务"包括关注学校或体育活动的截止日期,以及与医生的预约等。正如社会学家西拉·奥佛(Shira Offer)所指出的那样,这些家庭"劳心事务"通常没有得到合理的分配,从而降低了女性的幸福感。

我们的调查还显示,对于把工作压力和坏情绪带回家这件事情,女性有更清醒的认识和担心。我们的文化期待母亲和妻子随时能够为家庭提供情感上的帮助,理解家庭成员的情绪。在家庭互动时,还期待她们能够调整好情绪,为家人提供支持。麦肯齐(McKenzie)这样描述她的团队:

> 她们的工作时间非常长,经常一整天都疲惫不堪。当她们回到家时,就会把沮丧的心情带到家里。

接下来,麦肯齐给我们讲述了她团队中的一位女性成员与孩子们在家里时常常出现的情景:

> 她告诉我,她一回到家,孩子们都看着她……开始判断妈妈的情绪。一旦她开始谈论工作,她就会变得激动起来,其他人见状就会逃之夭夭。

这种把工作中的坏情绪带到家里的事情,麦肯齐非常熟悉。她给我们讲了她因为工作上的事情对一头雾水的丈夫大喊大叫的故事,讲的时候连她自己都不禁笑了起来。

过劳
好工作是如何变坏的

麦肯齐在讲述上述故事时发出了笑声,而一些女性则会因把负面情绪带给家庭成员而感到愧疚,即使她们意识到压力来自工作时也是如此。我们在前文中提到,昆瓦尔经理曾讲到,她的女儿对父母不满,甚至大喊大叫,因为父母没有时间陪她,即使抽出时间陪她,也心不在焉。除此之外,昆瓦尔还认为,她的老板没有给她提供支持。她评论她的老板时没有太过直白,只是说"他不是一个善于交际的人"。她讲到,她的老板对她咆哮,而她本人在事后"觉得自己非常渺小"。她尽力不把那种感觉带给下属,但她的情绪已经影响到家人,这让她感到非常糟糕。如果她的下属有什么不满,可以到人事部门投诉。然而,她的家人别无选择,只能承受她负面情绪的爆发,她本人则对此深感内疚:

> 我把坏情绪带给了家人,包括我的孩子。我确实那样做了。我回到家后,大喊大叫。那样不好,对吗?有时候,我会到自己的房间大哭一场,因为工作压力实在是太沉重了。

在访谈过程中,昆瓦尔的情绪相当激动。她表示,她的火暴脾气意味着:

> 我有时候觉得自己不是一个好妈妈。我尽力成为一名更好的妻子。

第一部分
"社畜"生活的现状

我们认为,男性有时候也会把工作压力带回家,在家人面前抱怨自己的工作。然而,在我们的调查当中,没有男性雇员告诉我们,他们因把坏情绪带回家而感到愧疚。这并不出人意料,因为有研究表明,女士们明白,我们的文化认为女性应该为家庭的幸福负责。因此,在工作侵占家庭时间和影响家庭生活方面,女性的愧疚感更强烈,压力也更大。

男性和女性对过劳的体验存在差异,原因是男性比女性更有可能拥有一位把大部分时间投入承担家庭责任的配偶。我们再次强调,过劳是关于工作要求和资源的问题,但这一问题也受到谁照顾家人和承担家庭责任的影响。我们在 TOMO 公司 IT 部门进行的调查显示,在该部门的女性雇员中,有配偶者占 73%;男性雇员中,有配偶者占 89%。在有配偶的男性雇员中,29% 的雇员的配偶无业,因而有更多的时间照顾家庭。在有配偶的女性雇员中,15% 的雇员的配偶无业。此外,37% 的女性雇员的配偶每周工作 50 个小时以上,而仅有 13% 的男性雇员的配偶每周工作 50 个小时以上。

当女性雇员的配偶减少了工作负担之后,她们确实可以得到一些解脱。例如,前文提到的开发经理凯瑟琳,她的团队的工作非常紧张,还面临着必须线下办公的压力。她的丈夫也曾在 IT 行业工作,但他几年前辞去了需要无休止加班的工作,自己创业。凯瑟琳表示,丈夫在家的时间比她还长,令她感到欣慰:

过劳
好工作是如何变坏的

> 在孩子们打篮球和进行课外活动时,他可以和孩子们在一起。孩子们在下午不会单独在家……
>
> 这真的很有帮助。他几乎承担了所有家务。他什么都做,如洗衣做饭,打扫卫生。我的意思是,他就像"家庭煮夫"。我工作12个小时之后,回到家里时已经精疲力竭。于是,他做了许多家务,对家庭的帮助很大。

诺埃尔·切斯利(Noelle Chesley)和凯伦·克拉姆(Karen Kramer)进行的一项研究证实,专注于承担主要家庭责任的男性通常为自由职业者或非全职雇员,而不是失业后整天待在家里的父亲。把工作带来的负面情绪发泄到丈夫身上的麦肯齐还表示,虽然他们没有孩子,但身为自自由职业者的丈夫确实使她的生活轻松了许多:

> 我丈夫有自己的事业。现在,我们可以享受他无须全天工作所带来的便利,这真是太美妙了,完全改变了我们的生活方式……我丈夫现在有了自己的生意,我非常高兴。这是因为,如果我们两人都全天上班,我不知道我们该怎么办。

那么,在过劳方面,男女存在差异吗?我们已经提出了两个并存的观点:对从事专业技术和管理工作的男女雇员而言,高强度的工作都是一个真实存在的问题;同时,女性似乎比男性更容易产生过劳的感觉。一方面，目前的工作方式，并不仅或主要给女性或承担传统上女性工作的其他家庭成员带来问题。我们的调查表明，高强度的工作方式和过劳，给处于不同情境的人的健康、幸福和个人生活都带来了问题。另一方面，我们的调查数据也显示，面对高强度的工作，女性的过劳、压力和矛盾状况更加严重。查阅大量的关于性别、工作和家庭的文献之后，我们注意到，女性的过劳感和压力感之所以更加强烈，有几个原因，其中包括她们更愿意承认这些感觉（包括在接受访谈时）；她们对家庭的付出更多；她们认为不应该让工作中产生的负面情绪和压力打扰家庭生活；她们的配偶给予她们支持的可能性不大。

在超负荷工作和过劳现象中，性别还以更深层的方式产生影响。当组织机构设计"好工作"——指那些工资高、福利好、社会地位高、有意义和有晋升机会的工作——时，要求雇员投入几乎所有的时间和精力。这就暗含着性别不平等。以这种方式设计工作，其潜在前提是，工作并获得报酬是成年人生活的首要任务。然而，从传统上讲，能够从事此类工作的通常是男性，尤其是妻子为家庭主妇的男性。其他人——包括孕期或哺乳期的妇女，健康状况不佳的人，以及需要照顾孩子、病人和残障人士的人——则很难从事工时长、负担重和随时待命的工作。正如从事女权主义组织学研究的专家琼·安克尔（Joan Acker）20多年前指出的那样，工作这一概念本身就假定了"非人格化的、仅仅为工作而存在的员工"。安克尔还指出:"女性员工被认为负有工作之外的义务,因而女性的特质与这一抽象的工作概念并不契合。"换句话说,工作单位假定,从事有酬劳的工作是成年人唯一或首要的任务。因此,从根本上来讲,工作单位以微妙的方式区别对待不同的性别。这就是我们通常所面临的假定,无论它是隐含的,还是明确的。

当从更广泛的范围内审视劳动力群体时,我们会发现,从某种程度上讲,女性仍然不太可能把从事有报酬的工作凌驾于其他事情之上——这就使性别不平等现象持续存在。社会学家车英珠(Youngjoo Cha)和金伟登(Kim Weeden)研究了美国有代表性的数据。研究结果表明,在 2009 年,男性每周工作 50 个小时以上的可能性是女性的 2 倍(虽然我们在 TOMO 公司的研究表明,男女之间在工作时长方面并无太大的差别)。由于人们对女性在承担家庭责任方面的期待很高,部分从事专业技术和管理工作的女性会最终离职。我们明白,与其说她们是自愿离职,不如说她们是由于僵化和不切实际的工作环境而被迫离职。当男性的工作时间较长时,他们的妻子更有可能离职。然而,当一名男性与一名工时较长的女性结婚后,他离职的可能性不会更高,或者说会更低。无论是女性单独做出还是夫妻共同做出女性辞职的艰难决定,结果都会强化性别不平等现象。事实上,我们之所以进行这个项目研究,部分原因是,我们认为:挑战过劳和制度化的预期,将有利于更多的女性从事专业技术和管理工作,而更多的男性则可以照顾家庭,并使之具有合理性。

第一部分
"社畜"生活的现状

负担过重的工作方式还假定，员工拥有健康的身体。法学专家凯瑟琳·阿尔比斯顿（Catherine Albiston）提醒我们，从文化和法律的角度来看，工作的定义与残疾格格不入。尽管美国有《残疾人法案》等政策上的变化，以便为残疾员工提供帮助，但职场潜在的假定是，员工的身体是健康的。尽管IT工作属于知识型工作，如果按照职业要求进行评估的话，不会被列为消耗体力或危险的工作。然而，对残疾员工以及面临体能和耐力挑战的员工而言，他们或许无法以前文所描述的方式进行工作。我们看到，一些年长的员工会因为工时过长和睡眠异常而感到痛苦不堪。同时，中青年员工也受到高强度工作的困扰，身体和心理消耗巨大。

这种对员工身体好、耐力强的假定，与美国文化中对男性的期待相一致。在美国文化中，男人应该是强壮的，能够咬紧牙关，哪怕在对体能构成极大挑战的情形下也是如此。社会学家玛丽安娜·库柏（Marianne Cooper）解释道，她所研究的硅谷男性员工（主要为软件工程师）往往通过非凡的技术能力以及自愿工作到筋疲力尽来展现男子汉气概。"目的是展示他们强烈的责任感以及强大的耐力和阳刚之气。"她表示，"面对巨大的挑战，需要用男子汉气概去克服困难，完成任务。"我们此次的研究包含了IT行业的男女员工。在我们研究的案例中，性别比例比许多科技公司都要更加均衡。因为在TOMO公司的IT部门，女员工的占比大约为40%。我们的访谈表明，TOMO公司的IT员工并不像其他关于科技公司"兄弟文化"的报道那样,充满了"有毒的男子气概"。尽管如此,研究表明,男性员工很可能意识到,如果他们看起来缺乏耐力,不愿意把工作放在第一位,或者在工作要求非常高的时候表现出软弱,那么他们的男子汉气概就会受到质疑。

我们已经指出,即使在提供"好工作"的公司,管理层也会希望用更少的资源做更多的事情,并且新技术使随时待命的职场文化成为可能,但这种文化从长期来看有损员工健康并且不可持续。我们在前文提到了质检经理乔治亚。正如她所说:"在我们公司,有些事情不得不放弃!"到目前为止,在TOMO和许多其他公司,被放弃的是员工设置工作边界、休息、恢复以及照顾自己和他们所爱的人的能力。

雇员们不得不安排——并且不断重新安排——他们的生活,以便去做工作所需要的或上司所要求的事情,几乎不分时间,也无论身体有多么疲惫。许多专业人员和经理都陷入困境,不得不在新旧模式的夹缝中寻求生存。换句话说,他们既要面对传统上对现场办公的期待——需要出现在办公室并且显得很繁忙,又要面对新技术带来的远程办公的挑战。

为什么会出现这种现象?为什么专业人员和经理仍然能够忍受这些?下面,我们将研究这些问题以及过劳对工作成果的影响。

第一部分
"社畜"生活的现状

第三章
为什么过劳问题变得如此糟糕？

过劳及其背后的工作高强度真的无法避免吗？当然不是，但要去挑战滋生过劳及其工作强度的环境绝非易事。具体的管理决策促进了技术和管理岗位上的高强度工作方式和过劳。企业高层对员工的要求越来越高，但提供的资源越来越少，这让员工根本无法满足高层们日益增长的期待。

在解释工作时间过长和高强度工作的时候，常见的理论通常只关注到了员工，但没有注意到更大的社会背景，正是这一背景推动公司向这一方向发展。金融市场对消减成本给予回报，但常常忽视高强度工作和过劳所产生的长期成本。同时，新技术带来了新选择，可以将脑力工作转移到国外或使用机器和人工智能来完成。

我们关注员工个人和全球市场之间的部分。在企业内部，哪些具体的管理方式造成这种现象？为什么让员工利用更少的资源去完成更多的工作看起来很合理？为什么在教育背景和地位上有明显优势的专业人员和经理不抵制工作量日益增加和随时待命的期待？企业是怎样采用半强迫和半说服的方式让员工接受负担不断加重的工作的？

在分析员工和经理的经历时，我们也了解了当前的工作方式对公司产生的影响。公司要求IT专业人员和经理承担更多的工作任务并加快工作节奏，这样就可以从员工那里获取更多的工作时间，并且不需要支付更多的工资。因为这些员工拿的是固定工资，不需要支付加班费。这种策略看起来似乎很聪明，但实际上对公司、员工以及员工家庭都带来了负面影响。给员工施加压力、延长工作时间意味着专业人员和经理处于疲惫不堪的状态，创新意愿下降，工作质量降低，甚至会导致他们离职。

（缺失的）政策背景

面对高强度工作的要求，所有员工似乎都无力抵抗。20世纪初，员工同样经历了长时间工作和恶劣的工作环境，他们可能也同样感到过劳。工业革命后诞生的公司采用了农业模式，希望员工日出而作日落而息，每周工作6天。计件工作，加之最低工资和极少的劳动保护，意味着只有高强度工作才能赚到足够的收入。如果工作节奏太慢，这些员工就可能会被解雇（有时还会因为试图组织同事一起争取更好的工作条件而丢掉工作）。城市化和工业化的理想情况是，父亲的收入能够负担起家庭的大部分花销。妻子和孩子负责家务劳动，同时也抽时间做一些额外的计件工作。这样的话，男性和年轻未婚女性就能一整天都在工厂里上班。

之后,社会迎来变革,工作强度和过劳情况得到了有效缓解。由于经济大萧条的爆发以及劳工运动多年的斗争,美国在1938年颁布了《公平劳动标准法》等法规,为许多工作者创造了新标准和福利。美国制定了第一部内容涵盖八小时工作制及加班费、最低工资、安全条例以及工作者工伤赔偿基金的联邦法规,其中还包括《社会保障法》规定的老年人和残疾人福利。美国《国家劳动关系法》承认了工会及其活动的合法性,许多工作者因此受益,新的期望也因此涌现。例如,每周40个小时工作制成了默认的规则,是全职工作的代名词。

然而,仍有许多工作者未受到劳动法的保护。最过分的是,未得到劳动法保护的工作者都是家政服务人员和农业劳动者,大多都是美国南部的非裔美国人。历史学家指出,在美国南部种族歧视盛行的年代,上述职业(以及主要是非裔美国人从事的职业)得到合法保障的难度更大,甚至没有可能。专业人员和经理也会因不同原因而得不到保护。专业人员被视为独立于雇主的人,经理则被视为雇主的代理人。这种对劳动力以及工种的偏见,使许多工作者无法得到劳动法规定的工作时长和加班费的保障。美国人现在通常使用"豁免"(exempt)一词来指代大多数(未受到《公平劳动标准法》保护的)受薪雇员。

即使受到了劳动法的保护,劳动法规依然没有规定最长工作时间,也不能确保带薪病假、带薪休假、带薪探亲假和带薪产假的落实。在其他富裕的工业化国家,这些休假统一由法律规定。但在美国，则要根据公司福利或过去20年各州以及地方的立法才能获得。更为普遍的是，其他国家通过立法或工会与雇主谈判确定工作时间，而美国的情况则是"单方面的"，由雇主制定规则。

过劳的解释：三种视角

理解此背景对于理解过劳至关重要。学者们应多关注如今专业人员和中层经理有限的影响力。但许多学者关注这样一个难题，即为什么在没有明确强制的情况下，专业人员和经理仍长时间、高强度地工作。他们的解释着眼于员工自身，并描述了内在的、更温和的控制方式。

第一种解释是受到"感召"，对自己的工作充满热情。这种解释常见于大众媒体报道和商业领袖的励志传记。他们的个性和对工作的热爱，导致他们在工作中投入相当多的时间和精力。一种不太正面的描述是，那些长时间工作的人都是"工作狂"，他们把自己献身于工作当中，在这一过程中放弃了自己的其他身份和与世界的其他接触。但是，这种基于个人性格的描述，无法解释我们所看到的高强度工作的普遍性，也无法解释那些过劳、筋疲力尽甚至感觉自己被"卖"给公司的人，为什么还能够在过劳的状态下坚持那么长时间。

第二种解释则关注高强度工作的劳动者从商业组织和社会中获得的回报。努力工作是一件有价值的事情，这一点在许

第一部分
"社畜"生活的现状

多国家都一样,但在美国尤其突出。社会学家玛丽·布莱尔－洛伊(Mary Blair-Loy)进行了一项针对金融领域精英女性的研究,提出了"工作奉献模式"这一概念。该模式鼓励劳动者高强度地工作,同时还使其合法化。这种工作模式被视为员工献身工作的信号。反过来,这种献身工作的态度又反映了员工的道德责任,即承担艰苦工作的责任,理想状态则是把工作视为使命的召唤。另一位社会学家艾莉森·皮尤(Allison Pugh)采访了各行各业的工人,她发现,"和许多美国人一样,大多数受访者都声称,从事高强度的工作是赢得他人尊重的核心要素"。长期以来,虽然人们一直都对中产阶级男性能够完成高强度工作抱有期望,但在我们看来,如今这种期望已经大大提高。社会学家玛丽安娜·库柏所做的采访与我们研究的案例有很大的相关性,因为她采访了20世纪90年代末从事IT行业的人员。她认为,技术精湛、享有优势的男性是"关键先生"。他们会进行高强度工作,尽心尽力,并且愿意牺牲陪伴家人的宝贵时间。这展示并确定了一种特别的"书呆子"式的男子汉气概。然而,在当今时代,无论你是男性还是女性,人们对你从事高强度、长时间工作的期待都越来越高。

　　从这方面来看,员工通过不断自我激励、自我约束,长期努力工作,从而收获心理回报,也就是出色完成工作的满足感和自豪感。同时,他们还会收获金钱和职业晋升方面的回报。这是因为,企业为了奖励这样的员工,会给他们涨工资、发奖金和升职。一个人对于工作的敬业度反映了其道德品质,社会认可来自他人对高强度工作的关注和赞赏,以及高强度工作可以获得物质回报,这三者之间相辅相成。

这些说法默认,员工已经内化了管理层的期待。他们自愿进行高强度工作。学者们将这一现象称为"规范控制",它与更具强制性的控制截然不同。采取强制性控制时,管理层无疑会推动某些行为。然而,管理层秘密推动"规范控制"的行为更为普遍。企业精心打造自身文化,鼓励员工忠于企业和自身的工作身份。例如,社会学家阿莉·霍赫希尔德(Arlie Hochschild)对一家大型制造公司进行了研究,研究管理层如何通过肯定和欣赏员工,打造企业文化,激励员工们长期高强度工作。对许多员工而言,与同事之间的关系相比,这给家庭生活关系带来的压力更大,也更缺少互相鼓励,所以这些员工甚至认为工作是远离家庭生活的避风港。在这种情况下,长时间工作并认同企业文化,足以证明员工将自己视作公司的一分子。这种形式的身份认同很有诱惑性,能够吸引员工,并为他们进行高强度工作找到理由。

第三种解释从内化规范和身份,转至经济和技术的宏观结构变化上。这种观点认为,尽管这些工人不太可能受工会合同或非正式终身就业承诺的保护,但一系列相互关联的变化,已经给员工带来了越来越大的压力。其中的重要变化之一是,公司,尤其是上市公司,承受着巨大压力,每个季度或每年都要达到一定的业绩目标。公司越来越注重股东价值和短期利益的最大化,而不再根据长期增长、稳定性或对社区的贡献来进

第一部分 "社畜"生活的现状

行自我管理和评估。(我们将这种增大的压力称为"金融化",但该词还有很多不同用法,也可称之为"股东革命")

由于财务压力,管理层往往需要削减劳动力成本,或转向价格更低的劳动力市场,从而缩减成本支出。技术进步从经济性和实用性层面为实现上述转变提供了可行性。如果缺少实时、保密、安全的信息共享技术,也就无法将专业或技术工作转移至价格更低的劳动力市场。在全球IT行业中,出现了工作的不安全感和新的协作任务相交织的情况。前者是因为海外劳动力增加导致本土劳动力被削减,后者则因为全球团队之间的生产整合。这两大因素都加剧了过劳现象。对于其他知识密集型行业来说,虽然全球化意味着不断拓展新市场,可能会带来一些工作机会,但全球团队之间的协作不仅会造成工作时间延长,而且会带来新的协作任务。当前,自动化、人工智能和全球劳动力链导致员工的不安全感日益上升。

这些宏观结构的变化意味着,在劳动力市场上,工人的话语权正在减少。这会让许多工人认为自己的工作越来越不稳定,个人和家庭经济安全遭遇威胁。对工作机会流失到海外的制造业工人来说,这一点众所周知。然而,我们可以发现,即使拥有高超的专业技能、位居管理岗位的人现在也有不安全感。此外,面对工作时间过长以及高强度和全天候的管理工作,他们无力反抗。高层管理人员对削减劳动力成本、实现短期财务目标的"目的"越来越感兴趣。不论是从税法还是劳动法的角度而言,这都是明智之举。在美国或其他发达国家,劳

过劳
好工作是如何变坏的

动力成本高昂，技术则为消减劳动力成本提供了新"手段"。正如社会学家阿恩·卡勒伯格所述，"工人们别无选择，只能服从管理，努力工作。尤其是在失业率高、大量失业工人等待抢夺其他人的工作的情况下"。

如今，能够抢走你工作的人，不但包括你所在的国家的失业者，还包括世界各地"新兴市场"国家的那些正在寻找工作和锻炼技能的人，以及寻找"零工"或不期望获得稳定工资和福利的自由职业者。自动化、人工智能的出现可能意味着未来工人岗位的需求量降低，即使是工资水平最低的行业也是如此。在《千禧一代的形成》（*The Making of Millennials*）这本书中，马尔科姆·哈瑞斯（Malcolm Harris）介绍了日益加剧的不平等和经济焦虑现象，导致"员工拼命工作，同时陷入极度绝望"。千禧一代初入职场时不太可能找到"好工作"（并且许多学生需要偿还贷款，经济负担较重），因此员工权利和管理策略的变化可能会让他们遭受重击。然而，不安全感和不平等现象带来的压力日益上升，迫使几代人都疯狂工作，其中就包括 TOMO 公司的专业人员和经理。

大部分经济学研究和定量社会学研究都着眼于公司的经济战略趋势，并考察员工的工作时间、强度和压力是否存在平行趋势。但这些研究只是暗示了宏观结构变化与个人生活之间的关系。换句话说，宏观结构与个人生活之间的关系虽然有所体现，但并未真正被揭示出来。在内化控制的动力方面，有丰富的实证研究（通常为社会学和定性研究）证明许多员工都曾自我驱动和激励。但是，现在是更新这样的研究的时候了。规范控制及其内化的预期，仍然是工作时间过长和过劳的主要推动因素吗？或者，全球化、数字化和裁员是否已经剥下了规范控制的外衣，除导致鼓励高强度工作和过劳工作的外部因素显而易见之外，还导致员工除被迫接受以外别无选择？我们的研究将解答上述问题，并根据实证研究追溯从宏观结构变化到过劳现象的进程。

TOMO 公司 IT 专业人员和经理的案例

为什么高层管理人员希望员工长时间工作，随时待命，还要忍受越发严苛的要求？原因显而易见：大多数美国专业人员和经理的工资固定，即使他们每周工作超过 40 个小时，工资也不会因工作时间延长而增加。因此，公司极力试图让员工完成更多的工作。工资不变，工作时间增加，一美元的产出价值就会更大。认真追踪并管理劳动力成本，是高层管理人员努力实现财务目标的一部分，而金融市场十分在意公司的财务目标。如果公司宣布采取成本削减措施，如裁员和将工作转移至海外劳动力市场，那么其股价通常都会上涨。这一做法在美国尤其突出。这是因为，在美国，员工福利占薪酬的很大一部分。例如，像 TOMO 公司这样的大型企业需要支付很大一部分医疗保险费用。于是，美国公司的管理层就会尽可能消减美国雇员，并用没有福利的合同工、海外工人和人工智能工具来

过劳
好工作是如何变坏的

替代他们。

管理层之所以能够采用这种商业模式，是因为员工们的抵抗能力有限。能力较强的员工可能会因为长时间的过劳工作而逃离公司，寻找条件更好的工作。具备深厚专业知识的人员和拟提拔人员的流失会对公司造成实际的损失。然而，许多员工会担心自己能否找到一份工资、福利相当并且无须过劳的新工作。不仅如此，他们还担心自己会像许多同事一样失去当前的工作。工作的不安全感通常意味着，裁员和离岸外包的"幸存者"不得不接受额外的工作（包括廉价劳动力协调、培训和监管），这些额外工作已超出了他们以前的工作范围。

我们以TOMO公司IT专业人员和经理为例进一步研究，探究管理方式和人员配置决策如何引发高强度的工作和过劳问题，并思考其对公司的影响，包括这些管理方式和人员配置策略产生的未统计成本。我们希望其他行业的类似研究也会得到类似的结论。在本章的结尾，我们简述了其他行业的相关研究。但是，我们应该先来关注IT行业的案例，因为这一行业在脑力工作跨时空分配、运用技术来分派和协调工作，在白领工作中运用自动化和人工智能技术等方面处于领先地位。TOMO公司的受访者生动地展示了这些策略如何创造顺从感，并让员工接受不合理的工作预期。同时，他们也揭示了在当前的工作方式方面人们尚未意识到的问题。

第一部分
"社畜"生活的现状

不切实际的时间表及其对质量的影响

为了了解为什么TOMO公司会产生高强度工作和过劳的现象，我们必须先了解应用程序等各种程序的开发过程。TOMO公司以及许多其他IT企业的理想软件开发过程既是线性的，又是相互依赖的。这个通用过程可以用于推断其他专业服务和基于项目的知识型工作。业务客户和技术专家共同确定IT技术可能解决的业务问题后，软件的开发过程也就开始了。在TOMO公司，大多数"客户"均为公司内部的其他部门。例如，负责企业对企业（B2B）销售的人员可能需要更新软件，以便跟踪客户的兴趣；或者可能需要升级某个特定的软件产品，用于跟踪外部客户的使用情况，并适当收取费用。在这种情况下，IT部门的客户为销售运营该产品的TOMO公司的业务部门，而不是外部客户或终端用户。在计划阶段，项目经理和系统工程师首先要了解客户需求，然后技术专家制定技术规范和要求，列出待开发的IT解决方案所能够解决的问题。

开发人员（更正式的称呼为"软件开发工程师"）负责编写和调试代码。在不同阶段，测试或质保（QA）人员对代码进行测试。新的应用程序正式运行后，开发支持人员就要对内部开发或链接到内部系统的许多程序进行维护和故障检测。不同岗位的员工只有做好本职工作才能使程序运行良好，否则项目就会出大问题。根据参与顺序，分析师需要详细了解终端用户的需求、偏好和特殊要求；架构师和系统工程师必须有效地计划如何将新代码集成到更大的系统中；开发人员需要编写有

过劳
好工作是如何变坏的

效的代码,最好是简洁的代码;测试人员应在发布或正式运行前及早发现问题;开发支持人员必须透彻、全面地理解软件(及其目标),以及离线系统快速启动和再运行的策略。

受访的 IT 专业人员和经理表示,开发新程序的核心问题是,时间表不再切实可行。凯瑟琳是一名开发经理,正在做一个备受瞩目的应用程序开发项目。她告诉我们,公司存在这样一种职场文化,就是只要老板不下班,她就也应该待在办公室。问及员工的担忧时,她表示:

> 第一个担忧或许是我们没有制定切实可行的时间表。公司和高管的期望时间与所有项目参与人员真正需要的时间之间存在差异,需要平衡,它们之间有一条微妙的界线……
>
> 遵循时间表面临很大的压力。因此,有时我能听到员工说,我们没有给出切实可行的时间表。

通常,在明确项目的确切参数前,就已设定好了截止日期。这是一种"过度销售"的形式,经理向客户承诺产品的时间表,但时间期限对开发人员来说是不现实的。各专业服务领域都会出现过度销售的情况。另外一个问题是,虽然已与客户共同制订计划,但是计划往往会发生变化。开发经理乔纳森——也就是前文介绍过的那名试图保证自己陪伴家人的时间不受干扰但仍然感到过劳的经理——解释说,项目进行一段时间后，客户可能会突然告知团队："决定取消项目 A，转而实施项目 B。"尽管面临各种麻烦和混乱，乔纳森也坦然接受：

> 为了满足企业需求，我们必须快速跟进。在真实、动态和变化的世界里，灵活性是关键。

在这里，乔纳森期望员工可以针对"企业想要什么"做出适应性或灵活性的调整，而不是在何时、何地、如何工作或工作量方面为员工争取灵活性。

对于处于开发周期后期阶段的人员来说，时间更为紧迫。中期截止日期超限后，后期任务的完成时间就会比原计划的更短。瓦妮莎认识到，前期截止日期超限，会导致后期压力增大，但她承认，提前一年确定的发布日期是不会改变的。

> 企业从来不会按规定日期描述需求。因此，系统工程师无法按时完成工作。我们也就不能按时完成任务，无法给予反馈，无法告知时间范围内所需要的成本。这有点像涓滴效应，最后一切都会失败。

但瓦妮莎说，推脱是行不通的。

> 发布日期不会改变。你仍要计划如何按期完成……我们似乎不太可能推脱业务，不会对用户说："对不起，

过劳
好工作是如何变坏的

我们之间结束了。你知道,我们不能再这么做了。"

因此,IT 专业人员需要承受不切实际的截止日期所带来的工作压力,即使在需求不断变化或者前期开发过程延迟对后期造成压力时也是如此。

这些专业人员和经理还需要处理包括文件记录在内的一系列新任务,即使他们没有时间承担这样的工作。该公司已决定进行一系列具体的"流程变革",要求专业人员非常详细地记录决策和工作流程。公司要求 IT 专业人员遵循标准化步骤,并使用已建立的模板诊断和解决技术问题。不出所料的是,许多人都不喜欢额外的文件记录工作,因为他们认为这限制了自己的自主性和创造力;一些人则认为这些工具和流程是有帮助的,有助于使公司软件开发方法合理化。但是,大家都赞同的一点是,新流程意味着增加新的工作。

开发经理塔内认为,额外的文件记录工作的价值值得怀疑。在人员较少的情况下,更是如此:

> 有人已经有了 3 项工作,现在又让他们记录所有文件……最终的结果是,做 10 个小时的工作,却需要进行 80 个小时的文件记录。

麦肯齐是一名质检经理,她面临着工作强度高和过劳的问题。在她看来,文件记录已"失控"。她认为,推出的新流

第一部分
"社畜"生活的现状

程分散了员工对主要目标的注意力：

> 我认为编写高质量代码是我们的主要工作，也是我们在这里的原因。我想，我们都有点迷失和困惑，但我希望这种要求不会把我们毁掉。

她的挫败感显而易见：

> 我们最终会写出更好的代码吗？事情会变好吗？我不认为那是衡量我们工作的标准，我甚至不认为我们需要检查是否做了文件记录。这真是奇耻大辱。

麦肯齐称，她的员工会接受"疯狂的工作"，即工作时间长、要求高的工作。但当这些记录文件的额外工作导致工作量增加后，他们变得更加沮丧：

> 他们会不断挑战我："我为什么要做那件事情？没有任何意义。为什么我要做？"他们不在乎工作是否变得疯狂。他们在乎的是，我是否让他们做了没有意义的工作。

IT项目有3项公认的评估标准：准时、不超预算和高质量。但是，不切实际的时间表促使员工和经理快速完成工作，哪怕影响工作质量也在所不惜。西蒙（Simeon）说，这很简单：

过劳
好工作是如何变坏的

> 我们有太多的工作要做,时间却不够。所以我们急于完成工作,却没有达到应有水平,没有那么完整,没有具备其他应该具备的东西。

在一次小组讨论中,裘德(Jude)解释说,"管理层所能看到的是我们能否按时完成",而不是能否完美地解决问题。另一位同事达伦(Daren)详细阐述了这一点:

> 作为一名软件开发人员、架构师和设计师,我关心的是如何构建。但我并没有因为构建得好和避免了事故而得到奖励。作为一种文化,我希望我们能更多地关注这种问题……我希望我们能凭借专业水平获得更多回报,还希望被给予足够的时间去展现专业水平。

达伦利用自己的职业身份(开发人员、架构师和设计师)来解释为什么自己对这种工作方法很恼火,但是:

> 我们被围困其中,只能竭尽所能寻找捷径。

他的同事玛丽(Marie)说,团队按照截止日期完成工作后,其他人会欢呼:

> "耶!我们按时完成了。"但我知道我们是如何按时

完成的,所以我不会为此鼓掌。(大家都笑了起来)

然而,因为IT专业人员和经理会尽最大努力完成高质量和专业性的工作,即使这意味着打破了规则,所以时间紧迫并没有像我们预期的那样对工作质量造成严重影响。开发经理凯瑟琳一直强调质量,坚持"推动团队走上高质量之路",但质量还是影响了他们的时间表。她的上级希望她放弃追求技术完美,以便在截止日期前完成任务并且不超过预算。预算主要根据开发人员花费在项目上的时间确定。凯瑟琳反对这种引导,因为她看重质量,她的客户也是如此。然而,大多数经理都会妥协。不到一年,凯瑟琳就被调岗,或者说是降级,因为新岗位管理的员工人数少,项目也不那么重要。

做隐性工作的IT专业人员有时可能会打破规则,即他们实际花在项目上的时间远比公司计时软件计算的要多。IT专业人员可能会认为,做好一个项目需要花费的时间要比经理制定的时间长。所以,他们决定追求质量、投入时间,但不向客户收取更多的费用,以避免"超出预算"(这些专业人员和经理不会因为在系统中少报工作时间而遭受经济损失,因为他们属于"受薪员工",领取固定薪酬,无法按照《公平劳动标准法》的规定领取加班费)。但是这种做法对技术工作实际所需时间造成了错误预判,进而导致未来的过劳工作。质检经理乔治亚的工作时间很长,她解释说:

过劳
好工作是如何变坏的

这就是我们很难得到未来项目所需资金的原因之一。你知道,我们完成工作所花的时间,比看上去多得多。这是个恶性循环。

因此,乔治亚要求员工报告实际工作时间。不过她认识到,高级经理和高管对团队长时间工作及其带来的疲惫感视而不见。因此,他们可能认为,一个实际上花了1200个小时完成的项目,只花了1000个小时(按照官方报告和计费)。

尽管很多经理意识到了这个"恶性循环",并鼓励报告准确的工作时间,但还是有一些人被迫保持预算,即使这意味着要少报工作时间。一名受薪员工表示,他"被迫"报告每周工作40个小时或稍超过40个小时,他认为这是个道德问题。他还对超时工作未得到认可表示失望:

> 如果我一周工作50、55或60个小时,我应该可以告诉你这一点,然后你可以适当地对工作量进行平衡,对不对?否则只会发出一种混乱的信号。
>
> 要是我说"哎呀,老板,我一直在疯狂地工作,我一大早就上班了,白天黑夜都在工作",但你看到我的工作时间单上只写着41个小时,你会说:"你在说什么啊?"因此,就好像员工过劳是个企业神话一样。

尽管如此,这名员工得出结论,遵守指示是推动项目的

第一部分
"社畜"生活的现状

必要条件。这个指示就是,隐瞒劳动时间,并为客户提供免费劳动。

不切实际的时间表也促使 IT 专业人员跳过或推迟软件和硬件的维护,对新工具的开发投入不足。乔纳森讲述了由于时间压力而跳过或推迟维护所造成的后果:

> 在这个地方省下来的钱,一定会在另一个地方花出去。我可以现在升级服务器,也可以以后升级。这种事情没有免费之说。

乔纳森谈到了由于"带宽"或员工人数不足,无法安排人员维护当前系统的问题。他能够预测到,当遭遇下一场危机时,他们会为此付出代价。实际上,这种观点可以从维护现有系统扩展到改进现有系统,即通过开发新的技术解决方案或创建更好的企业间学习流程进行创新。管理学学者纳尔逊·雷佩宁(Nelson Repenning)和约翰·斯特曼(John Sterman)描述了这一经典问题:管理层必须决定是花时间利用当前流程制造更多的给定产品,还是花时间开发以后可提高质量或生产率的技术。正如他们的一篇文章的标题(以及我们之前提到的小组讨论参与者)所提到的那样,"没有人会因为解决从未发生过的问题而获得奖励"。此外,更努力地工作很有诱惑力,"因为更努力地工作和走捷径会产生更直接的收益,有助于解决当前的问题",即使从中长期看来,这种决定会形成恶性循环,引发更多问题。

裁员及其对协作的影响

过劳是指在手头资源有限的情况下需要做太多工作的感觉，其直接原因是"人力资源"（员工）减少。时间表不切实际，部分原因是项目需求通常与专业人员人数不匹配。在我们的研究开始之前的 10 年里，TOMO 公司削减了近一半的 IT 员工，部分美国员工被海外员工替代。IT 员工对裁员已司空见惯，他们预计每年的同一个季度都会裁员。我们知道裁员对"幸存者"和离开公司的员工都有挥之不去的影响。一项关于英国员工的调查发现，过去 3 年中经历过裁员的人更有可能表示，他们不得不非常努力地工作。工作让他们感觉更疲惫或精疲力竭，并且下班后很难放松。前面提到的开发经理塔内（在部门内广受尊敬）很清楚人员太少和工作量太大带来的挑战：

> 我只想说，这就是事实。我们的工作量正在翻倍，与此同时公司却在裁员。

如前所述，精简团队成员会影响工作质量、系统维护或创新能力。同时，这也意味着员工无法帮助其他团队。因此，人员精简后，很难维持许多人所珍视的那种支持和协作文化。约瑟夫是一名经理，管理着大约 20 名员工，每周通常工作大

第一部分
"社畜"生活的现状

约 55 个小时。他解释说，向他汇报的项目经理们过去常在其他团队感到压力过大时伸出援手，但现在他建议他们不要这样做。

> 我的团队和其他团队一样面临时间紧迫的问题。我的意思是，从大局来看，事实上，这家公司一直在裁员、裁员、裁员，但从未停止给我们分配大量工作……
>
> 因此，我们每个人的工作量都在不断增加。所以，我没有足够的精力（为其他团队提供帮助）。

在采访的后期，约瑟夫被问及他如何描述本公司文化。约瑟夫分享了自己沮丧的感觉，作为对这个问题的回答：

> 不要应聘这里的工作。我不想这么冷酷无情，但是，说实话，我还在坚持的唯一原因是为了支付我的账单。我曾经很喜欢在这里工作。

约瑟夫回忆说，尽管工作时间很长，但他过去一直很期待上班。现在，他认为公司文化发生了变化。他的老板经常心情不好。他还认为，没有人愿意花时间认识他人或说声"谢谢"。另外一个重要变化是跨团队协作和支持的文化逐渐消亡：

> 人们曾毫无保留地互相帮助。大家都在为团队做贡

献,不仅是在小团队内部,而且是跨团队和跨组织。每个人都在努力制造这种氛围,真的很有团队精神。

具有讽刺意味的是,约瑟夫怀念之前大型组织内部的协作。但正如他之前所述,目前,对他的员工来说,帮助别的团队已不可行,因为他们现在的工作量已超出自身的处理能力。约瑟夫的讲述具有代表性,是我们在采访中经常出现的一个现象:在IT专业人员和经理讲述自己的故事时,他们会讲述自己过去是如何"感受"工作的,以表达当时他们对工作的热爱。

失业的恐惧同样对协作和团队工作造成威胁。在采访和其他谈话中,我们还听到员工因为担心失业而隐瞒信息。一位经理描述了一种"恐惧"的蔓延,即使下属忙得不可开交,他们也不愿向其他团队成员寻求帮助。即便任务量很大,一个人无法完成,这些员工也想独立完成。因为他们希望自己的贡献能得到认可,这样老板就不会在下一轮裁员中解雇他们。目前,唯一熟悉某一程序或系统的员工对培训其他人员持谨慎态度(通常是因为其老同事已被解雇)。例如,已当上父亲的海沃德(Hayward)是一名开发人员,他将自己编写的特定程序视为"宝贝"。他似乎可以忍受长时间工作、随时接听工作电话,因为作为这一程序的唯一专家意味着自己不会面临失业的风险。我们对900多名IT专业人员和经理进行了调查分析,结果发现那些害怕自己被裁员的员工表示,自己帮助同事的频率更低了。这也被称为"组织公民行为"。该发现表明,当员工在工作中缺乏安全感时，他们不太愿意超越自我，尤其是不愿意帮助他人。

离岸外包的影响

TOMO 公司的美国 IT 员工数量一直在下降，该公司已将越来越多的工作转移到了海外。许多美国员工和经理现在与印度员工密切合作，与印度 IT 咨询公司正式雇佣的合同工和 TOMO 子公司的印度员工协作配合。（虽然多年来一直以印度 IT 外包为主，但如今 IT 工作通常在东欧、南美，以及越南、中国和其他亚洲国家进行）。新技术（数据存储、计算机处理和通信技术），包括其他国家的电话和互联网服务的进步，已经将全球劳动力链串联起来。自动化、机器人和人工智能等技术会影响 IT 专业人员和经理的未来工作。虽然我们在 TOMO 公司的时候，这些变化才开始出现，但由于人工智能能够处理一些日常工作，一些脑力工作者的确可能面临失业。

对于该公司来说，离岸外包可以明显削减成本（自动化、人工智能也能够降低成本）。据估计，印度 IT 员工的工资是美国 IT 员工工资的 10%~25%。然而，我们通过对专业人员和经理的采访发现，在全球劳工战略的重要代价当中，一些由员工及其家人承担，有些则直接影响公司。

TOMO 公司员工和经理正计划与世界各地的同行密切合作。为促进合作，员工工作时间延长，早晚还要进行电话沟通。不过，这种情况早就被预料到了。然而，新的附加任务令

过劳
好工作是如何变坏的

员工们始料未及,包括审查工作成果和培训新的海外员工。根据劳工战略,这些工作需要本国员工完成。一周又一周,这些任务落到了美国专业人员和经理身上,直接导致高强度的工作和过劳。但是,由于专业人员和经理均为受薪人员(加班无加班费),且他们怀着保住工作的想法完成工作,因而压力倍增。对公司领导层来说,他们并不清楚这一劳工战略的代价,或者虽然知道,但没有重视。

凯瑟琳解释了这种全球协同工作如何造成团队工作时间的延长:每天在办公室工作10个小时,电话"从早上8点打到午夜,有时甚至更晚"。我们在前文分享过工作到深夜甚至到清晨的故事,但并未强调工作时间的延长是由于需要与海外员工协调例行的工作,而不仅仅是由于技术意外或临近截止日期导致的。凯瑟琳分享说,那些从事技术工作并指导他人但无管理头衔的技术主管,更需要随时待命。从事质保工作的员工和经理也经常与海外员工密切协同,越来越多的测试任务转移到了海外。(测试至关重要,但在技术方面并不像软件开发或计划IT系统协同工作那么复杂)一位质保经理告诉我们,目前,她手下80%的测试人员都位于海外。有经验的员工可能会认为,因配合海外员工而延长工作时间特别具有挑战性。索尔(Saul)解释说:

> 晚上10点,他们也要求你接电话,经常要一直待到午夜,然后进行交接。有些人已经在这里工作了30年。

第一部分
"社畜"生活的现状

与过去的工作习惯相比,这需要巨大的思维转变。

这种高强度的工作方式不仅需要员工转变思维,还需要更多的体力。它不但会扰乱员工的睡眠,而且会打扰员工的家庭和私人时间。对于"在这里工作了30年"以及年纪较大的员工来说,挑战可能更明显,但年轻员工也同样感同身受,因为他们必须按要求保证工作时间灵活,从早到晚随时待命。

虽然需要协同工作以便保证全球劳动力链顺畅运转(例如,共享项目进展和回答问题),但美国员工和经理认为,他们需要培训新的海外员工并监督海外工作。TOMO公司在印度追求超低成本的劳工战略,他们提供的薪酬只够吸引IT新手。利用TOMO公司的特定系统培训零经验从业者需要花费大量时间,并且需要美国员工监督。这会让人感到效率低下和不明智。例如,担任软件开发团队主管,同时也是3个年幼孩子母亲的乔妮(Joni)解释说,在美国,有经验的员工必须编写非常详细的说明书,说明给定的代码段需要什么,用于帮助那些海外的、经验不足的员工编写代码。

美国技术高超的开发人员最终并没有得到成长,因为他们把所有的时间都花在了和海外人员的交流上。

员工和经理质疑这种工作方式的合理性。索尔是一名主管,他说,员工告诉他:"你最好在国内雇一个人,他可以做我和3个离岸外包人员的协调工作。"

受访者认识到，海外协同工作有不同的战略，TOMO公司的低成本战略意味着，公司仍然高度依赖美国专业人员和经理的专业能力来安排工作任务，然后进行审查。鉴于印度对IT劳动力的需求激增，TOMO公司给出的印度员工薪酬不足以招聘有经验的IT专业人员，也无法留住员工以便他们从应用和项目中获得经验。主管乔妮说，在印度，有经验的IT员工有更多的选择。

> 因为我们给出的薪水不高，最终只能招到应届毕业生，他们干了6个月就离职了。所以我们总是招聘到没有经验的员工，事情也就更加糟糕。

乔妮和其他IT经理都小心翼翼地不暴露自己对离岸外包有抵触情绪，但他们有时确实会质疑公司当前的战略：

> 我们在降低成本方面做得太过分了，以至于有人会说："我们花了多少钱，就会得到什么样的结果。"

但现实情况是，TOMO公司得到的远比付出的多。无论经验丰富的美国IT专业人员每周工作40个小时还是60个小时，公司给出的工资和福利待遇都相同。这些员工承担沟通、协调、培训、审查海外经验不足的IT专业人员工作的新任务，而公司不必为美国员工的额外劳动支付更多费用。公司"补偿"美国员工的方式是保住他们的工作,而不是由于全球员工战略导致工作量增加而提高工资、奖金或福利。

除了额外工作,伴随海外劳工战略的还有情感压力。与薪酬低得多的海外 IT 专业人员一起工作,让 TOMO 公司的美国员工对自己的未来工作感到焦虑。因为双方需要来回"传递问题",乔纳森及其团队同海外员工开展了广泛合作。如果他的团队遇到了无法解决的技术问题,他们会把这一问题交给印度员工花 8 到 10 个小时来解决,然后连同技术笔记一同交付。乔纳森说,语言和文化差异(例如如何认可同事或如何指导他人)产生了"难以置信的"挑战。但他知道:

> 我必须确保我的团队与海外团队密切合作。我的团队成员已经减少,同时我们将越来越多的工作转移到了海外。所以,这是士气问题。特别是在这种情况下,很多人担心:"我的工作怎么办,还能保住吗?"

包括扎克(Zach)在内的许多人似乎都接受了这种员工配置战略。

> 大多数人对此很坦率:为了保住工作,我们必须同意这么做。但是我们真的喜欢这种安排吗?可能并非如此。

过劳
好工作是如何变坏的

但是容忍也无法保住自己的工作。扎克表示,在一次会议上,一位高管对进一步裁减美国员工的可能性"直言不讳"。扎克回忆到,这位高管被问及中层管理人员如何实现技术目标(即在员工如此之少的情况下,这些团队如何支持IT系统)时,他说:

"你能做的就是确保手下的员工都经过培训。因此,即使他们真的失业了,在TOMO公司之外,他们仍能凭自身技能找到其他工作。"他不加避讳地说出了自己的想法。

由于这种全球员工配置战略,公司不会保住这些工作岗位,也不会在美国增设新的工作岗位,经理则没有能力保住或增设岗位。相反,这位高管暗示,负责任的管理方法是帮助员工重返开放的劳动力市场,提供培训,帮助他们提升技能(考虑到面临的时间压力,很难做到这一点)。扎克接受了这一现实,然后笑着承认他预计自己也会被解雇。

我半开玩笑地说,如果你们(采访者)18个月后回来,我桌子下面的那个箱子很可能就空了。真有那么一天,我会收拾东西走人。(两人都笑了)我是认真的。我已经在这里工作了17年。说实话,这只是时间问题。

第一部分
"社畜"生活的现状

两害相权取其轻

与过劳相比,人们更害怕失业,因而被迫接受过劳的工作。梅丽莎是一名测试经理,或称质保经理,她解释了其中的关系:

> 人们没有勇气说不。因为他们不想成为说不的人,所以他们宁可多做一些工作,也不愿说不。由于许多工作被转移到海外,IT 部门因此遭受重创,人们忧心忡忡。

我们在前文曾提及,该公司的测试部门经历了把工作转移至海外和消减美国本土员工的剧烈转变,并且梅丽莎认为她由于"高血压诱发"的中风和被迫提前退休与压力过大和工作时间过长密切相关。其他受访者则一再强调,全球劳工战略、不安全感上升以及精神和健康受到的实际影响,三者密不可分。然而,他们却忍受了高强度工作的要求,因为他们别无选择。玛西娅(Marcia)是一位已婚白人经理,50 多岁,已为公司效力了 20 多年,依然每周至少工作 50 个小时。她表示,公司转向全球劳工战略后,她的压力倍增:

> 一切就这么发生了,然后就是工作量上升。雪上加霜的是,不管你做什么,明天都可能会被"炒鱿鱼",这才是我真正担心的事情。我认为每个人都承受着巨大的压力。

过劳
好工作是如何变坏的

不难看出，人们对工作缺乏安全感，也无法掌控工作。玛西娅谈到，她知道美国员工将面临下一轮裁员，每个人都可能被裁，并且几乎是随机的。玛西娅明白这将给她本人及其团队带来什么样的影响：

> 我知道这对我本人造成了巨大的压力，我认为这不可避免……我发誓，所有人都会受到随机裁员的影响。

伊桑（Ethan）也认识到，"人们真的感到害怕"，担心"有一天，我会是下一个失业的人"。但是，与我们的众多受访者一样，伊桑并不怨恨高层管理层。相反，他认为公司应当以市场为导向，而市场要求公司压低成本并加快留下来的员工的工作节奏。伊桑明确表示，项目时间表不切实际与高级管理层对金融市场（或华尔街）所做的承诺有关。

> 高管告诉华尔街："看，我们的营业收入就要有起色了。"没错。如果想让营业收入出现转机，我们必须完成这些项目。

伊桑对面临巨大压力的高管抱有一丝同情，但也对他们制定的不切实际的时间表和承诺表示不满。

工作不安全感可以被看作情感发动机，迫使人们屈服于高强度的工作和持续性过劳。很显然，这种工作不安全感与全

第一部分
"社畜"生活的现状

球劳工战略密切相关，而工作热情（以及为升职而证明自己的意愿）与这种不安全感的联系没有那么紧密。高水平的脑力工作正处于全球化的进程当中，先进通信技术和自动化的融合意味着，这些员工或许将被廉价的劳动力或机器取代，而IT行业则处于这种趋势的前沿。我们预计，未来几年，更多的脑力工作者，包括各行各业的专业人员和经理在内，都会产生这种不安全感，进而被迫接受不断"加码"的工作需求，并将其视为继续工作的理由之一。

过劳对公司是利还是弊

过劳、疲惫不堪的专业人员和经理经常长时间疯狂地工作，进而影响个人健康、幸福和生活。这种工作方法对个人来讲无疑是损害，但这样做真的有益于公司发展吗？我们看到了两种可能的答案。

一方面，公司或许可以通过推行这种高强度和过劳的工作方式实现利益最大化，尽管这种工作方式会给员工、家庭和社会带来种种问题。长远来看，个人、家庭、政府和公众不得不为相关的问题付出代价。社会也会因为这些员工无法为社区做出应有的贡献而遭受损失。尽管如此，像TOMO这样的公司仍然可能会通过逼迫员工超负荷工作的方法谋取巨额利益，部分原因是金融市场会因这些公司严格控制劳动力成本而给予它们回报。

过劳
好工作是如何变坏的

另一方面，目前的工作方式对公司来说可能存在问题，但人们并没有意识到或者忽视了高强度工作和过劳与公司成本之间的关系。因此，当前这种鼓励员工长时间和高强度工作的做法，并不能实现利润最大化。这就意味着，如果高管真正了解现行战略的实际成本和代价，他们会找到其他可行且明智的劳工战略。

遗憾的是，我们很难对它下结论。这是因为，并不存在虚拟的世界，让公司在员工数量、工作强度和工作安全感不同的情况下，分别实施同一个项目，以便检验哪一种方法能够带来更大的效益。目前的成本消减战略是增加了成本还是带来了利益，我们无法判断，部分原因是工资成本能够严格跟踪，但影响长期业绩的其他因素不太容易衡量，如质量、协作、创造性和创新性等。

但是，当前的战略产生许多代价。代价之一是失去技术高超且经验丰富的员工，他们对特定的系统十分了解，并且决定不再接受这种工作模式。在对TOMO公司专业人员和经理进行调查时，我们发现，那些表示自己处于过劳状态的员工（声称自己没有足够的时间完成工作）对工作的满意度不高，更容易身心疲惫，并且更有可能考虑辞职。频繁离职会导致项目出现重大延误，降低项目水平。或者说，至少在新人成长为特定项目或系统的专家以前，会是这种情况。如果离职人员非常了解特定的客户、供应商、系统或产品线，那么还会对其他环节造成影响。

第一部分
"社畜"生活的现状

另外一个代价是产品质量下降和创新动力不足。IT专业人员和经理在疲惫不堪的情况下,很难针对棘手的技术或业务问题提出特别高效、新颖或创新性的解决方案。实际上,各行各业的员工都是如此。如果员工们试图用更快的速度和更少的人员去做超出能力范围的事情,质量必然下降。例如,TOMO公司IT专业人员每天早出晚归,没有得到足够的休息,因而很可能忘记工作任务和会议,并且难以集中注意力。长时间工作和过劳会使工作出现纰漏,工作质量也会不尽如人意,而这些失误也会让这些专业人员和经理感到沮丧。我们的采访发现,他们很担心急急忙忙编辑并上交的代码不够完善,生怕因为跳过步骤或推迟维护而出现问题。借用一个小组讨论中出现的名词,在越来越糟糕的企业文化中,他们感到"被围困了"。

一旦这些相互关联的问题被激化,公司未来的收益就会面临损失。管理学学者哈希尔·拉赫曼达德(Hazhir Rahmandad)和纳尔逊·雷佩宁(Nelson Repenning)也研究了IT软件开发的过程。我们发现,我们的研究结果居然惊人的相似。当他们所研究的IT团队面对任务重、时间紧和不切实际的工作时,团队成员会感到吃力,便开始所谓的"按时完成工作的循环"。员工处于高压状态,会分心,选择捷径,很可能会因身心疲惫而无法上班,甚至辞职。这意味着团队剩余的成员将面临更大的压力,仍然需要完成全部工作,进而很容易陷入"不停犯错的恶性循环"。如此一来,就会造成长期问题。拉赫曼达德和雷佩宁研究的软件开发人员与TOMO公司员工

过劳
好工作是如何变坏的

一样,经常被拉回到项目中,帮助修复代码错误。因此,如果团队在以往项目中出现纰漏,就面临着一边忙于新项目、一边拼命弥补旧过错的情况,而这些新项目往往又有明确和不切实际的截止日期。在巨大的压力下,员工会寻求捷径完成新项目,进而陷入"破坏性灭火"的恶性循环。

拉赫曼达德和雷佩宁采用系统动力学方法,模拟这种失衡系统带来的长期影响,对我们在TOMO公司的定性采访中发现的情况进行了定量总结。他们指出,由于员工和团队不太可能做出有利于公司未来发展的贡献,他们完成高质量工作的能力会在公司内部被逐渐侵蚀。面对巨大压力,尤其是当员工害怕失业时,他们不太可能花时间和精力去学习符合公司需求的新技能,或与同事或客户保持联系,以便更好地应对未来的挑战。我们从约瑟夫和其他人那里了解到了与有限投入和协作相关的案例。这种做法会损害企业文化,阻碍团队间的创造性交流。我们的采访表明,受访者经常有一种压力很大的感觉,种种原因让他们对工作感到沮丧,并且身心疲惫。例如,梅根(Megan)认为自己的工作"非常令人沮丧,压力巨大"。最后,她说道:

> 我必须承认,每天上班我都会想,我到底在这里做什么?

在一种可能引发负面情绪的工作环境中工作,会对公司产生消极影响。然而，很难量化随之而来的生产率和质量下降的情况。至少在短期内，按管理层的追踪方式很难做到。相比之下，裁减美国本土员工所节约的成本由管理层定期追踪，由投资者监督。尽管一些高层管理人员怀疑他们目前的做法有碍产品质量改善和产品创新，但仍很难抵御现行方法带来的诱惑。这是因为，裁员和强制剩余的人员做更多的工作，能够大幅度节约成本。

其他好工作与过劳

不仅 IT 领域的专业人员和经理面临过劳的压力，很多其他领域和行业的"好工作"同样如此。有时，这些"好工作"的情况与我们这里描述的情况非常相似：管理层面临尽可能精简员工配置的压力，因而会裁减员工，但仍期待剩余的员工完成原有的工作量，导致时间表不切实际、工作量不合理。同时，管理层还希望员工随时待命。裁员后（或没有新人填充退休或离职人员的空缺），人员减少，但剩余员工必须完成更多的工作。这些员工被要求与美国或海外的合同工或其他临时工通力合作，而这些员工的工作稳定性差、工资低，并且几乎享受不到福利或保护。当前，离岸外包并不是唯一的威胁。自动化、人工智能等工具最终可能会代替更多员工，或至少改变专业人员和经理所做的工作。

当然，首当其冲受到全球化影响的是制造业工人。美国

过劳
好工作是如何变坏的

从中国及其他国家或地区进口商品增长的同时，美国的制造业就业人数下降了约20%。但现在，专业和技术服务也经常外包。美国高薪和社会地位高的工作面临流失的风险日益上升，法律服务行业就是一个很好的例子。该行业在过去10年中把越来越多的工作转移至海外，其中的部分原因是，印度和美国法律服务人员的工资差距，与我们前文介绍过的两国IT专业人员的工资差距相似。不稳定性上升、更多的裁员、大型律师事务所破产在美国法律界屡见不鲜。同时，与法律相关工作的岗位数量减少，解释了为什么工资停滞不前。之前高度自主、需要专业人员（在公司新手律师和辅助性专业人员的协助下）指导的工作，现如今被划分为更加程序化的任务模块，并作为单独的模块外包给合作律师或印度的法律服务公司，甚至被进行自动化处理。

在医药和生物技术行业，海外工人主要负责以下工作：查看X光片、对新药进行试验、工程设计、管理公司财务、编写专利申请文件等。也就是说，在美国，以前由人力资源专家和专业人员负责的部分医学、科学和工程工作，以及大部分行政工作，现在很容易被程序化、分割和外包。发生上述情况后，留下的美国员工需要从事技能要求更高的工作。如他们在完成剩余的工作后，会处于极度缺乏安全感和高压的状态。如今，讨论哪些工作将被自动化所取代，远比讨论哪些工作将被外包更有吸引力。无论原因是离岸外包还是自动化，我们都已经感知到了威胁，并且这种威胁让专业人员和经理难以招架。

第一部分
"社畜"生活的现状

事实上，面对更少的人员和更多的工作，或者需要每周 7 天、每天 24 小时地协调全球工作。这些专业人员和经理或许不得不拥抱变化，主动向重组后的公司证明他们的价值，以便再把工作保住一段时间。我们在 TOMO 公司的访谈以及其他关于当前工作不安全性的研究都表明，大多数人只能把工作的不安全性当作新的常态并接受它。

在一些行业和公司中，工作不安全感和过劳之间的关系并不明晰，但我们仍然可以看到，技术进步助长了高强度和快节奏的专业工作。比如，在医学领域，医生职业倦怠引起了广泛关注。护理工作量加大和健康档案电子化增加了工作负担。基层门诊医生、疗养院注册护士以及其他医疗保健从业人员都感到不堪重负。健康档案电子化有益于患者（受益于统一记录），同时医保体系和保险公司都可以利用健康档案评估专业人员是否提供了高水平的医疗保健服务。专业人员因为需要花时间学习使用新系统，所以认为这些任务妨碍与患者的互动。因此，在他们看来，这一技术进步反而带来了新麻烦。技术进步还有助于更仔细地审查专业工作。由于工作受到严密监控，许多医护人员认为，在如何治疗和接待病人方面的自主权太小。这里的问题不是担心失去工作，因为随着人口老龄化程度的加深和医疗技术的进步，人们对医疗保健的需求会不断上升。医护人员担心的是工作方式的转变、专业自主权受限，以及过度劳累带来的高流失率。医护人员的流失让人深感惋惜，因为他们都接受过成本高昂的专业培训。

过劳
好工作是如何变坏的

在快速成长型的公司中，也存在不切实际的时间表和工作量问题。初创企业的创始人希望员工完成大量工作，以支持公司的启动和发展。为了让投资人感到兴奋或得到第一个大客户，高管经常会夸大其词（就像 TOMO 公司 IT 副总裁那样）。为了赶在不切实际的截止日期前完成任务，他们不断催促员工提高工作速度。管理层对雇佣更多的员工持谨慎态度，尤其是初创企业的支持资金需要先用于新产品或新技术研发的时候。另外一种情形是，现有的管理层无法招聘和培训急需人员。这样的公司通常只有一名人力资源经理，原因是创始团队认为技术人才或营销专家更重要。老员工除了自己依然需要负责的（超额）工作，还要培训新员工，并在没有正式头衔的情况下管理他们。正在进军新兴市场的老牌公司也面临类似的压力。如果一家公司在新市场设立办事处或开发新产品线，以便开发更多客户，管理层会向员工索取更多的东西，包括更多的工作时间、更快的工作速度和随时待命，并告诉他们要先于竞争对手进入市场并占据市场份额。

在初创和快速发展阶段，高强度的工作或许会让人兴奋，因为有一种为企业成功而共同努力的氛围。然而，职业倦怠带来的压力也是真实存在的，有时会导致关键人员辞职，因为他们无法忍受长时间加班，也无法满足他人的期待。所有人都知道，如果未达成主要目标或未挖掘到大客户，就很难拿到下一轮融资，初创公司可能就会破产倒闭，员工失业。这也是员工之所以会选择顺从的部分原因。

第一部分
"社畜"生活的现状

即使在失业率较低的年代,包括专业人员和经理在内的许多员工也有很严重的失业焦虑。即使看起来某个工作可以持续做好几年,但大家还是担心未来很难找到一份好工作,即高薪、福利待遇好且未来有就业保障和晋升前景的工作。就薪酬和福利而言,一份好工作指工作时长合理、工作节奏正常、允许工作时间外关闭联系设备,以及工作和生活完全分离的工作,但找到这样的好工作似乎不太现实。现如今,不平等状况日益加剧。在这样的背景下,即使相对幸运的专业人员和经理也会感觉压力倍增,因为他们需要完成所有被要求完成的任务,成为一名"赢家",才能保住所拥有的一切。

第二部分

摆脱"社畜"生活的潜在解决方案

第四章
双议程工作再设计——在TOMO公司了解STAR计划

本书不仅讲述工作强度加大以及由此引发的过劳问题,还讲述怎样才能改变工作方式,以便解决工作需求不切实际以及工作时间过长和"在线"等问题,因为这些问题给员工带来了不可承受之重。我们在前几章描述了可怕的情景,让我们了解管理决策和新技术是如何推动高强度和过劳工作的。虽然上述情景在各种环境中都有发生,但TOMO公司IT专业人员和经理的经历尤其引人注目。这是因为,我们可以看到新技术如何促进外包和工作自动化,以及多轮裁员的"幸存者"如何为了保住工作而被迫言听计从。

员工的工作质量下滑和工作不安全感上升,是美国面临的挑战之一,需要用不断改进和完善的公共政策加以解决,我们将在最后一章讨论这一问题。除了公共政策的变革,企业和其他组织机构是否也需要进行变革呢?

我们的结论:过劳是一个能够解决的问题,并且企业高管、高级经理甚至工作团队都可以在解决过劳的问题上发挥作用。作为"工作、家庭和健康网络"专家小组的一部分,我们制订并严格试验了一个潜在的解决方案。这一组织变革计划被称为 STAR，鼓励员工和经理思考如何才能以更加高效、可持续和健康的方式完成工作。

STAR 是"双议程工作再设计计划"的范例之一。双议程指变革既解决企业和其他组织关心的问题（高效工作），又解决员工关切的问题（以更加可持续且智慧的方式工作，关注个人和家庭的优先事项，保护员工健康）。工作再设计强调，不能简单地将所提议的变革写在员工手册上，却不建立个人变通机制，或者只是鼓励员工更加服从管理。工作再设计是一种努力，旨在构建一种新常态，重新思考并改进团队的所盼和所为。

STAR 旨在挑战和改变原有的"游戏规则"。更确切地说，STAR 质疑从前那种想当然的期望，即优秀的员工不但应该至少从上午 9 点到下午 5 点待在办公室办公，还应该借助新兴技术一直保持在线状态，随时待命。

STAR 由"工作、家庭和健康网络"专家小组开发和评估。该小组是由 5 所大学和 2 家非营利研究中心的社会学家、心理学家、经济学家、公共卫生学者和家庭学者组成的大型研究团队，得到美国国立卫生研究院、美国疾病控制与预防中心和多家基金会的支持。该小组旨在确定并严格试验工作场所政策和实践的变革。这些变革可能改善公共卫生，支持家庭和儿童的发展，同时在试行单位运行良好。在试点效果显著，并经组织发展专家认可后，我们决定对 STAR 进行测试。

"工作、家庭和健康网络"专家小组在我们称之为 TOMO

的公司对 STAR 进行了一次现场试验。该公司的一些单位或团队接受了 STAR 的"治疗"或"干预"（实验组），而其他单位或团队则没有加入（对照组）。通过这种设计，我们研究了这些变革对员工及其家庭和公司产生的影响，并得出了强有力结论。我们对比同一企业中从事相同工作的员工，从而了解两组人员的经历和感受是否发生变化。在下面的几个章节中，我们将讨论 STAR 是否有效，首先我们要解释一下这个干预计划是什么。

我们要用 STAR 改变什么？为什么要这样做？

这一方法的根本前提在于，我们要改变的是工作环境，而非员工。当我们规划、实施和评估 STAR 及之前的试点项目时，这一前提是"工作、家庭和健康网络"专家小组的准则。在职业健康领域，这一准则的关注点在于"在影响员工健康之前消除工作环境中的工作危害"。所以，这一准则又称为初级预防方法。

这一策略与许多雇主现在实施的"身心健康计划"大相径庭。经济学家指出，"工作场所身心健康产业的规模已增长 2 倍以上，达到 80 亿美元"，超 5000 万美国员工享有雇主提供的身心健康计划。这些计划的前提是，员工的不健康行为会长期损害其健康，并且雇主能够鼓励（通常是激励）更健康的行为。雇主希望鼓励员工更健康的行为，以减少医疗保健成本和员工因身体不适或慢性病造成的缺勤现象。身心健康计划旨在改变个人行为,提供戒烟、锻炼、冥想和瑜伽方面的指导,降低员工压力。此外,即使是旨在创造更健康的工作环境的企业项目,也仅仅关注公司食堂的食品安全问题,并鼓励员工多走楼梯。

这些行为变化可帮助人们更好地应对压力。但企业健康计划认为,工作环境存在问题是再自然不过的事情。我们对此持不同观点。我们不想鼓励过劳员工和经理进行锻炼或传授给他们压力管理技巧,以帮助他们应对紧张的工作环境。我们担心健康计划只是个"创可贴",可能会起到一定缓解作用,但不可能减少过劳、倦怠现象或降低人员的流失率。我们想从根本上改变过劳的工作环境。

在追求提高健康和幸福水平、创造更易于长期掌控的工作方式的过程中,STAR关注3种具体的工作条件。STAR旨在:(1)增强员工对工作时间和地点的控制;(2)加强社会对个人和家庭生活的支持(包括工作与生活分离的需求);(3)管理高工作需求,关注结果,而非以待在办公室的时间或在线时间长短为衡量标准,并且尽可能减少低价值的工作。这些目标相互交织:如果企业根据具体成就(结果)评估员工,则明确规定何时、何地或如何完成工作就没那么重要了。这样的话,员工就更可能感受到,除了他们对工作的贡献,他们在工作以外也得到了尊重和重视。

"工作、家庭和健康网络"专家小组利用社会科学理论设计了STAR。罗伯特·卡拉塞克（Robert Karasek）是一位组织学学者，同时也是工作和健康研究领域的先驱，他开发的工作压力模型给我们带来了启示。卡拉塞克认为，高工作要求和低控制（包括几乎无权决定工作方式以及工作技能只得到有限利用）的结合，会造成压力增大，损害员工健康。后来，卡拉塞克和特奥雷尔（Theorell）扩展了这一模型，纳入了社会支持的因素。他们认为，从经理、同事或其他人处获得更多支持的员工，可能会更有效地应对高要求和低控制力带来的压力，因此不会承受太多负面的健康后果。

我们的"工作、家庭和健康网络"专家小组借鉴了这些成熟的工作需求、控制和支持的理论，但我们也在一些重要方面扩展了这些理论，并进行试点研究，尝试真正改变工作环境。我们意识到，要重视工作质量，重视工作对健康的影响，需要我们超越工作本身去思考问题，如思考什么样的工作环境对管理工作及工作之外的生活是重要的。

传统观点强调控制工作方式，即卡拉塞克和特奥雷尔模型中提到的工作控制。例如，能够自主决定在某一天做什么，或者对如何完成某个项目有发言权。我们还考虑了员工对工作时间和地点的控制。这种日程控制的概念不能取代也不能并入工作控制。两者都很重要。我们在百思买公司总部进行了一项试点研究，结果发现，工作控制和日程控制都会影响员工福祉和对健康行为的追求，如充足的睡眠和锻炼，以及员工的工作态度。

第二部分
摆脱"社畜"生活的潜在解决方案

正如我们在更宽泛的工作控制概念中增加了日程控制一样，莱斯利·哈默（Leslie Hammer）和埃伦·恩斯特·科塞克（Ellen Ernst Kossek）意识到，需要进一步扩展工作支持方面的传统讨论。职业健康心理学家哈默和组织行为学学者科塞克共同研究并采用实证手段衡量了经理和同事对员工工作之外生活的支持。支持型经理预测员工工作满意度、福祉、参与度和承诺。但是，通常情况下，我们的关注点在经理如何针对员工工作表现提供支持上，而不是考虑经理如何为员工个人或家庭生活提供支持。在一家杂货店进行的试点研究中，科塞克和哈默提出了一个新策略，以激励"主管的生活支持行为"，即经理为表达对员工个人或家庭生活的支持而做出的具体行为。他们发现，经理为员工个人或家庭生活提供支持，可预测员工的工作满意度、离职计划以及工作和生活的冲突程度。科塞克和哈默还为一线经理提供培训，鼓励他们提供对员工家庭和个人生活的支持。

专家小组的试点研究还指出了从注重时间向注重成果或具体成就转变的价值所在。"结果导向"和"只考虑结果"出自卡利·雷斯勒（Cali Ressler）和乔蒂·汤普森（Jody Thompson）以及其在百思买公司总部开发的"只关注结果的工作环境"（ROWE）计划。长期以来，研究性别不平等问题的学者一直批评这样一种观点，即通过长时间工作（尤其是待在办公室的时间）、看得见的忙碌以及将工作置于家庭和个人生活之上的意愿，衡量员工的表现或贡献。这些学者认为，用

"理想工作者"的标签衡量谁能把工作做好是不恰当的。关注长时间工作、待在办公室的时间以及能否随时待命,再一次滋生并加剧了性别不平等问题,因为女性,尤其是母亲,更难达到这种对理想员工的期望。雷斯勒和汤普森基于对以工作时间为导向的批评,把替代方案命名为"结果导向"。这一名称可能会对管理层更有吸引力。我们在百思买公司进行了一项试点研究,结果表明,当员工放弃根据工作时间或忙碌程度评估工作承诺,并探寻所做任务和工作对最终目标或关键结果的影响时,他们会从中受益。

总而言之,这些试点的研究证实,通过日程控制和主管支持员工的家庭生活并改变工作场所的环境,我们可以培养一种以结果为导向(不同于以时间为导向)的文化。研究还表明,这些变化能够改善员工的健康,并借此提高工作满意度,减少人员流失,从而使企业受益。在这项研究的基础上,加之组织发展专家卡利·雷斯勒和乔蒂·汤普森以及一个由TOMO公司员工和经理组成的小型咨询小组给出的宝贵意见,专家小组设计了STAR计划。该计划重点关注以下3个要素:

(1)STAR赋予员工权利,让其决定何时、何地以及如何开展日常工作,并期望团队能够共同努力,确定不同岗位员工的可行工作量。这样一来,尽管员工负责的项目基本参数以及试图达到的工作指标仍由管理层决定,但部分控制权或自由度从经理转向了员工。

（2）STAR 意识到并肯定员工在工作之余有其各自的责任和兴趣。STAR 推动员工和经理进行团队讨论，内容涉及对个人和家庭生活的愿望和目标，并表明在规划工作时将优先考虑这些事项，而不是让大家围绕高强度的工作去调整生活。

（3）STAR 鼓励员工和经理减少低价值工作，思考某项活动究竟是有助于实现某一结果，还是说仅仅是习惯性要求，比如每周一无特定议程的例会。STAR 为团队提供了批评低效、耗时工作的场所和脚本，质疑表现好的员工应长时间工作和随时待命之类的期望。

在设计 STAR 时，我们并未明确要求其解决如何使用新技术的问题，但回想起来，我们认为这也是该计划的一个重要组成部分。STAR 的培训及其相关讨论，鼓励员工和经理在使用对工作至关重要的新兴通信技术时深思熟虑。正如前几章所述，技术进步和公司劳动力战略的变化，对裁员和外包后留下来的美国员工提出了更高的要求，这些员工现在一天 24 小时都在协调全球工作。许多人（包括 IT 行业以及许多其他行业的专业和管理人员）认为，无法控制自己的工作时间或工作量，因为电子邮件、文本、即时消息和在线会议占据了大部分时间，真正的工作时间受到侵蚀。此外，完全从工作中放松下来也越发困难。经理、同事、客户或顾客都知道，利用新技术，他们可以随时联系到专业人员或经理。因此，许多人都认为，这些专业人员和经理应该全天候地快速做出回应。

然而，通过STAR和类似的工作再设计计划，专业人员和经理可以采用不同的方式利用新技术进行互动。员工和团队可以认真考虑如何将新技术用于实现他们自己的工作目标，而非即刻、自动回应。双议程工作再设计计划促使人们反思新技术工具对完成工作的影响。员工还会考虑放下手机、无视电子邮件或其他即时通信工具以保护健康或满足其他个人需求。此外，开展这些讨论可以帮助专业人员和经理专注于核心工作，在工作的同时空出更多受保护的线下时间。克服工作中随时待命的压力困难重重，但如果在考虑当前的做法时能够同时着眼于什么对公司有益，什么对员工有益，那么技术就可以很好地为人所用，更好地发挥员工的优势。

这就是STAR的3个目标，但如何实现这些变革呢？STAR将员工团队实施的自下而上的变革与结构化的培训相结合，以提高管理效率。具体而言，STAR包括：（1）对经理进行培训，让其了解支持员工个人和家庭生活的策略，同时对员工的工作提供支持；（2）提供参与式培训，让团队接纳新的工作方式和流程，提高员工对工作时间的控制力，帮助减少低价值的工作任务。

正如在TOMO公司的实施情况一样，STAR包括为员工提供8个小时的参与式培训（经理到场），并为经理提供4个小时的单独培训，外加一项活动，让经理反思和跟踪自己与员工的互动过程。STAR培训持续8~12周，如此一来，经理和员

第二部分
摆脱"社畜"生活的潜在解决方案

工就能够听到新想法,并有时间进行处理,展开非正式讨论,以及在团队培训的间隙尝试新的做法。

在实施 STAR 的早期阶段,鼓励经理尝试为下属的家庭和个人生活提供更多支持,并确保针对员工的工作任务和职业目标提供鼓励和相应资源。STAR 的这一部分内容侧重提高经理对员工的明确支持。首先要认识到,经理通常感觉自己是支持员工的,但他们可能不会将这种支持传导给员工。基于哈默和科塞克的试点项目,我们为经理们提供了一款应用程序,每天多次(这种状况持续了一段时间)提醒他们与员工联系,为其提供支持,或跟踪当天已进行的支持性互动。这一想法是为了鼓励经理将支持性互动视为相关目标,并提醒经理采取支持行为,帮助他们养成新习惯。

员工和经理还参加了另外一种参与式培训,讨论企业对员工的期望、日常的工作方式和公司政策,然后确定新的工作方式,让员工对工作时间、地点和方式有更多的话语权,并知晓如何表达对其他人工作的支持。培训是结构化的,但非常具有互动性。第一期培训旨在表明高层管理人员支持 STAR 的相关变革。通常,各个部门的副总裁到场参会,或者至少培训师会提及高层对 STAR 的支持。随后的培训则鼓励讨论,比如针对不同的工作内容,居家办公工作量多少比较合适,以及如何在不进行过多会议或电话沟通的情况下,确保高效的团队沟通和协作。员工和经理讨论旧工作模式出现的低效问题,并设想不同的工作方式可能会对员工的工作效率以及个人和家庭生活带来哪些影响。

STAR 与"把灵活性当作变通"

虽然常见的灵活办公政策也涉及工作时间和地点的变化，但像 STAR 这样的工作再设计计划与更常见的灵活办公政策有很大的不同。公司政策或许会允许弹性工作时间（偶尔或定期改变工作时间）、远程办公（偶尔或定期居家办公）以及将全职办公转为兼职办公。一项对美国 1000 多家规模在 50 人以上的公司进行的研究表明，81% 的公司允许至少部分员工周期性地变更上下班时间，67% 的公司允许员工偶尔居家办公或远程办公。

但是，细节决定成败。个人可以要求灵活的工作安排，但经理通常有绝对的权力批准或拒绝员工的此类请求。这是因为，公司或许有灵活办公的明文规定，但一般会同时规定需要得到经理的批准。在没有明文规定的小公司，经理在这方面更是拥有绝对的权力。我们称这种状况为"把灵活性当作变通"。员工个人与经理协商时，通常处于下风。在理想情况下，经理的决定取决于员工所要求的灵活性是否具有可行性，同时，公司文化支持这种灵活性。然而，这种协商通常以个体需求为出发点。如果有可能，雇主会满足这种需求。不过，实际情况是，许多员工，甚至是专业人员和经理，几乎没有灵活办公的机会。

TOMO 公司的一个故事，说明了把灵活性当作变通的强大力量。在开展 STAR 之前的几年里,海沃德要求每周居家办公 2 到 4 天。由于海沃德 90% 的工作都是与使用其开发并维护的应用程序的客户或其他 IT 团队进行沟通,包括通话、用即时通信软件聊天和电子邮件交流,所以,对他来说居家办公似乎可行。同时,这些工作很少涉及其他同事。海沃德的经理拉克伦(Lachlan)批准了这一申请,并在接受我们的采访时主动提到这一点。海沃德说:"经理没有担忧或找我麻烦。"定期居家办公对海沃德及其家人来说也很好。他的家人包括在另一家公司担任 IT 专业人员的妻子和两个年幼的孩子。如果海沃德某天晚上工作到很晚,他可以随时改变工作时间,如第二天晚点上班,并送孩子上学:

> 我告诉妻子,你只管去工作,我会做早上应该做的事情。我能这么做,因为我不必早上 8 点到(办公室)。

然而,这种安排后来发生了变化,因为 IT 部门进行了重组(在启动 STAR 之前),重组后的团队需要向新经理报告。海沃德称,他的新经理朗达(Rhonda)"不喜欢我的这种工作方式。因此,每个星期,我不得不 5 个工作日都要来办公室上班"。在海沃德看来,他在办公室做的事情(打电话、发邮件、回复即时信息)和在家里做的事情完全相同,除了:

> 现在,通勤耗费我 2 个小时的时间。我还要接送孩

子们参加课外活动。我会大叫:"天哪,孩子们在这待了10个小时。"回到家后开始做晚饭,基本上都已经7点了。你会想:"必须要改变。这样下去肯定不行。"

尽管海沃德居家办公的工作模式没有什么实际问题,但朗达仍然不喜欢居家办公(我们也采访了朗达)。她要求员工每周在办公室工作5天,但并没有给出理由。而且,在这种把灵活性当作变通的环境下,她也不需要给出理由。居家办公等灵活办公的请求能否被批准,完全由经理自行决定。

在海沃德这一案例中,我们看到,把灵活性当作变通的政策受到成功申请灵活办公的员工的青睐。我们还注意到,在能否成功申请或维持弹性工作制方面,员工几乎没有话语权。用这样的方式审批灵活办公,还会涉及公平问题。除了专业人员和经理,其余员工的工作更可能受场所限制或需要轮班(特别是零售、餐馆或酒店的小时工)。如今各项技术都很发达,许多行政人员和文员能够更灵活地工作,但他们无权这样做。如果有些员工收入较高,受教育程度较高,或在找工作方面有更多的选择,他们在协商工作灵活性时就往往能够成功。

即使已申请到灵活办公,弹性工作制或居家办公也仍然存在风险。越来越多的研究表明,这些灵活办公的行为往往会引发"灵活性污名"的问题。人们认为这些选择是一种变通,偏离常规,员工可能需要用晋升或加薪机会作为代价。能够变更日程安排或居家办公的员工,可能会被贴上工作不认真的标签,从而失去晋升机会。

具有讽刺意味的是,灵活办公政策可能还会带来职业风险,加剧性别不平等的状况。我们说这很讽刺,是因为在20世纪80和20世纪90年代,大量女性,特别是白人中产阶级女性,开始承担专业和管理工作。这种状况是美国公司实施灵活办公政策的部分原因。女性可能会更想要一份时间比较灵活的工作,因为她们需要照顾家庭的负担更重。虽然这可能导致女性在职业发展方面受挫,但她们或许会接受它,因为我们的社会存在着一种文化氛围或压力,让女性以家庭为重。男性可能会通过不太正式的手段寻求灵活办公和居家办公,进而在不采用正式和"污名化"的灵活性政策的情况下,改变工作日程。例如,艾琳·里德(Erin Reid)对管理顾问进行的研究发现,大约1/3的男性(大约10%的女性)"通过"了理想员工测试。这背后的原因是,与工作时间很长的同事相比,这些顾问会限制自己的工作和出差时间,并且不采用公司的官方灵活办公政策。与那些寻求正式的灵活办公安排的同事们相比,这些人员的业绩排名要好得多。在里德的研究中,女性更倾向寻求正式的灵活办公政策,因为她们更有可能会感到被边缘化或受到歧视,充满挫败感,最终以离职收场。

把灵活性当作变通还存在一种风险:这种灵活性分散了人们对高强度工作、过劳和不稳定性等真正问题的注意力,提供了一个无济于事的解决方案。20多年来,我们一直在研究工作和家庭问题,其中大部分时间我们都在研究公司的工作和生活政策。但是近几年,我们的想法发生了变化。我们现在认为,专业人员和经理最担心的不是如何平衡工作和生活(或者更狭义地说,平衡工作和家庭),而是如何处理自己的工作任务。问题的根源不在于如何平衡工作和家庭,而在于工作强度太大。这意味着,弹性工作制度被理解为满足特定员工个人需求的一种可有可无的变通,让我们在看待问题时会误入歧途。

STAR:制度工作和制度变革

与更常见的把灵活性当作变通政策相比,STAR 和相关的双议程工作再设计计划的目标更深远、影响更广泛。同时,两者的流程也不同。我们先来看看其更长远的目标。STAR 试图创造一种新常态,改写如何组织工作的游戏规则。学者们使用"制度"一词特指某个社会环境中指导人们行为的"游戏规则"。在工作场所(包括学校和社区团体等其他组织),规则和政策指导行为,规定允许做什么、不允许做什么。但是,人们也受非正式规范的指导,这些非正式规范深深根植于团队工作中,并影响自我评价、他人评价以及工作奖励。

就过劳而言,游戏的核心规则是那些决定工作时间、地点和方式的规则、谁拥有决定权的规则,以及那些决定围绕个人和家庭生活安排员工的工作时间和工作方式是否合理的规则。然而,周一到周五全天工作(不管周末做了多少工作),在一天的特定时间内在办公室工作,立即回复经理消息,甚至

第二部分
摆脱"社畜"生活的潜在解决方案

在规定的时间过去五分钟之后再开始开会等,都被认为是理所当然,往往不会被注意到——除非有人不遵守这些规定。

当人们试图建立新的游戏规则,挑战当前的游戏规则,努力扩大、执行或逃避那些游戏规则时,他们所做的就是组织学学者所说的制度工作。STAR 是制度工作的一个持续性示例,因为该计划促使员工和经理批判性地审视自身的工作方式,旨在通过指出其给个人、团队和组织带来的所有问题来打破制度化的游戏规则。STAR 鼓励员工和经理确定既能让他们个人受益,又能实现组织目标的新工作方式。

改变制度化的游戏规则,需要多方面、多层级的途径。为说明我们所说的多层级变革,请考虑对 STAR 至关重要的两种特定行为:居家办公和变更工作时间。在 STAR 中,个人行为可以而且确实会改变,但这种工作再设计方法涉及的不仅仅是开始居家办公或出于个人和家庭原因而变更的日程安排。STAR 旨在改变人们对自身角色(员工、经理、负责任的家庭成员)的理解,以及改变人们对日常互动和工作中所接受和期望的事物的理解。在 STAR 中,居家办公或变更工作时间这些个人行为,不再被视为需要经理批准的变通。

相反,在 STAR 中,人们的日程安排不同,有更多的时间居家办公。但同样重要的是,在谁能够决定工作时间、地点和方式以及在这些工作方式传递的信息方面,员工和经理持不同的观点。他们也基于这些新的理解和决策规则进行沟通。例如,经理不再期待员工询问某天下午是否可以临时居家办公,员工也可以根本不告诉别人他的工作地点。当然，管理层仍然会做出关键决定，如是否启动STAR或类似工作再设计计划。这类计划可能涉及政策变化，需要高管批准。但STAR同时涉及一线员工和经理，他们共同交流，将其作为团队努力解决工作方式以及互动方式的问题。因此，STAR不仅仅是一种由高管批准后推广给下属的政策变化。

至关重要的是，STAR和相关工作再设计计划要通过行为来执行。在TOMO公司，整个团队实施STAR。在企业等其他组织中，整个部门、分部，甚至整个公司可能都会进行工作再设计。团队或工作小组集体讨论如何更好地达成目标。他们讨论成员的需求和偏好，既包括满足特定人员工作所需的条件，也包括员工或经理对健康、个人生活或家庭生活的期待。STAR培训的集体讨论，是重新解释现有观点和做法的关键，同时也是把新工作方式合理化的关键。

这种集体讨论还意味着，我们避免把灵活性当作变通的共同问题，即只有一些亚群体需要以不同的方式工作，如母亲、承担其他照顾责任的妇女等，也许还有一些不太多见、决心照顾家庭的男性。事实上，STAR不是部分人员的特殊要求（比如允许居家办公），而是每个人对当前工作和改进方法的反思。

双议程框架的意思是，这一类型的工作再设计，寻求对公司和员工都有价值的变化。正如下面的章节所阐述的那样，如果团队支持每个人自由选择工作的时间和地点，STAR员工就会看到其带来的好处。但是，家庭利益和公司利益同等重要。这一点很关键，因为人们常常认为，对家庭友好的计划主要针对女性。在双议程工作再设计中，"更聪明地工作"的目标可能会让男性更容易参与进来，因为他们不必一定要承认他们也考虑个人和家庭责任。STAR 旨在提高工作效率，实现其他（以前令人怀疑的）个人目标。因此，支持 STAR 与男性全身心地投入工作的期待完全一致。

STAR 是什么：阐明制度化的工作

STAR 为员工和经理提供了非同寻常的机会，让他们共同思考如何完成工作，个人、团队和企业如何更有效地运行，并同时守护员工健康、幸福和支持个人承诺。STAR 的两大核心信息包括员工可以自由选择工作时间、地点和方式，但必须按时完成工作并成为团队一员；在讨论如何在承担工作责任的同时，优先考虑家庭和个人生活完全是正当的。但是，要如何传达这些信息才能真正改变游戏规则呢？

要实现这种变革，就需要员工和经理找到合适的地方，放下日常任务，花时间去反思和实践。STAR 的培训课程有专门的时间和特定的意义，与日常任务和节奏区分开来，要求参加培训的员工和经理把日常工作放在一边，作为一支团队去讨论如何更好地工作。公司则提供培训时间，鼓励大家寻求变革。这种变革还需要培训师的参与，他们指导大家如何质疑原有的游戏规则并提出新规则。在 TOMO 公司，培训得到了专家的指导，尤其是乔蒂·汤普森和卡利·雷斯勒。推动工作再设计的人员（无论是外部还是内部人员）需要巧妙地采用多种策略对培训提供帮助，营造培训氛围，鼓励积极思考，并且不能要求过高，以免参训人员压力过大。

激励变革：刺激变革需求或渴望

为激发参训人员对 STAR 的兴趣，培训师告诉他们，当前的工作方式对许多 TOMO 公司的人员来说并不合适。培训师首先询问员工在小组或团队中如何完成工作。然后培训师问："对于目前的情况，你感觉如何？"向参训人员提出这一简单问题后，培训师邀请他们在白板上写下 1~3 个关键词（此时其他人不发表评论）。在图 4.1 中，我们看到了对 10 次培训课程的反馈，超过 25 个员工团队及其经理给出了答案。答案经常由"大词"构成，我们用草书字体标记表达积极情绪的词，用正体标记表达消极情绪的词。不出意外的是，这里的感受反映了我们在前几章中分享的故事和见解。例如，兰德尔（在第二章中描述了他对长时间工作、晚上开会感到沮丧）在回答"对于目前的情况，你感觉如何？"这一问题时，用了"恐惧"一词，而他的老板乔纳森在白板上写了"痛苦"一词。

请注意，虽然参训人员在 STAR 培训中分享了工作和家庭关系的挑战以及照看家人的需求，并将这些视为合理的诉求，但这些不是需要解决的主要问题。当要求所有员工和经理在反

第二部分
摆脱"社畜"生活的潜在解决方案

思企业文化时,表达负面情绪的不仅仅是已为人父母的员工。大多数人的情绪都集中于自己工作时的经历,而不仅仅在于考虑如何让工作和生活的其他部分相适应。STAR 设法解决每个人的工作方式问题,指出日常工作方式中的低效和不协调之处,并提出更明智的工作方式,因为这些工作方式不但有利于处在人生不同阶段的男女员工,也有利于企业。

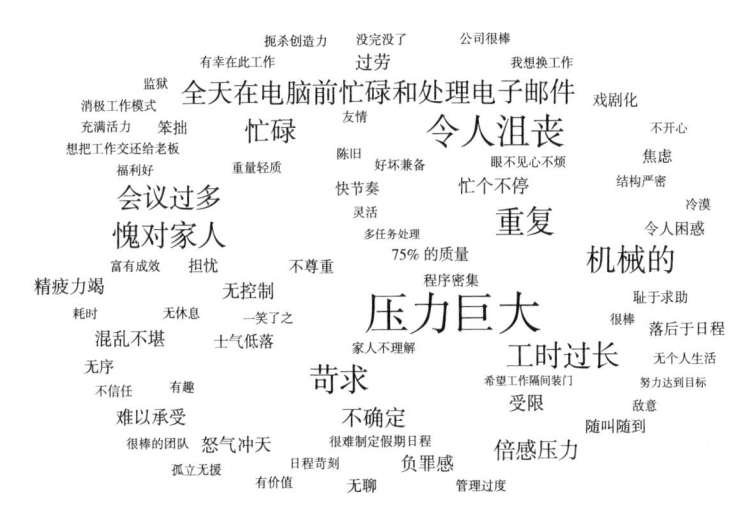

扼杀创造力　没完没了　公司很棒
有幸在此工作　过劳　我想换工作
监狱　全天在电脑前忙碌和处理电子邮件　戏剧化
消极工作模式　忙碌　友情　不开心
充满活力　笨拙　陈旧　令人沮丧　焦虑
想把工作交还给老板　重量轻质　好坏兼备　眼不见心不烦　结构严密
福利好　快节奏　忙个不停　冷漠
会议过多　灵活　重复　令人困惑
愧对家人　多任务处理　机械的
富有成效　担忧　不尊重　75%的质量
精疲力竭　无控制　程序密集　耻于求助
耗时　无休息　压力巨大　很棒　落后于日程
混乱不堪　一笑了之　家人不理解　工时过长　无个人生活
无序　士气低落　苛求　希望工作隔间装门　努力达到目标
不信任　有趣　不确定　受限　敌意
难以承受　怒气冲天　随叫随到
很棒的团队　很难制定假期日程　倍感压力
孤立无援　日程苛刻　负罪感
有价值　无聊　管理过度

图 4.1　参加 10 期 STAR 培训之后,TOMO 公司 25 个团队的员工和经理对"对于目前的情况,你感觉如何?"这一问题给出的回答

在 STAR 培训的开幕式上,传递出一条重要信息。那就是,参加培训的人员认为,有必要进行变革。每个人都知道自己压力大、不开心、沮丧,他们可能也会意识到自己没有以最高效或最可持续的方式工作。但是,从他们在培训中表现出的沮丧程度上看,当时的状况对整个企业来说是不利的。听到这

么多同事甚至经理发泄心中的不满，大家更加确信有必要做出变革，其中包括对 STAR 持怀疑态度的人。

去制度化：促进对现行工作方式和观点的批判性反思

然后，培训师提供对当前的工作方式进行批判性反思的机会，组织学学者称之为去制度化，即挑战以前人们接受的，甚至可能被忽视或被认为理所当然的东西。旧的做法和想法受到质疑，人们不再认为它们合情合理，或者"就应该那样"。

培训师对当前的工作方式提出以下问题：（1）如何批准弹性工作制；（2）如何安排工作任务和会议优先次序并进行管理；（3）沟通规范如何发挥作用；（4）如何进行奖励。当培训师积极鼓励进行批判性反思时，参训人员说出他们的批评意见。一些 TOMO 公司的专业人员和经理不认可这些批评，但他们会听取同事的意见，因为他们的看法可能比从外面请来的培训师的看法更有说服力。这样的话，虽然变革的意见是员工通过 STAR 提出来的，但这种对话有助于企业成为变革意见的提出者。

STAR 提出的第一个批判性反思是，在审批灵活办公时是否存在不一致性和无法预测性。在开展 STAR 之前，TOMO 公司实行把灵活性当作变通的政策：员工要想居家办公或在某天改变工作时间，甚至为了在截止日期之前完成某些更重要的事项而缺席会议，都需要经理批准。（回想海沃德的案例）一些经理经常批准此类请求，少部分有较强支持意愿的经理让员工

第二部分
摆脱"社畜"生活的潜在解决方案

去做他们需要做的事情。但是，有些经理不批准这种弹性工作方式（朗达要求海沃德回到办公室线下办公），或者对此类请求不耐烦，导致员工担心他们在绩效评估或职业发展方面会因此付出代价。

培训师指出，这种不公平的工作环境说明，无论经理的说法和意图如何，经理都对员工缺乏信任。正如一位培训师在一次培训中解释的那样，经理在"一个接一个地批准"弹性工作请求时，往往会"充满敌意和怨恨"，而不是 TOMO 公司想要的"包容性环境"。一位培训师说，她从 TOMO 公司讨论小组那里了解到，"弹性工作制是一种'靠关系'的事情……如果经理愿意，你的请求就会获批。但是如果经理不太愿意，你就无能为力"。在座的两位高级经理点头表示认可。与此形成对照的是，正如培训师解释的那样，在 STAR 中，"任何时候，如果你需要做任何该做的事情，你都不需要得到批准"。

第二个批判性反思是，做太多低价值工作，尤其是开某些会，浪费了很多时间，而且专业人员并不认为参加这样的会议是他们的分内之事。有人建议，可以放下部分任务，以便为做技术工作留出更多时间，解决或者至少部分解决过劳问题。在一次培训中，STAR 首席培训师卡利·雷斯勒询问第一批参训人员，那些会议的效果如何。（我们再次强调，这种类型的提问和从广泛的群体获得信息的方式，能够促使参训人员接受对于问题的全新判断）一位员工表示，在她参加的会议中，只有大约 5% 有成效，而在座的大多数同事都同意她的看法。其

过劳
好工作是如何变坏的

他团队(在其他培训课回答相同的问题)认为,有价值的会议还是多一些的。但每个小组都表示,有些会议没有效果,因而是不必要的。例如,一名员工对她的同事和经理说:

> 我们有时至少花两到三个小时参加进度会议,以确保使用最新技术……我们一直在连轴转。

培训师并未强行规定如何减少或改进包括召开特定会议在内的低价值工作,而是敦促团队一起思考这件事情。

培训师还询问专业人员和经理,他们是否真正需要随时处理工作中出现的问题。他们对"灵活性意味着随时待命"提出批评(但没有用"随时待命"这个词)。培训师指出,TOMO公司已经形成了一种随时待命的文化,即希望他人快速回复即时信息或电子邮件,或者随时接听与工作相关的电话。

培训师要求参训者重新考虑什么时候才需要做出快速响应,什么时候这种响应只是习惯性的,或者被正式和非正式的奖励强化。培训师卡利·雷斯勒在一次培训中指出:

> 感觉紧急与真正紧急是有区别的。你们需要自行判断哪些是(真正)紧急的事情。

我们在第三章中曾经提到的梅丽莎在一次STAR培训上承认,她的团队在"消防演习"中"煽风点火"。她还说:"我们

第二部分
摆脱"社畜"生活的潜在解决方案

需要打破这种文化。"

其他行业和公司的员工，也成了把所有事情都视为紧急事件、期望立即得到回应和几乎随时待命的牺牲品。莱斯利·佩罗（Leslie Perlow）对管理顾问展开研究，展示了团队内部的这种导致员工"抱着手机睡觉"的"回应循环"。（然后介绍了我们将在后面讨论的"双议程工作再设计"）。凯特·凯洛格（Kate Kellogg）对医院外科医护人员过劳的状况进行了研究，其中涉及不同科室对住院医生工作时间规定的反应。在有些科室，住院医生需要随时在岗，因为这些科室的理念是，这种做法是有效协调对病人治疗的基本要求。然而，在另外一些科室，医生团队使用新技术和新规则有效共享信息，在减少住院医生工作时间的情况下很好地照顾病人。虽然旧的工作方式要求住院医生随时待命，但这并不是提供良好诊疗服务的唯一可行的方法。

参加 STAR 培训的员工和经理弄清楚了随时待命和把每个问题和任务都视为紧急任务所消耗的个人成本。尽管如此，培训师认为，对 TOMO 公司的专业人员和经理来说，更多的离线，即脱离即时通信系统或电子邮件，恐怕让人难以接受。在企业中，IT 部门的一个关键角色是保持系统的全天正常运行。虽然 TOMO 公司负责对已发布的系统和应用程序进行快速响应的是一个相对较小的 IT 专业团队，但对 IT 系统进行不间断的检测和维护，被认为是很多团队和员工的责任。具有讽刺意味的是，正式负责快速解决实时系统技术问题的团队，往往为

过劳
好工作是如何变坏的

STAR做好了充分准备。这些团队在随时待命方面已经很从容（通过手机上的特定系统完成"告警值班"）。他们还认识到，有意识地安排一些完全不工作的时间非常重要。因为这些团队已经签订了处理紧急技术情况的协议，所以他们已讨论过什么事情是真正紧急的事情，什么不是。STAR旨在鼓励其他团队和所有岗位的员工锻炼这种反思和团队协调的能力。

批判性反思的下一个步骤是，询问企业如何运行奖励制度：人们是否因为长时间工作、快速反应、随时待命，或对项目的实际贡献而得到认可和奖励？培训师指出，经理总是关注员工坐在办公室的时间（以及晚上、午夜和周末能随时待命）。我们在采访中听说过这一点，就像凯瑟琳之前说的那样，员工会注意老板何时在办公室，并尽量停留到老板离开以后再走。关于工作时长、何时上班或是否随时回复即时信息的品头论足，被称为"污泥"。这是乔蒂·汤普森和卡利·雷斯勒在"只关注结果的工作环境"计划中创造的一个术语。培训师指出，"污泥"和对此类品头论足的自我辩护强化了旧游戏规则。例如，假设一个人上午10点来到办公室，一位同事说："刚到？真希望我能和你一样。"这位同事的潜台词就是，那名员工前一天晚上或今天早上没有工作。只有在办公室工作才能算数，而且按时上下班比按时完成工作任务更重要。

培训师指出，因为工作时间、工作地点和随时待命不是判断工作效率或努力工作的准确指标，所以不应该成为经理或其他人进行评价时的重要标准。这种评判和分析有助于参训人员接受这样一种观点，即他们可以自主决定上班时间（在整个团队中进行合理协调）、上班地点（适当考虑何种类型的任务更适合在办公室完成），以及下班并回归生活的时间。

但是，如果工作时间和遵守旧标准得不到回报，那么做什么能得到回报呢？答案是，明确员工的目标并评估实际结果，有助于经理和其他员工避免根据工作时间、坐在办公室的时间或随时待命的情况来评估绩效。然而，在STAR的培训中，我们有时会听到目标模糊不清和优先事项不明确导致人们感到沮丧的故事。例如，当贾德（Judd）说"我需要一个明确的任务"时，其他参加培训的员工建议他去找经理，要求明确其目标和优先事项。这说明，STAR的讨论经常超越弹性工作安排的内容，并鼓励员工对当前工作流程和管理方式进行反思，其中包括设定明确的目标，并对衡量业绩的标准进行深入思考。

提出和制定新方法：新工作方式与企业和经理利益保持一致

对旧惯例和期望的批判，呼唤着可持续、有价值的新工作方式的出现。培训师需要向员工和经理展示，如何既能成为TOMO公司的好员工，又能对STAR抱有激情。培训师提出的3项主张将STAR与TOMO公司的利益和经理的价值认同结合起来。

第一，培训师用专业的语言指出，把工作自主性视为重点问题，适合TOMO公司雇员的情况。培训师指出，TOMO公司的IT开发人员、测试人员、分析师和经理，能够以不同的方式工作。因为这些专业人员能够自主做出技术决策，并通过努力工作去实现工作目标。因此，让他们来管理自己的工作时间和工作流程，非常明智。

第二，培训师把STAR对经理作为支持性角色的理解，与经理之前对员工工作日程、地点和会议出席等情况的检查进行了对比。以前的做法被批评为"微观管理"或监视员工的"屁股是否坐在椅子上"（这些批评通常由参训人员在回答培训师的问题时说出来）。在一次培训中，一名培训师明确地将年轻人在大学里被信任的经历与工作中的经历进行了对比，批评经理把员工当作孩子一样对待。她说，大学里的"孩子"得到信任，被认为能够完成工作。他们得到了资源，获得了支持，但没有"爸爸妈妈"的监督。

> 毕业后找到工作，被分配了一个工位，然后被告知周一到周五上午8点到下午5点需要坐班，有休息和午饭时间。我们怎么能只根据一个人是否坐在办公桌前去判断他的工作是否高效？人需要得到信任。

许多经理喜欢这样的分析。他们认为，STAR是自己想要的管理方式。用培训中的一句话来说，他们想把自己想象成"管理工作，而不是管理员工"。怀亚特（Wyatt）经理管理着在多个办公地点工作的大约 40 名员工，他表示：

> 我认为我的员工是专业人员。他们比我更知道需要做什么。为了达到工作目标，他们凌晨 3 点就起床工作。他们不需要早上 8 点来上班。他们知道自己要做什么。

怀亚特认为，他手下的员工会做需要做的事情，即使需要耗费很长时间或者工作时间不规律。因此，他不需要规定员工的日程安排。在描述员工知识渊博、具有奉献精神的时候，他使用了"专业人员"一词，以证明无须给他们制定严格的日程安排。

培训师展示了控制权的转移和决策权的转移。卡利·雷斯勒解释了工作再设计计划如何"颠覆"企业的"决策和自主"模式：

> 每家企业都有等级制度。每个人都扮演着自己的角色。在利用 STAR 进行思考时，我们认为等级制度不是垂直的，而是水平的。人们的职位（职称）不同，但决策和自主权都是平等的。员工不会再问任何关于工作时间和地点的问题。

对于这一点，一位经理用赞许的语气回应道：

过劳
好工作是如何变坏的

> 听起来我们是在放权，赋予（员工）权力。

我们认为，现有专业人员的身份可以保证新工作方式和新管理方式合理，这是 STAR 在 TOMO 公司如此受欢迎的原因。许多中层管理人员认为自己是 IT 经理，是担任管理角色的专业技术人员。IT 经理经常说，他们的职责是支持团队工作，并为专业技术人员完成工作"清除障碍"。当培训师说经理不需要再当"监督员"，而可以成为"领队"时，许多对大多数员工都很亲近并真正尊重他们的经理都感到很欣慰。

这种与专业性的连接意味着，在未将一线员工视为专业人员并从一开始就限制其工作自主权的企业中，这样的计划更难实现。在被视为"技术含量低"或员工"职业道德较差"的企业，实施诸如 STAR 这样的工作再设计计划会更加困难。在这种环境中，我们还可能会遇到更多来自一线经理的阻力。这是未来的研究和变革计划需要探索的一个重要部分。"工作、家庭和健康网络"专家小组进行了一项平行研究，方法是在多家疗养院采用定制版的 STAR。该研究有一些积极的发现，但结果颇为复杂。由于疗养院经理和管理员对部分护工的专业精神、职业道德或专业知识心存疑虑，因而在考虑是否采纳他们提出的变革方案时会更加谨慎。

即使对于 TOMO 公司的 IT 专业人员，经理也会有一些疑问。他们认为，有些员工不太值得信任，因为他们得到更多自由以后可能会"懈怠"。针对这些担心，培训师提出以下问

第二部分
摆脱"社畜"生活的潜在解决方案

题："你怎么知道他们是否在工作？"一线经理无法时刻监督员工在办公室里的一举一动（因为他们自己忙得不可开交，团队人员也很多，并且不在一个地方办公）。因此，根据在办公室的工作时间评价员工显然并非明智之举。经理似乎很认同这一点，即使 STAR 培训早已结束，他们仍在采访和彼此的交流中反复提到这个问题。

培训师还提出，STAR 实际上能提升企业管理能力。经理现在能更容易关注到工作表现良好的员工，然后针对表现不尽如人意的员工实施公司的绩效管理流程。在一次向经理介绍 STAR 的培训中，塔内（在第三章中提到的一位颇有声望的软件开发经理）主动分享了自己应用 STAR 的良好体验。

> 我们团队逐渐接纳 STAR。大家都说 STAR 带来了巨大变化。我们在三月份交付了一个大项目，如果没有 STAR，我们根本无法按期完成。

随后，现场的另一位经理昆瓦尔向塔内提出了一些员工可能会"滥用"STAR 的问题，她说：

> 对于经理来说，这是一个令人兴奋的好机会，但 STAR 很容易被滥用。

塔内回答说，经理已经知道哪些人可能会试图滥用

STAR，该计划会促使经理对其期望完成的具体工作进行更积极的指导。他还说道：

> STAR迫使经理制定更清晰的规划。（要是在以前我说出这样的话，）我自己都会觉得可笑。

回答问题以后，塔内说，他以前也有过类似的担忧，但他现在支持STAR，大家可以放心。

第三，培训师指出，随着近年来的技术革新，工作方式发生了重大变化，但制度化的游戏规则（如公司政策和职场文化）并没有随之调整。培训师认为，技术及相关变革让许多员工感到压力重重，"因为他们在努力思考如何在随时都要处理工作的情况下过好自己的生活"。培训师没有采用"随时待命"的说法，而是指出，随时都要处理工作让员工感到精疲力竭。

培训师分享了一组照片，其中一张照片里是一个开阔的房间，里面有一个打字小组，主管正在四处巡视。在接下来的照片中，房间里先是增加了小隔间，然后打字机换成了笔记本电脑。这就叫作"20世纪50年代与21世纪的碰撞"。与之形成反差的是另外一组照片，人们在家里的沙发上或其他地方工作，这些人显然更开心，工作效率也更高。这里想要说明的是，在知识密集型的企业，技术设施已经很完善，员工不在公司也能正常工作。这样就可以减少通勤时间，在工作日也能顾及家人（朋友、邻居），因故不能到岗时就在其他地方工作。

然而，仍然需要进行工作再设计来改变社会对工作方式的看法。这样的话，新工作方式（如远程办公、灵活日程安排以及控制或决策转变）不再离经叛道，受人质疑，而是合乎常规的工作模式。

技术本身无法改变企业文化，从实际情况讲，还会使工作更繁重，造成过劳和高强度工作。所以，我们需要深思熟虑，让技术为我们所用。只有这样，员工和一线经理才可以更好地利用技术，而不是为技术所累，徒增压力。

在初期阶段消除抵触：倾听担忧并鼓励尝试

STAR 计划是参与性的，即企业内部人员需要共同找出该企业存在的问题，并对变革充满热情。然而，总会有人不那么热心。在 STAR 中，培训师倾听持怀疑态度的员工和经理的担忧，并同时鼓励人们开始试验（此处试验的意思是亲自实践，而不是基于实验组和对照组层面的研究设计）。该计划的预期是，初期的变革会取得成功，并且随着人们体验到了新工作方式的好处，大家会越来越信任 STAR。对于仍然心存疑虑的员工，同事的积极体验可以让他们信服。如果需要的话，人力资源经理或同事也可以提供指导。为了推动组织变革，培训师帮助他们消除抵触情绪，在培训课程内外提供练习新的互动方式的机会，使他们把焦虑视为正常现象，并向周围支持该计划的人们寻求帮助。

批评当前的工作方式很容易被理解为是针对个人的，对

过劳
好工作是如何变坏的

于一直期待旧的预期和执行旧的工作方式的经理而言尤其如此。因此，培训师尽量降低这些经理的抵御情绪。培训师将原有游戏规则定义为 20 世纪 50 年代的遗留物，用来暗示公司已落后于时代，而不是指责经理的具体决策。实际上，有一个例子尤其能说明问题。这个例子讲述的是一位经理曾因具体决策而饱受诟病，但是现在是公认的变革支持者的故事：玛里琳（Marilyn）是一位颇有名气的副总裁。大约在引入 STAR 的 2 年前，她要求手下的数百名员工每周在办公室工作 5 天。这一决定招致员工和一线经理的诟病。在公司的员工调查中，她领导的部门表现得很糟糕，成为公司高管和人力资源部门主要的关注对象。在一次 STAR 的初期培训中，玛里琳承认她之前的决定是错误的，并努力向下属证明自己现在支持 STAR。她提到，自己之前的决定"引起了很大的风波"，然后表示完全认同 STAR 并将其视为令人振奋的变革。培训师赞赏她对 STAR 的支持，并且没有质疑她对新的组织变革的坦诚态度。（在玛里琳未出席的培训课程中，有人询问培训师玛里琳是否真的支持 STAR。而且有员工多次直接询问经理，"领导层"，特别是玛里琳，是否真的认同 STAR）。

当有人对刚提出的批评产生疑问时，培训师也不会把这些疑问个人化。例如，如果有人说他们的团队或经理已经具有支持性和灵活性，并且关注结果，因此不需要 STAR。培训师会说，根据"TOMO 公司讨论小组"或"根据我们与 TOMO 公司其他团队的合作经验"，TOMO 公司确实需要变革。培训

第二部分
摆脱"社畜"生活的潜在解决方案

师甚至会退一步说,这是一个美国企业界广泛存在的问题。尽管我们(作为研究人员)通常能明显察觉经理以前允许的有限灵活性和 STAR 之间的差异,但不会直接质疑"我们已经在这么做了"这种说法。培训师没有强调这一点,而是建议,当前文化中个人的积极经历可以成为其他人前进的榜样。

STAR 的培训还经常通过角色扮演和测验的方式进行,给参训人员提供许多练习不同交流方式的机会。例如,在"污泥"角色扮演游戏中,培训师在鼓励员工在回答诸如他们在哪里,为什么"迟到",或者他们什么时候能回办公室等问题时说:"你需要什么吗?"。培训师说的"你需要什么吗?"这句话有助于将交流重点放在工作任务或目标上,以及对话双方如何有效地合作上,而不是关注工作的时间和地点。这种交流可能会让人感到虚假、陌生,甚至冒犯,特别是当团队之前对工作时间和地点有严格要求的情况下。所以,有必要练习新的互动方式,打破陈旧文化的禁锢。

在随后的 STAR 培训中,培训师设置了一个问答游戏,让两个临时组成的小组回答"当你不在办公室工作时,你应该如何告知别人?"等问题。"正确"的答案是,不在公司的时候,你不需要告诉别人。同事应该知道如何联系你(如果发生紧急情况,他们可以通过几种不同的方式联系到你),并且团队应该已讨论过对不同类型问题的响应速度。当游戏参与者讨论答案时,培训师很容易就能知道他们对 STAR 关键概念的接受程度。此外,给出"正确"答案的人可以分享自己的观点。

这样，不仅培训师能够倡导新的工作模式，同事们也能参与其中。我们经常观察到同事之间相互调侃，在发现自己又退回到旧的模式或发现自己回答问题前后不一致时，发出自嘲的笑声。尽管这个游戏确实很傻，但是通常参与者的参与度很高，而且几乎也没有抵触情绪。之所以这样，是因为参与者希望在团队开始实施新工作方式之前，能够弄清楚哪些做法将被允许和接受。

培训师鼓励人们开展 STAR 计划的早期试验，并且告诉大家焦虑是正常现象，以便将参与者的抵触情绪降到最低程度。通常，在第一次培训课上，经理在下属不在场的情况下独自发言，这种焦虑往往越发明显。培训师邀请多名高管参加第一次培训课，请他们表达对 STAR 的支持。偶尔会出现事与愿违的情况，因为有的高管会表现出焦虑。但在大多数情况下，支持型高管会鼓励经理不用担心，继续进行早期试验。例如，尽管经理们有些担忧，但副总裁詹森（Jason）还是敦促他们将试验继续进行下去：

> 我很快就要离开这里了，但我确实想告诉我的团队（转身面对团队），我认为未来会看到比目前更大的变革。你们对这个计划的感受可能不同……我坚信这种变革是值得的。你们必须持开放的态度。

詹森是一名制度先行者，公开倡导变革，并利用作为老板的权威推动变革。他的支持对下属来说至关重要。与其他企业变革一样，中层管理人员的焦虑可能会阻碍变革的推进，但高层管理人员的支持和基层员工的热情能够抵消这种焦虑。

早期试验是 STAR 培训的一部分。培训师要求每个人选择 2 项要在下周尝试的具体行动。这些行动包括个人的改变，如在工作日下午 3 点前去杂货店购物、对预期结果不明确的会议提出质疑（说明为什么你要在会议上发表意见或拒绝参加会议），或者承诺在团队内推进 STAR。培训师鼓励团队讨论在试验中学到的东西，并在团队会议上提出问题，如"我试着做了些什么？有什么感受？对我有什么作用？对别人有什么作用？怎样才能做得更好？"在这里，培训师利用组织变革战略，鼓励人们继续参加小型试验，即使他们对较大的变革感到担心。他们也希望利用同事之间的"小胜利"来进一步推进变革。

在这个时候，培训师将员工和经理称为"先锋"，赞赏他们引领了 TOMO 公司和企业界的变革。有时，这并不令人感到宽慰。例如，一名员工在培训课上说，"大多数先锋都牺牲了"，而在座的许多人都笑了起来。但不管怎么说，这又是一个例证，说明焦虑并不出人意料，并且焦虑并非前进道路上的障碍。

最后，求助于周围那些支持和捍卫该计划的人，有利于减小前期阻力。当然，我们鼓励高级经理和高管向下属表达自己支持 STAR 的态度，但听取外部人员的意见也很有价值。我们在前文提到那位担心 STAR 可能会被"滥用"的主管塔内，主动与其他单位的经理讨论该计划。他说自己是名怀疑论者，认为培训师"来自另一个星球"。

（起初）我固执己见，想发现点什么，以证明 STAR 不适合我们。我是名怀疑论者。但是，团队的巨大变化让人无法视而不见。

塔内的热情消除了那些对 STAR 有疑惑的人的担忧。内部人员的支持是令人信服的劝说手段。内部人员的所作所为，鼓励持怀疑态度的人去尝试 STAR 的观点和实践，其中包括那些质疑这个由公司之外的人开发的模式是否真的适合本公司的那些人。

STAR 是什么：出现的问题

对 STAR 的最初反应基本上是积极的，虽然存在一些谨慎或怀疑，但几乎没有公开抵制。然而，一些专业人员和经理确实对 STAR 心存疑虑，并在培训、团队交流和采访中表达了自己的担忧。

追求变革是明智之举吗？

IT 专业人员和一线经理担心，接受 STAR 和培训中建议的变革,对于自己的职业生涯来说是否明智。值得注意的是,参训人员询问高层管理人员是否支持STAR,并经常对此表示怀疑。这些问题表明了他们的担心,即如果促进这些变革,上级会如何评估自己的表现。例如,一个团队已经进行了几次培训并获得了实施STAR的正式许可,但许多人还是提出了管理层是否支持的问题:

女员工1:STAR已经让高级管理层非常紧张。

女员工2:我们现在让高级管理层紧张⋯⋯

男员工1(支持上述评论):我从中级管理层得到这样的消息⋯⋯

女员工3:大家都害怕管理层,员工生活在恐惧当中,但仍在实施STAR。

关于高级经理是否支持STAR的讨论,在第二次一线经理专门培训课程(没有老板或下属参加)上,参加培训的人员最为坦率,讨论的持续时间最长。前文提到过的乔纳森、梅丽莎和塔内在闭门培训中反复提出这样的问题。梅丽莎解释说,她自己也在尝试新鲜事物,走出"舒适区"。但她认为,她的上级经理现在"不知所措"。他们一直在按旧规则行事,但现在被告知,长时间工作、亲眼所见的忙碌和即时回应"没有任何意义"(或者不会得到奖励)。梅丽莎直接问培训师,高级管理层是否支持STAR。乔纳森表示,他"无法相信"有两位高管支持这一计划,但随后又提醒大家,其中一位高管在经理专门培训课程的视频中表示支持该计划,另一位高管参加了早期的 STAR 培训并表示支持。梅丽莎对此并不信服,她在 5 分钟内 3 次询问,高层管理人员是否认支持该计划。塔内后来成为 STAR 计划的坚定支持者,还去鼓励其他经理。他坦率地对培训师说:

> 你可不傻。你完全能看出来,我们不相信(高级管理层支持这个计划)。

他们继续讨论,认为瓦妮莎(总监,几位经理向她汇报工作)还没有适应 STAR;她还在问他们为什么没有参加某场会议,某些时间段人在哪里,而他们已经认为这些都由他们自己说了算。但是,这些中层经理有排除担忧的动力,因为他们看到了该计划对团队和自己的潜在好处。乔纳森要求其他经理在实施 STAR 时要"有勇气"。他们还一致同意,在推动变革方面相互支持。

变革能解决问题吗?

参训人员有时还会询问,STAR 所倡议的变革是否真的会让 IT 专业人员和经理受益。这些问题主要有两种。

第一,考虑到 IT 工作的现实情况,特别是经历了一轮又一轮的裁员和外包后,在当前人员少、任务重的背景下,新工

第二部分
摆脱"社畜"生活的潜在解决方案

作方式可行吗?换句话说,如果员工对工作时间、地点和方式有更多的话语权,如果他们认为个人和家庭生活得到认可和支持,如果能够减少低价值工作,这是否足以抵消高要求和不切实际的时间表带来的危害?公司裁员后导致剩余人员的工作量增加,人员配置策略也导致海外协调工作量的增加,工作负担加重,如果 STAR 不直接挑战绝对工作量和人员配置策略,那么,STAR 能真正解决问题吗?这是个关键问题,也是我们本次研究的核心问题。从员工和一线经理的角度来看,比较明显的解决办法是雇佣更多技术人员或减少承接项目。培训师知道高层管理人员不可能这样做,但有时参训人员会探讨这种可能性,询问如果 STAR 不能直接解决人员配置问题,那么它是否还有用处。

第二,在当前情况下,关注结果是否意味着这些 IT 专业人员和经理的工作时间更长,压力更大?这是个人更加关注的层面。如果工作时间变得不那么重要,则管理层设定的不切实际的目标将增加人们的工作量。软件开发人员伊万(Ewan)在一次 STAR 培训课上解释说,如果公司不再关注工作时间,人们怎么会知道他们已经做得足够多,可以停下来休息?他认为,如果"持续处于无法完成给定目标的状态",他可能会投入 50 个小时,然后停下来,虽然他仍然落后于重要工作的时间表。他想知道,一旦实施 STAR,会有人认为停止工作是合理的吗?如果 IT 专业人员认为,实施 STAR 以后,自己不会因努力工作和做了很多事情——但没有在指定的(不现实)时间内达到目标结果——而获得奖励，那么可能会产生工作时间延长的压力。这也是我们关心的问题。一直以来，我们的主要担忧之一是，像STAR这样的计划可能会无意中造成长时间、高强度工作的额外压力。我们将在下一章具体讨论这一问题。

变革能够持续下去吗？

STAR的可持续性问题尤为突出，因为在推出STAR期间，TOMO公司与ZZT公司宣布合并，这对研究团队和TOMO公司的员工来说都是出人意料的。ZZT公司收购TOMO公司时，我们正忙于数据收集，培训师正在提供STAR培训。收购公告发布后，人们更加担心会失业。宣布收购后，在接受调查的人员中，45%的人们表示他们"相当有可能"或"非常有可能"在未来一年内失业。而合并之前，这一比例仅为25%。然而，在此期间我们从现场工作和采访中了解到，许多TOMO公司的专业人员和经理都持观望态度。许多人以前都经历过并购，他们知道，最终完成合并至少需要两年时间。也就是说，两家公司的政策完成整合，IT部门完成重组，是两年以后的事情了。

在STAR培训中，TOMO公司的专业人员和经理提出了两个相关问题：合并后，STAR会继续实施吗？这一计划如何适应发起兼并的这家公司的新文化？关于合并后STAR是否继续存在的讨论，迫使人力资源经理尽力安抚参训者。根据现场记录，我们发现参训人员在讨论中都非常专心，聚精会神，注意力高度集中。传言很快就出现了，有人说ZZT公司在工作时

第二部分
摆脱"社畜"生活的潜在解决方案

间和地点方面非常传统。例如,在一次关于两家公司最终合并以及 IT 部门重组的讨论过程中,一位经理分享道:

> 对方公司与我们打交道的员工(与他们协调合并工作的 ZZT 公司的员工)身处最传统的企业文化之中。公司要求他们周一到周五上午 8 点到下午 5 点都必须在办公室。

在第七章中,我们将进一步描述以上担忧以及关于 STAR 的最终决定。然而,可以肯定的是,宣布合并后不久,在 STAR 培训中充斥着关于失业、合并后领导层变动,以及由于 ZZT 公司的理念过于保守而无法接纳 STAR 的焦虑。

对 STAR 的顾虑存在性别差异吗?

我们在前文已经讲到,通过双议程方法,STAR 绕开了灵活性和家庭之间的紧密联系。换句话说,STAR 没有将这一计划与家庭责任联系起来(人们通常认为女性主要关注这一问题),而是制定出对每个人都合理和具有吸引力的新工作方式。这就出现了男性和女性对 STAR 的反应是否相同的问题。在 TOMO 公司的 IT 员工队伍中,女性和男性对 STAR 持支持或怀疑态度的比例相同,员工对变革计划的反应几乎不存在性别差异。在培训课程中,也很少看到有人公开抵制。当培训师、研究团队和参与 STAR 培训的 TOMO 公司员工看到有人明显持怀疑态度时,他们发现这其中既有女性也有男性。无论是女性

过劳
好工作是如何变坏的

经理对 STAR 的承诺,还是男性经理对变革的开放态度,受到质疑的程度并无性别差异。

我们在百思买公司总部进行的一个相关的工作再设计研究,即"只关注结果的工作环境计划"的试点研究,发现了不同的情况。在那项研究中,我们看到员工对工作再设计计划的反应存在明显的性别差异。在这两项计划中,信息的表达无性别差异,部分培训师是同一批人,其中 STAR 培训的部分内容与"只关注结果的工作环境计划"相同。在百思买公司,我们发现三四十岁的女员工在"只关注结果的工作环境计划"培训中表现出了高度热情。她们大多都已经有孩子,同时承担着繁重的家庭责任。百思买公司的男性员工和年轻女性员工似乎对这一计划十分谨慎。我们观察到的一些有限的对"只关注结果的工作环境计划"的公开抵制,是一些男性高级经理发起的。

百思买公司和 TOMO 公司有两个不同之处,这或许解释了为什么在同一个环境中,员工对相同工作再设计计划的反应存在明显的性别差异。首先,TOMO 公司员工的平均年龄比百思买公司实施"只关注结果的工作环境计划"的员工年龄要大。TOMO 公司的员工当中有许多中年人,这个年龄段可以说是他们一生中最艰难的时期,大多数人要赚钱养孩子和赡养老人。越来越多的中年员工也认识到自己身体的承载力有限。传统的工作方式,包括期望随时待命等各种问题一触即发。TOMO 公司的许多男性员工经常谈论自身的疲惫状态、健康问题,以及子女和妻子对自己工作状态的失望情绪。其次,这些

第二部分
摆脱"社畜"生活的潜在解决方案

IT专业人员和经理身处单层的组织结构中,基本上都是IT专业人员。他们的地位需要靠技术实力以及职称和级别来证明。而现实情况是,他们可以继续升职的空间并不大。相比之下,在百思买公司总部的员工中,年轻人的比例更大,他们也许希望能晋升到管理层。对这些年轻人来说,接受工作再设计计划似乎意味着更大的风险。在其他研究中,如果研究人员能够研究工作再设计计划实施的难易程度是否取决于员工的人口结构和企业的组织结构,也就是说多少员工期待证明自己和获得晋升,将会大有裨益。

改变游戏规则很令人兴奋,但也困难重重。有些人满足于现状,有些人乐于变革但不确定如何展开变革。对这部分人来说,改变游戏规则会让他们感到焦虑。提供STAR培训的培训师通过多种方法解决焦虑问题,其中包括把对旧工作方式的批判性反思非个性化,即不针对个人,告知参训人员焦虑是正常现象并鼓励他们进行试验;通过角色扮演和游戏为人们提供新的互动模式,让大家看到他人的进步,进而起到引导作用;寻找TOMO公司内部尊重并帮助支持该计划的人。这些策略似乎十分有效地解决了人们所担忧的事情,即接受新工作方式后,工作岗位和职业发展是否会受到威胁,变革能否对过劳的专业人员和经理起到帮助作用。但是,对于公司突然的合并引起的担忧,培训师无法有效地解决。任何人,无论是TOMO公司高管还是中层管理人员,都不知道接下来会发生什么,更不用说STAR培训师或我们这些研究人员。

过劳
好工作是如何变坏的

尽管存在这样的未知性,STAR 还是取得了成功。尽管对于未来的不确定性会对变革造成一些阻碍,但 STAR 给员工、家庭和公司都带来了明显的益处。为什么能够成功?在下一章,我们将讲述 STAR 的成功故事。

第二部分
摆脱"社畜"生活的潜在解决方案

第五章
工作再设计计划给企业和员工带来的变化

舍文的转折点

在本书的开头,我们介绍了技术高超、受人尊敬的IT专业人员舍文。尽管他喜欢和聪明的同事们合作,共同应对TOMO公司的技术挑战,但50多岁时的一次心脏病发作,让他意识到必须改变工作方式。

STAR是在舍文生病后不久推出的,他借此机会探索有利于自身健康和提高效率的工作模式。STAR启动后,舍文的工作时间比以前少得多,这与他此前"每周工作60个小时,有时工作70个小时"的工作习惯形成了鲜明的对比。通过压缩工作时长,"我能够更加专注"。虽然工作截止日期持续带来压力,导致舍文的周工作时间有时候会长一些。但是,"有了STAR计划,你就对工作时间有了更多的控制权……我经常很忙,持续着这种状态,但我并不觉得压力过大。所以,这是很大的变化"。

现在,舍文大多数时候都能按时睡觉。他说:"我不会再

过劳
好工作是如何变坏的

剥夺自己的睡眠时间。"通常，早上他都会很早起床，骑自行车锻炼身体和阅读（个人阅读，和工作内容无关）。他达到了每天至少锻炼 30 分钟的目标，已经坚持了一年。

对于舍文来说，STAR 的主要意义不在于居家办公，虽然在夏天居家办公让他很开心，能够照顾下午很早就从日间夏令营回到家的十几岁的女儿们，并且他在居家办公时也不会有什么负罪感。但是，舍文强调的是，STAR 帮助他更高效地工作，包括减少无关紧要的在线会议。他认为，自己的效率和专注度有所提高，部分原因是不再参加那些"毫无价值"的会议。舍文详细地说明了这一点：

> 这似乎是常识。但是许多年来，我们的工作环境充满了繁文缛节，要求"你必须这样做，必须那样做"。如果没有那些繁文缛节，你本可以提高效率，但实际上浪费了很多时间。

舍文指出，STAR 带来的变化是内在的，使他改变了对什么是具有奉献精神的员工和优秀员工的理解。他以前认为，他必须要在办公室工作，并且长时间工作就意味着工作更努力。现在，STAR 促使他重新评估自己的看法。接着，他反思了这样一种观点：

> "深夜还保持在线的员工一定工作更努力，一定是更

优秀的员工。"

不。不一定是这样,对吧?……你的工作明明不需要花费如此长的时间……完成工作才是重点,如何完成工作其实取决于你自己。

由于他的团队已经讨论过了新的工作模式,因此彼此间的沟通并没有受到影响。舍文说:"我在联系同事方面从来没有遇到过问题,他们也能联系到我。这改变的是居家办公的'负罪感',因为之前别人会认为'如果你上午8点至下午5点不在办公室,那你一定不在工作'。"

这些变革明显给这位曾经历过过劳的员工减轻了压力:

与一年前STAR启动之前相比,我的压力极大地减轻了……我能够按时完成工作,处理生活中的其他重要事情,处理孩子或母亲的突发情况以及其他紧急事件。STAR能够减轻工作压力,真是无价之宝……

对其他公司仍然在那种环境中(实施STAR之前)工作的员工,我感到难过。

更广泛的问题以及如何回答

对舍文而言,STAR取得了成功。STAR既是"常识",又

过劳
好工作是如何变坏的

是"无价之宝"。然而,重视工作效率和个人生活的工作再设计计划对过劳的专业人员和经理有帮助吗?如果这些工作再设计计划在实际运用中真的有效果,那么谁是受益者?是只有员工受益还是员工和公司都受益?我们借助 TOMO 公司的 STAR 案例研究,来说明双议程工作再设计创新能够给采纳这些新工作方式的企业和员工带来好处。

TOMO 公司担心员工职业倦怠、精疲力竭和随时准备逃离公司,所以管理层邀请我们的调研团队进行实地研究。高管和人力资源专业人员都认识到,反复裁员以及外包导致了雇员的过劳问题。新技术强化了旧的管理方式,帮助建立了一种随时待命、长时间工作的文化。TOMO 公司希望 STAR 可以帮助员工减少倦怠,提高工作满意度,并且帮助公司留住有价值的员工。

我们的试验共有 1000 多名参与者。试验结果表明,STAR 在所有对公司高层领导来说非常重要的指标上都取得了成功。我们是如何得出这一结论的呢?关于公司政策或其他管理创新的研究,通常对比许多不同企业的员工,调查享有某种政策(如远程办公政策)或某种工作条件(如向更通情达理或更有创造力的上级汇报)的员工与其他员工是否相同。但是,一些员工有幸进入一家待遇更好的公司,经理也比较支持他,这些员工很可能在其他方面也很幸运、聪慧或有战略头脑。那么,是公司政策或工作条件不同导致工作体验不同,还是因为其他一些不可测的因素导致工作体验不同?尽管社会科学家使用统

第二部分
摆脱"社畜"生活的潜在解决方案

计模型调整了许多其他影响因素，但这些研究仍然给我们留下很多问题和杂乱的比较结果。与工作和公司政策相关的绝大多数研究，都使用了这些不完善的研究设计。

相比之下，"工作、家庭和健康网络"专家小组开展的研究是一项严谨的现场试验，研究员工工作环境变化所带来的影响，而不是比较不同企业间的差别。通过这些试验，我们能够有信心地判断某种组织政策或创新（治疗或干预）对特定结果是否有积极、消极或中性（无效）的影响。我们的随机分组现场试验，选取TOMO公司IT部门的56个工作单元或小组，基本上通过"抛硬币"来决定各小组是接受STAR（作为实验组），还是继续遵循公司现有政策（作为对照组）。我们通过比较TOMO公司中接受STAR的员工和没有接受STAR的员工来进行同类比较。STAR实验组和对照组里的员工数量大致相等。由于员工不能选择他们是否被分配到STAR中，所以没有自我选择机会。两组人员的公司和行业背景相同。我们调查这两组人员是否会随时间推移而做出改变。由于两组人员的基本条件极其相似，我们可以确信，后来两组间出现的任何变化，都是由于工作再设计的影响导致的。

对我们来说，非常重要的是，要实地观察干预措施是如何被传递和接收的（上一章的重点内容），以及知晓变革是如何展开的。通过深入采访和观察，我们揭示了试验中发现的积极或消极影响背后的机制。换句话说，现场试验数据告诉我们STAR是否有效果，而采访和民族志数据告诉我们，这项工作再设计创新是怎样带来好处的。

我们借用以上两种类型的数据，检测 STAR 对高层领导所关心的业务成果有什么影响。这种工作再设计策略是否能够减少员工倦怠、提高工作满意度、减少人员主动流失？通过进一步挖掘，我们研究到底发生了什么变化。团队和个人如何实施 STAR？对公司来说，是否真正获得了效率和业绩方面的提升？对于其他希望获得类似好处的企业来说，从这一案例研究中可学到哪些经验？

职业倦怠、过劳和工作满意度的变化

在团队实施 STAR 后，我们进行了多次采访。在采访中，我们一遍又一遍地听到，尽管参训者的工作仍然既繁重前景又不确定，但他们没有那么不知所措了，而且也变得更快乐了。因此，尽管这些 IT 专业人员和经理仍在努力工作以赶上截止日期，与世界各地的同事和承包商协调工作，也担忧自己的未来，但他们在迎接这些挑战时做得更好了。

职业倦怠指工作让人疲惫不堪。由于倦怠经常导致员工的敬业度和努力程度降低，所以这对公司来说是个麻烦。我们的定量和定性数据都表明，STAR 再设计可降低员工倦怠。厄休拉（Ursula）经理 50 多岁，单身。在采访中，我们听到她说：

> 我的精力很旺盛。我发现自己不用总在开会，也不

第二部分
摆脱"社畜"生活的潜在解决方案

用一直被问题困扰,因为我已经能够很合理地安排我的时间。STAR 让我可以更灵活地工作。

这真令人惊讶:厄休拉的工作量实际上增加了,因为她将兼并公司 ZZT 公司的人员纳入了 TOMO 公司的员工团队和海外承包商。她的老板也换了,新老板没有经历过 STAR 培训。但厄休拉仍然称:"我对工作的总体看法有了很大改观。"

> 我没有太大压力,也不会过度焦虑……我过去总是处于快节奏模式。现在,我已经进入了一种可持续的模式。在这种模式下,我不会觉得,"哦,我必须要做完这个,我必须工作,我要去开会,我必须去市区,我……啊!我再也没有那种感觉了,我是说,我不会再焦虑了"。

员工和经理反复告诉我们,他们热爱 STAR。前文中提到总是处于过劳状态的经理乔纳森表示:

> 我一直在进行评估。我一直问他们:"你们觉得 STAR 怎么样?"我得到的反馈是"我喜欢!我喜欢 STAR。公司信任我,我可以掌控完成工作的时间,而不是公司给我规定特定的完成时间。我喜欢这种感觉"。

乔纳森的员工也十分积极。我们在前文曾提到兰德尔,

过劳
好工作是如何变坏的

他是一位单身男员工。在没有实施 STAR 前,他感到自己被公司"占有",讨厌晚上还要被迫参加会议。后来,他告诉我们:

> STAR 对我们大有裨益。我已经找回了很多自己的生活。如果你在周六打电话给我,说我想占用你周六的 4 个小时时间……我没那么痛苦了……我已经找回了这么多时间,相对而言,这不算太糟糕。

兰德尔还讲了个故事,当他与一个未实施 STAR 的团队合作时,他发现自己和团队没那么筋疲力尽了。兰德尔的团队与另一个小组举行会议,要求在其正常工作范围内对一项服务进行评估。

> 他们真的很生气。他们怒气冲天,紧张,戒心很强。那是一次可怕的会议。

兰德尔的团队后来聊起了那次会议。他们意识到,对方处于过劳状态,就像一年前的自己一样。兰德尔的团队记得当时对方的反应:

> 我已经没有睡觉的时间了,现在你却问我要这个?

兰德尔说,那种态度已经不经常遇到了。

第二部分
摆脱"社畜"生活的潜在解决方案

直到你再次遇到那种态度,你才能意识到,人们比以前更快乐了。

现场试验和调查的数据还表明,STAR 有利于减少工作倦怠,提高工作满意度。我们此前介绍过,STAR 的实验组和对照组的基本条件非常相似,无论员工还是经理都无法选择是否实施 STAR。当我们查看一年后的调查结果时,我们发现,与对照组相比,实验组员工的倦怠感明显更低而且工作满意度更高。实验组的员工和一线经理仍在努力工作,面临着高要求,但他们很少感到工作带来的"情绪衰竭""工作日结束时身体被掏空",或者感到"筋疲力尽"。倦怠感的降低,意味着员工和经理可以继续为公司做出贡献,不必付出太多时间和精力就能很好地完成工作。工作满意度也显著提高,尤其是非主管员工的工作满意度显著提高。这些变化令人兴奋,因为工作职责没有改变,要做的工作相同,但工作不再那么让人感到劳累,而且实施 STAR 后,工作也变得更有吸引力。

在我们规范的试验设计中,一个意想不到的复杂因素是,两家公司的合并在同一时间宣布并开始执行。在宣布合并之前,实施 STAR 的员工在工作满意度和倦怠方面的变化要大得多,也明显得多。通过采访和观察,我们了解到,宣布合并后开始实施 STAR 的员工和经理,也对这些改变感到高兴和兴奋。此外,调查数据显示,宣布合并之后实施 STAR 的人员也改变了工作日程安排和居家办公模式。但在宣布合并后实施

STAR 的人员也非常清楚,这些变革可能不会持续太久。虽然他们的行为发生了变化,但他们对适应新工作方式没那么自信。我们认为,这就是为什么对那些晚些时候加入 STAR 的人来说,在提高工作满意度和降低职业倦怠方面,STAR 的作用没有那么明显。

人员流失和流失意向的变化

与对照组员工相比,经历过 STAR 的员工更愿意留在公司。我们进行的调查表明,随着合并计划的进行,没有参加 STAR 的员工越来越想离开公司,而实施 STAR 员工的离职意愿并没有上升。根据人力资源的记录,我们发现实施 STAR 的员工自愿离开公司的可能性明显降低。在接下来的 3 年里,实施 STAR 的员工自愿离职比例降低了 40%。

我们的采访结果与这些数据相呼应,并且表明实施 STAR 与工作满意度提高和人员流失率下降密切相关,原因是员工可以控制工作时间、地点和方式,也感受到了更多的支持。技术主管黑兹尔(Hazel)是一名 40 多岁的已婚拉丁裔女性,在被问及 STAR 对她有何影响时,她说:

> 这个计划让我更开心了。我有了更多时间,不用为了 6 点到公司而 5 点就起床。我没有在一定时间内完成一定量工作的压力。之前为了避开堵车,我必须早早出

第二部分
摆脱"社畜"生活的潜在解决方案

发……我不想另找工作,这个计划让我轻松了许多。

在黑兹尔看来,STAR 能够留住员工,因为自己可以重新规划时间,自主决定是否居家办公,压力也减轻了。而且(她在之后的采访中提到),能够更规律地遛狗、锻炼。麦肯齐是一个软件开发小组的经理,管理着 15 名正式员工和合同工。她指出,自己在家完成各种任务相当有效率,而在办公室办公时,与其他人的互动较多。这种混合工作模式对自己和团队都很好。

> 如果我没有按照我认为合适的方式实施 STAR,那么我会很痛苦。恐怕我会换一个工作。

麦肯齐认为她擅长管理,她的下属选择留在自己的工作岗位上是因为"他们喜欢在我的团队"。她还认为,员工满意度提高,有利于公司。

艾萨克(Isaac)担任一个 IT 项目团队的经理。他认为,留住员工的关键是实施了 STAR,合并后尤其如此。

> 我的团队中,90% 的员工仍然为这家公司工作,唯一的原因是 STAR。我们在一直谈论这一点……现在,这是一个非常有用的留住员工的(工具)。我只是觉得,管理层没有意识到这一点。

过劳
好工作是如何变坏的

艾萨克继续解释到,随着合并的进行,他和下属感到沮丧,担心是否能保住自己的工作,未来与谁一起工作,为谁工作,以及薪酬,尤其是奖金将如何变化。重组后,艾萨克担任管理职位,但这一职位无资格获得奖金。不过,能够决定自己的工作时间和地点,对他来说至关重要:

抢走我工作的人(ZZT公司的员工)将得到本属于我的奖金。我对此很不高兴。尽管如此,我可以继续留在这里,也可以继续居家办公。我可以更合理地安排我一天的时间。我被允许去学校接孩子,并且没有人问我什么时候回来。

其他人担心,如果撤销STAR,合并后成立的新公司的政策和福利变化将会引来更多不满。玛莎(Marsha)是一位已婚白人经理,有两个孩子。她解释说,奖金、假期政策等发生变化,让员工深感不安。

这太糟糕了,人们最担心的是:"我会失去STAR吗?我不能失去STAR。如果失去STAR,我就离开公司。那是最后一根稻草……我可以不休假,但别取消STAR。STAR的效果很明显。"

STAR帮助公司留住特别有经验的员工。在TOMO公司的

第二部分
摆脱"社畜"生活的潜在解决方案

调查样本中，有近 300 名员工是婴儿潮一代。因此，我们展开了这样的调查：如果 50 岁到 64 岁的专业人员和经理经历了 STAR，他们是否会以不同的方式描述自己的退休计划？我们发现，与对照组中的婴儿潮一代相比，实施 STAR 计划的婴儿潮一代计划在公司工作更长的时间。在参与 STAR 的人员中，18% 的人表示他们很可能会继续在公司工作到 65 岁及以上。在这两组中，员工在计划年龄大了也要继续工作（比如兼职咨询或"再找一份工作"）方面不存在差异，但 STAR 更能吸引上了年纪的员工继续从事当前的工作。海蒂（Heidi）经理 50 多岁，她手下有几名婴儿潮一代的员工向其汇报工作。她解释道：

> 我认为，这有助于留住员工。我们公司因为员工年龄的问题，在留住员工方面遇到了麻烦。尤其是合并后，你知道吗？有些人已经打算离职了，如果不是实施了 STAR，他们可能由于年龄等问题已经离开……

海蒂指出，这些员工可以很放心地去看医生，并说"僵化的工作时间表"对经常"身体疼痛"的人来说没有吸引力。他们对有这样宽松的环境感到欣慰。她总结道：

> 他们工作能力这么强，公司不想让他们离开。我觉得，这是双赢。

实际上发生了什么变化？

工作模式、互动，以及团队和公司内部社交生活的哪些变化，在工作倦怠、工作满意度和人员流失方面带来了改善？我们的工作再设计方法在设置上很复杂，因为它旨在改变游戏规则，包括工作时间、地点和方式，以及谁有这方面的决定权。我们研究的实验组采用了更加个性化和灵活的日程安排，更多地居家办公。但是，这还不是全部。

当采访者问及团队的表现如何以及团队表现是否发生变化等一般性问题时，我们前面提到的乔纳森经理表达了对双议程工作再设计的多方面理解。乔纳森称，他们的士气受到了STAR的鼓舞，原因是工作压力下降。随后，他坚定地表示，STAR绝不仅仅意味着弹性工作制或远程办公：

> 你知道，不仅仅是居家办公。STAR尝试让人们拒绝参加不必要的会议，赋予他们更多的权利去控制可交付的成果。从"我做了什么"和"我是否贡献了价值"的角度来批判性地看待自己的工作方式。……我们正在努力改变现状。

改变工作地点和时间

正如乔纳森所说，STAR不仅仅是改变工作时间和地点。

然而，这些改变确实是工作再设计计划的重要组成部分。在TOMO公司，新技术的作用尤为明显，因为这些员工和经理是全球劳动力链中的一部分，处于不同时区的国家和地区的人员都需要参与技术工作以及相关的记录工作。然而，在实施STAR之前，该公司并没有一如既往地运用新技术去支持员工选择的工作方式；相反，管理层期望员工和经理随时待命，并且要求员工在正常的上班时间内要在办公室坐班。实施STAR后，员工和经理能够自己决定工作的时间和地点。奥尔登（Holden）是一名项目经理，50多岁。他喜欢STAR，并笑着说它"迟到了25年"。他意识到，STAR具有多面性，他尤其喜欢居家办公。他说：

> 减少长途通勤能够减轻我的压力。我知道这一点，是因为我一直定期到医院做检查。检查结果表明，我的血压下降了。

昆瓦尔是一名南亚女性，管理着一个质保和测试团队（她之前曾说过，自己因工作压力大，经常对家人大发雷霆）。她很感激STAR能够让她节省下通勤时间。她将自己开始工作的时间太晚，归咎于通勤。

> 在9:15或9:30赶到办公室，你已经比别人落后了将近两个小时，尤其是与两个小时之前就已经开始工作的

同事和客户相比。你试图赶上他们。还没等你反应过来，你就又不得不开车回去接孩子。在那段时期，我的压力很大。如果你觉得自己一直在赶时间，那你就没有足够的时间高质量地完成工作。

许多人告诉我们，居家办公会提高注意力，让他们能够更快地完成工作。例如，托丽（Tori）（开发经理，负责管理多名海外员工）说，突然改变工作方式"感觉很奇怪"。但她认为这很值得：

> 我只想说，选择居家办公，我觉得我的效率提高了，因为让我分心的事情少了。我的电话不会一直在响。

尽管托丽一直开着即时通信应用程序，方便员工和她联系，但她发现居家办公比在办公室与同事"闲聊"的干扰更少。

> 如果我在家，就没有人和我说话，我可以做很多工作。所以，对于我个人来说，居家办公效率更高。

即使在实施STAR之前，居家办公和非现场办公在TOMO公司里就很常见。然而，在STAR项目启动之后，与其他人员相比，参与工作再设计计划的人员大大增加了远程办公的时间。根据我们的调查，此前几乎每个人都在家做一些工作，员工远程办公的时间平均约占每周总工作时间的23%。推出STAR后，参与STAR的员工和经理平均每周41%的时间居家办公。大约一年后（第4次调查时），远程办公时间继续增加到51%。显然，这些IT专业人员和经理更喜欢居家办公。但是，需要采取工作再设计计划，将居家办公视为一种合理和明智的策略，而不是将其视为一种变通，才能实现上述变化。重要的是，这些变化无论对家里有孩子还是没孩子的员工作用都很明显。在STAR中，居家办公是一种正常而非特殊的选择。

其他研究还表明，工作再设计方法让员工和经理相信，远程办公合理、恰当，比其他灵活办公策略更容易被广泛接受。在我们对TOMO公司进行STAR干预的同时，一项名为"新工作方式"的准试验研究正在荷兰一家大型金融公司进行。那项变革与STAR有类似之处。它是一种集体变革（而不是单独协商的灵活变化），举办研讨会讨论新的工作方式，鼓励"不限制工作时间和地点"，并把重点放在员工所完成的工作上面，而不是工作时间和地点上面。该计划启动约10个月后，参与"新工作方式"的员工，居家办公时间约占35%，而对照组员工的居家办公时间仅占大约18%。

当然，也有一些员工和经理决定，每天都在办公室工作，这在STAR和类似的工作再设计计划中都是完全可以接受的。杰登（Jayden）是一名IT分析师，有女友，但没有孩子。目前，他90%的时间都在家里工作。他说：

在我的同事中，似乎只有想去办公室工作的人才会去。我有一位开发工程师同事，他每天都去办公室工作，部分原因是他喜欢和同事朋友出去吃午餐。但他（也）不喜欢把家庭和工作混在一起。对他来说，把工作留在工作岗位上完成非常重要。

在这里，杰登所谈论的情况，就是学者们所说的"分割偏好"，即把工作和非工作的活动和空间分割开，而不是交织到一起。他提到的同事是位典型的"分割者"，而杰登是位顽固的"整合者"。他喜欢自己的"家庭办公室"，喜欢白天做些家务或与弟弟在附近一起快速地吃个午餐。他继续说道：

这就是STAR，你有选择权和灵活性。

许多受访者认为，远程办公和灵活的日程安排能够让他们在工作的同时，抽出时间去满足个人需求，如送孩子上学、下午去办点杂事、修剪草坪、看望年迈的父母，或在晚餐前陪亲人看医生、照看儿子和女儿或孙子和孙女。当然，他们仍需完成工作。让许多员工和一线经理感到欣慰的是，他们可以晚上晚些时候工作，或将一些工作转移到周末去完成，并且无须征得上级许可或向任何人汇报。

其他员工在实施STAR时，不在工作和私人活动之间切换，而是使用工作再设计计划去划定界限，从而控制工作时

第二部分
摆脱"社畜"生活的潜在解决方案

间,保护个人时间。我们采访的少数人存在这种情况,他们明确表示,不会在晚上看邮件或聊工作。他们希望别人在真正发生紧急情况时(如系统中断)通知自己,但他们告知团队,他们在其他情况下不会立刻回复。实施 STAR 计划,能够促使团队去讨论人们倾向哪种联系方式,并阐明常见问题的预期响应时间,从而缓解人们对随时待命和快速响应的焦虑。

即使有些专业人员和经理几乎完全选择在办公室工作,许多人还是认为 STAR 很有用。例如,伊莉斯(Elise)是一名软件开发工程师,已婚,60 岁出头,她描述了自己如何改变工作时间但不改变工作空间。

> 我只是更喜欢(在办公室工作),因为我觉得在办公室比在家里、星巴克或其他地方的效率更高。我确实喜欢灵活性。我有时来得晚,有时来得早,有时周六来。我能够去做我想做的事,因为我知道我必须做什么。

伊莉斯与海外承包商保持密切合作,他们在其他国家,周二至周六工作。她有时会改变自己的日程安排,周六和他们一起工作,然后周一休息,或者利用周一去做其他工作。

对于一些团队或员工来说,能够直截了当地改变日程安排,使他们能够与海外员工(在印度)进行广泛协调,而不必在工作日还要工作。约瑟夫解释说,从去年开始,他的项目管理团队与一个海外团队进行密切合作。他们的工作时间大多改

过劳
好工作是如何变坏的

到晚上，员工可以在白天休息，而不是白天也要在办公室坐班，晚上还要与海外团队一起工作。约瑟夫认为，即使没有STAR，他们也应该改变日程安排，因为他的员工已经融入了这种全球性的协调角色，必然涉及许多晚上的工作。但他明白：

> STAR帮助我们做到了这一点，不是因为我们能直接跟别人说"这就是STAR"或类似的话，而是因为我们有更多理由，可以向他人解释为什么我们必须这样做，以及为什么这样做不会影响项目……STAR给我们提供了更好的工具，帮助我们解释为什么需要这么做才能把工作做好。

我们的调查显示，员工和经理的日程安排也发生了变化。我们让他们选择其通常采用的日程安排，并给予他们另外一个选择权，选择可变的或轮换的日程安排，而不是固定的白班或夜班。实施STAR后，报告选择可变或轮换日程安排的人员比例，从22%跃升至近40%（时间为实施STAR6个月后），一年后又下降到35%，直至30%。这一下降趋势或许表明，员工和经理开始适应和调整适合自己的新日程安排；或者正在进行的企业兼并意味着，一些员工为了满足新经理或同事的期望，恢复了正常的白天工作时间。然而，我们的采访活动的证据充分表明，实施工作再设计计划后的几年里，许多STAR公司员工出于个人原因以及围绕特定会议或工作截止日期，继续改变和灵活调整工作日程。

改变角色和决策权

除了工作日程和工作地点的变化，还有更深层次的变化。实施STAR后，员工逐渐明白，通过与团队以及依赖其工作成果的人员进行对话和协商，他们能够决定工作时间、地点和方式。此外，在做决定时，他们感到公司和管理层更支持他们了。正如一名员工所说，这些好处相互交织在一起：

> 我真的很开心。我喜欢这种灵活性……还喜欢经理的支持方式。他们尊重我们，而不是质疑我们。

在调查中，当我们问及如何控制工作时间和地点时，经历过STAR工作再设计的人员称，他们在什么时间开始和结束工作、白天休息几个小时以及在居家办公方面有了更多的选择余地。STAR实验组和对照组之间的这些差异在STAR启动不久就已经很明显，并且在随后的4次调查中仍然如此。

我们的工作再设计方法涉及日常工作方式决策权的转变。STAR员工自己做决定，而不是假设经理会批准（或拒绝）居家办公或变更工作时间。即使对于那些在实施STAR之前就经常居家办公的人来说，这也是个重要的转变。请回想一下海沃德的故事，他是一名开发人员，也是一名父亲，曾与经理商定日常居家办公，但上司更换之后，居家办公便不再被允许。我们在上文介绍过，在把灵活性当作变通的环境中，经理可以根据自己的主观意愿来决定是否批准灵活办公的请求，但 STAR 与此形成了鲜明的对照。海沃德将 STAR 描述为：

> 对中级管理层的一个巨大变化，尤其是之前常常监视下属工作的中层管理者，他们最常说的就是："你在做什么，你在做什么，你在做什么？"

海沃德指出，STAR 培训给出的建议是，把在哪里办公和何时办公的问题转化为"你需要什么？"海沃德认识到这些变化带来了控制权转移（从经理手里转移到员工手里）。在培训结束后不久进行的一次采访中，他指出，他并不是在一条生产线上工作（"制造小部件"），他的工作不需要在某个固定的地点完成。因此，询问经理需要他做什么，会让他们的交流重点放在工作流程或产品上，而不是放在工作地点上。

> 能够这样提问的人，工作能力相当强。我不知道人们是否意识到了这一点。

当员工对工作时间、地点和方式有更多发言权时，他们可能会更少地与同事或经理谈论那些决定。决定权属于他们。工作需要完成，整个团队需要协作，但是不需要讨论调整工作时间或居家办公的具体原因。STAR 的培训鼓励员工不要解释

第二部分
摆脱"社畜"生活的潜在解决方案

工作方式背后的原因，因为那样做会强化监控员工工作时间和地点的做法，进而使其具有"正当性"。兰德尔解释说，培训中的角色扮演让人感觉"很傻"，但是对于让人们在培训后按照新标准工作非常重要。兰德尔告诉我们，他接触的人中只有少数人没有实施 STAR。现在，他们解释自己在哪里办公和什么时间办公，反而显得不合情理。兰德尔和采访者都笑了起来。兰德尔接着说：

> 如果他们预约了牙医，他们不得不在在线会议中对 30 个人解释 5 分钟。他们会说："嗯，我真的不能……"别再这样了好吗？你明白吗？这种做法对其他人来说都已经过时了。

有人会认为，经理可能会抵制这些变革，因为这会让经理放弃对员工工作方式的控制权。然而，这一观点似乎站不住脚。与之相反，许多经理认为这种转变很明智。约瑟夫负责监督项目经理和分析师，他们负责与业务客户和代码开发团队沟通。他告诉我们，在与他称为"STAR 代言人"的一名经理聊天时，那位经理说他前一周在新墨西哥州工作。他的妻子在新墨西哥州有业务，夫妻两人就一起去了。就这样，他白天工作，其他时间和妻子一起享受旅行。约瑟夫高兴地说：

> 我之前不知道这件事。公司不知道，开发团队和项

目经理也不知道。

约瑟夫认为这是个很好的例子，说明即使员工之间需要相互协调，这些变化也能起作用：

> 一切都进行得很顺利。所以我认为这是个很好的例子，说明在我们的行业中，STAR 可以起到很大的作用。

昆瓦尔经理更喜欢居家办公，她说工作方式的变化有助于把她的工作"变得轻松"。以前，她允许下属在"必要"的基础上可以偶尔居家办公（他们需要向她解释原因），但现在她的团队可以自己做决定。她感到自己变得"更加信任他人"。她还意识到，下午两点决定 30 分钟后要召开在线会议，可能并不适用所有人。因此，她现在把通知开会的时间提前了很多。

> 我们更加灵活变通。但最重要的是，它教会了我放松。

即使那些此前对远程办公持宽容态度的经理也很欣赏 STAR，因为它建立了新的规范。肯尼（Kenny）指出，STAR 创造了"一种范式"，所有经理在更大程度上认识到了员工的个人生活、需求和偏好的重要性。

利用莱斯利·哈默和埃伦·科塞克开发的指标，我们调查了员工如何看待经理支持员工个人生活的情况。在第一次的跟踪调查中，我们发现，员工对实验组和对照组经理的评估出现了显著的不同。尤其是当了父亲的员工，他们认为实施STAR的经理对他们的个人生活越来越支持。那些最初认为经理不太可能提供支持的员工，也认为经理在STAR启动之后有了很大的转变。

改变会议和其他协作方式

这个工作再设计方法还鼓励员工对工作方式拥有更多的控制权。比如，项目团队如何协调沟通，会议如何适应协同工作。兰德尔解释说，他的团队对定期会议提出了质疑。

启动STAR之后，人们发出疑问："有人从这种重复的会议中获得了收获吗？我们必须保留这种会议，还是取消？"实施STAR后，我们取消了定期会议。

由于重新安排了会议，兰德尔获得了更多的高效工作时间。每周多出来的工作时间有多有少，和项目周期有关系，但有时每周长达20个小时。

质疑会议并不一定意味着不开会或不对团队合作项目作出贡献。现在，在决定是否参加会议之前，一些员工会询问议程或他们可以参与的具体问题。还有一些人会提前提供与会议有关的信息并拒绝参加会议，但保证如果出现任何问题，可以在即时通信工具上面上联系他们。之前的做法是，员工参加电

过劳
好工作是如何变坏的

话会议时常常一心多用,虽然出席了会议,但没有完全专注于会议讨论的项目。在STAR的推动下,员工和经理认识到之前的工作方法并不高效,并打开了如何召开会议的新思路。

这需要开发新的沟通程序,从而取代通过会议协调分工的方法。我们前文提到,约瑟夫管理着一个项目经理和分析师团队,并支持在团队中进行多个流程的转变。他解释说,之所以取消定期会议,是因为他们意识到,在有25个人参加的在线会议中,大多数人只关心会议内容的某个5分钟时段。STAR启发他们创建新的"仪表盘",更新工作进程,同时审查现有的报告模板,从而使它们更简洁、有效。约瑟夫将其描述为"让废话和干扰信息消失"。我们再次强调,技术促进了新的协作方式,但员工和经理需要积累工作再设计经验,这样才能让他们明白怎样使用技术才能达到他们的目的。约瑟夫很感激STAR"给了我们所有人审视会议的机会",有助于他们更好地考虑会议的召开时间以及出席人员。

工作方式中的这种转变揭示了旧工作制度的力量,即一个人接受会议邀请后就应该参会,即使不知道会议的价值或不清楚自己在会议中的作用。卡蒂亚(Katya)说,她正在努力改变旧习惯:

> 选择参加什么会议时,我更勇敢了……我很保守,所以改变对我来说有点难。之前如果我受邀参加会议,我就不得不去。

第二部分
摆脱"社畜"生活的潜在解决方案

但是后来我意识到这完全是浪费时间,所以我开始从新的角度考虑问题,即我的时间、我的工作,以及我如何才能帮助其他人?而且,我觉得公司很支持我。

虽然卡蒂亚认为约有 75% 的会议"可以取消"或大幅度缩减,并认同对无用会议的批评,但她仍感到这种心理转变很有挑战性,需要她勇敢面对。

有时,经历过 STAR 工作再设计的员工和经理的新方法会受到一些人的反对。肯尼(Kenny)是一位 50 多岁的白人经理,管理着一个由开发人员和海外承包商组成的近 20 个人的团队。他说,自己向主管乔妮(Joni)提出请求,帮助他就一场会议进行协商。他和他的团队收到了不参加重复性会议的"攻击性邮件"或敌意邮件;发送电子邮件的人没有参与 STAR。会议组织者宣称,"你没有理由不参加这个会议",但肯尼去找乔妮,问为什么她所在团队的 15 个人都被告知要参加这个会议,而他们却不知道自己为什么要参会。乔妮向召集会议的同事问道:"从成本上讲,这怎么可能合理?"(肯尼是这样说的)。在她的督促下,会议的组织者制定了新的规定:如果是你发现的问题,或者你参与了解决问题的初步工作,那么你应该在数周时间内参加这个会议。对于这一团队来说,这意味着每周会有数名测试人员和开发人员参加会议,团队中的其他人则不需要参加。

这就是为什么我们需要变得更好和更聪明的一个例子。STAR 让我们更多地意识到存在的问题，并且推动我们去解决它们。

改变随时待命和虚假的紧迫感

效率大师主张保障工作时间，专注于高质量工作，而不是不断回复信息和电子邮件，或者每次会议都同意参加。有些人，如首席执行官和终身教授，可以直接声明他们的首要任务是专注于规划和写作，拒绝自己的时间被占用。但是，对许多专业或管理岗位的人员来说，不回复老板、客户甚至同事的电子邮件、短信、聊天信息和电话，或者回复稍慢，都是禁忌行为。如果不按时赴约、不参加定期的锻炼，或不去孩子们的学校做志愿者，那就更不能令人接受。然而，双议程工作再设计挑战这种随时待命的期望，允许并鼓励员工和经理保障自己的工作时间和个人时间。

除了思考工作时间和地点，在一定程度上，不同的团队在利用工作再设计计划思考工作方式方面也存在差异。全面实施 STAR 包括主动对话，讨论团队中的个人如何有效工作，以及在员工工作方式不同的情况下团队如何无缝协调。除了对会议提出质疑，一些团队还讨论了是否需要以及如何控制经常干扰团队成员的聊天系统。一些人渴望每个工作日都有一段时间可以退出内部聊天系统，包括即时通信系统。他们非常想不受

第二部分
摆脱"社畜"生活的潜在解决方案

干扰地工作几个小时。团队讨论同事离线时如何与他们取得联系（对于紧急程度不同的问题）后，这方面的改革似乎进行得很顺利。人们之所以会相互咨询问题，是因为他们想要或迫切需要立即得到答案。当然，有时候这种紧迫感是想象出来的，并不真实。开发经理约瑟夫的团队取消了日程安排中的定期会议。他说自己已经改变了想法，因为他"理解员工不能一直保证在线"。他现在也在反问自己，有些信息是否真的需要立即回复。约瑟夫讨论了一个假设的情景：副总裁迈哈勒（Mehal）问了他一个问题，但他当时不在线。约瑟夫说，在过去，如果自己没有马上回复迈哈勒，就会感到紧张。但现在他意识到，他可以这样问自己的老板：

"迈哈勒，您是要现在就得到回复？还是明天也可以？"当你开始以这种方式思考并学会如何恰当地推脱时（因为你必须学会如何恰到好处地推脱），领导也会接受这种方式。

在 STAR 和类似的工作再设计方法中，经理的关键作用是理解和包容未及时回复的行为。如果高管或其他经理问他们为什么员工没有立即回复，经理则要避免惊慌失措。相反，支持型经理要么自己介入、解决问题，要么向对方保证员工会很快回复。在理想情况下，经理会"教育"对方，也就是约瑟夫所称的"恰当地推脱"，以改变对方对即时回应和随时待命的

过劳
好工作是如何变坏的

期待。

关闭即时通信软件或其他通信工具,是长期以来就存在的工作再设计和团队计划的高科技版本。20 世纪 90 年代,哈佛商学院教授莱斯利·佩罗对软件开发人员进行了调查,发现他们处于过劳状态、精神紧张,对忙碌的日子感到沮丧。在她的指导下,一个团队在正常工作日实施了"图书馆时间",也就是 2~3 小时之内不安排会议。这样,技术专业人员就可以在白天完成本职工作(比如写代码),而不是把工作留到晚上去做。一些公司已经尝试"周三不开会"或类似的做法。像这些计划一样,STAR 促使员工和经理反思,分散和干扰注意力的工作方式会对工作质量以及忍受他们长时间工作的家人和朋友带来哪些问题。然而,自佩罗对这些软件开发人员进行调查以来,新的通信技术和全球工作流程发生了变化。这些干扰来自电子通信方式,速度很快。发出干扰的可以是同一办公室的员工,也可以是来自全球各地的员工。像 STAR 这样的工作再设计方法,鼓励员工和经理深思熟虑,考虑如何处理干扰和如何控制技术,而不是受技术控制。这样做的好处是能够集中时间做自己的工作,或者能够充分关注自身和家庭生活。相比之下,简单的居家办公政策可以让员工离开办公室,但这种办公方式并不能使他们以更聪明的方式工作。若不质疑当前的惯例,不反思现有文化,这种居家办公政策反而会造成技术束缚和压力,导致人们随时随地都在工作。

当 IM 等聊天软件还没有普及、员工分布在多个工作地点

第二部分
摆脱"社畜"生活的潜在解决方案

时,协调程序需要更加明确和仔细。这些新的程序因团队和职能而异。托丽的研发团队同意,如果一个人需要集中时间完成工作任务或个人事项,他们应当不打开 IM。这样的话,当他们忙得不可开交的时候,就不会被迫回复信息。他们还商定,如果对方 IM 不在线时出现了紧急问题,可以互相联系。不久前,托丽给一位居家办公的员工打电话,因为该员工已将拨打家里的电话列为 IM 不在线时的首选联系方式。而在实施 STAR 之前,托丽觉得给居家办公的员工打电话会打扰他们。费利西亚(Felicia)是一名负责维护和生产支持的经理,管理着大约 30 名下属。她解释说,自己已经不再用 IM 沟通了,而是尽量发电子邮件。当她要求员工做事时,就会尽量把时间表解释得更清楚,并且会主动告诉员工,非紧急情况下不必立即回复信息。

"消防演习"减少了,紧迫感(也随之降低)。并不是所有事情都很紧急,因此我认为这样做有助于减轻人们的压力。

通过试验、交流和一线经理的支持,新规范和方法正在深入人心。

在 TOMO 公司,有一些团队没有就放弃 IM 达成共识。这时候,如果团队没有制定新的规范,那么个人改变工作方法后,有时会感到沮丧。系统工程师布丽奇特(Bridget)是一名

> 过劳
> 好工作是如何变坏的

40多岁的已婚白人妇女。她说,因为IM总让自己分心和烦恼,她基本上已经将其关闭。

> 这样的话,有些人就会说,"哦,我们从来没有看到你在线。你在工作吗?"同时,还有人说,他们觉得我随时都在,因为一整天他们都能从我这里得到工作反馈。

布丽奇特认为自己工作做得更好了,因为离线时注意力更集中,而且自己认真回复全部电子邮件,而不是不断加入或退出IM对话。她认为,来自其他人的这种最初的沮丧感已经消失:

> 我们都处理好了。他们对此没意见,因为我确实会回复邮件,并且他们总能找到我。所以,他们已经接受我IM不在线的事实。

然而,对于团队来说,花时间集体调整规范,并检查新的工作方式和模式对每个人的影响,似乎是明智的做法。试验和持续的集体反思是STAR所提倡的重要步骤。

工作投入度、协作和反思的改变

在一些采访中,我们听说STAR触发的变革导致更高的投

第二部分
摆脱"社畜"生活的潜在解决方案

入度、对工作流程和改进方法的更深入的思考,以及更好的协作方式。这些故事即使不是总能听得到,也都很有趣。此外,我们对积极参与和做更多工作这两种调查指标(通过"组织公民行为"这个调查问题来衡量)的分析表明,实验组员工和对照组员工之间并不存在显著差异。我们认为,这些故事反映了当全面实施工作再设计计划时,该计划带来的可能性。

查克(Chuck)是一名软件工程师,负责协调许多开发人员和工程师的工作。他提出了虚拟"工作罐"的工作方法。他本人以及团队其他人可以在其中确定需要完成的中小型任务,但这些任务与特定人员的专业知识没有明显的联系。如果团队中有人有空,那么他们可以申请一个"工作罐"任务并展开工作(任何剩余的任务最终都会分配给特定人员)。因为员工可以把任务放进"工作罐",所以团队合作增多,过劳员工得到支持。同时,这种做法也鼓励了交叉培训。

佩吉(Peggy)是另一个团队的软件开发人员,她说她总能在截止日期前完成任务,但现在她愿意与同事商量,看看自己是否能助他们一臂之力。她表示,实施 STAR 之前,她感觉自己和同事只会各自做自己的工作。目前,她可能需要花费更多的时间去帮助别人,但她并不在意。她感觉自己总体上比之前做得更好了,尤其是与同事交往方面。

不仅团队协作得到了提高,其他工作程序也随着 STAR 发生了变化。我们在前文中曾提到过厄休拉经理说,实施 STAR 后,她的精力更加充沛,焦虑减少,心情也十分愉快。此外,她认为自己工作的创新性也大大提高。如今，她会在晚上进行"复盘"，记录当天发生的所有事情。对于整个团队成员以及进行的所有项目，她都会思虑周全。做记录可以提供更多的想法，改善工作方法。在当今快节奏和人员紧缺的环境下，作为经理，愿意花时间充分考虑、反思团队绩效以及可能会出现的流程变化，十分难得。然而，STAR的实施，有利于她优先考虑那些事项。

经理们有时候也感到，STAR会影响他们与下属的交流或指导下属的方法，这会使他们要求员工自己进行更多的反思和创新。以利亚（Elijah）50多岁，是一名开发经理。他决定把更多"时间、截止日期、可交付成果"的相关决定权留给员工。不限制员工完成工作的时间和地点，这让以利亚改变了以往的做法。之前，他总是参与解决"如何"开展工作的问题。

> 作为经理，我发现这种方法能够帮助我把责任交给员工。相比于去解决问题或者寻找对特定个人来说的最好工作方法，现在我更愿意这样说："你花些时间自己想一想解决办法，怎么样？如果遇到困难，那就回来找我。"

例如，厄休拉认为，改变员工之间的合作方式可以提高团队绩效。她认为：

> 我们彼此的沟通技巧都有很大提高……我看到，当

团队成员希望分享对某个问题的看法时,他们更加专注,给公司带来了更大的价值。

厄休拉提到,她的老板让团队对报修的问题进行调查,弄明白应用程序出现问题是由于客户还是由于其他原因。组员弗兰克(Frank)关注到了这一应用程序容易出现的问题,并总结了下来。他的总结超出了预期的问题。他认为这一应用程序"没有为公司带来任何价值"。厄休拉对于他能够深度分析问题感到十分高兴。她向我们解释道,弗兰克把孩子哄睡后,自己还毫无睡意,凌晨两点还在写总结报告。她认为这个故事反映了STAR在工作日程安排和角色扮演方面的"赋权"能力。

STAR使员工能够打破定式思维,摆脱对不合理结构的束缚。

哪些事情本应改变但尚未改变?

尽管我们的调查采访表明,STAR给个人和团队的业绩带来了积极的变化,并且采访和调查证据也都证明,STAR在降低倦怠和过劳、提升工作满意度和减少人员流失方面为公司带来了好处,但STAR是否提升了工作效率呢?这的确是个很难回答的问题,因为衡量脑力工作的成果十分困难,但我们仍然从下面几个方面对此进行了研究。

工作时间

实施 STAR 工作再设计后，工作时间可能会增加、减少或不变。但是所有这些变化似乎都合理。公司或许想要受薪员工付出更多的工作时间（假设额外工作时间不会导致员工倦怠或者离职）。从我们的角度来看，我们担心工作时间可能会延长。我们的"工作、家庭和健康网络"专家小组并不鼓励延长工作时间，因为这会导致家庭时间、照顾自己的时间以及走出工作压力的时间减少，即使当事人无意造成这种结果。研究表明，工作日程的变化，尤其是居家办公，有导致工作时间延长的风险。

选择随时随地工作很可能会变成一种压力。在一项对美国的全国性调查的分析中，前文提及的社会学家珍妮弗·格拉斯和玛丽·努南表示，"居家办公很可能延长工作时间，并蚕食家庭时间"，因为"员工能够在家工作，这就会让老板希望员工在晚上和周末也工作，进而导致工作日和工作周延长"。事实上，在我们的研究开始时，对许多 TOMO 公司的 IT 专业人员和经理来说，随时待命就是灵活性，就是常态。我们希望，我们设计的 STAR 不会延长工作时间，不会增加工作量。正如前面所述，这种工作再设计计划的独特之处在于，它认为长时间工作、随时待命和即时回复并不一定带来好的工作成果。我们希望双议程工作再设计方法的这些要素，能够避免延

第二部分
摆脱"社畜"生活的潜在解决方案

长工作时间,但我们知道,进一步加大工作强度和延长工作时间是真实存在的风险。

然而,现场试验显示,STAR 对工作时间没有影响。平均而言,STAR 并没有延长或缩短工作时间。实验组的 IT 专业人员和经理与对照组的同事在工作时间上并没有显著差异。我们确实发现,随机分配到实验组的、已经为人父母的人员,每周的工作时间缩短约 1 小时,但他们每周的平均工作时间仍超过 40 个小时。

定性采访提供了更全面的信息,展示了这种无效效应(STAR 对工作时间没有影响)背后的各种情况。一些 IT 专业人员和经理说,他们的工作时间缩短了。我们看到,舍文的工作时间缩短了(舍文工作时间最长的时候达到 60 个或 70 个小时),兰德尔的参会时间也减少了。许多员工的通勤时间大大缩短,因为他们开始更多地居家办公。一些员工认为,公司从他们那里获得了更多的劳动成果,因为节省的通勤时间有一部分被用于工作。因此,有些人缩短了总工作时间,但是有些人稍微延长了工作时间。但是,不管工作时间没有大幅度变化,员工和经理都感到工作更加可控了。

白人软件工程师兼团队主管阿娃(Ava)30 多岁,已婚,没有孩子。她说,尽管她认为 STAR 可能会稍微延长自己的工作时间,但是她还是赞赏 STAR 给工作带来的变化。她提到了 STAR 给她带来的好处:工作日可以去杂货店购物;在美丽的露台上惬意地吃午餐;每天不用为了上班和开车进城而精心打

过劳
好工作是如何变坏的

扮,节省了许多时间;能够进行更多的锻炼(她的医生建议她锻炼和减肥);不用每天待在办公室,省去了"办公室政治"的烦恼。她说,STAR"对缓解压力很有帮助"。至于居家办公可能会延长工作时间,她说:

> 但是,我在家比在办公室更开心,因为我有自己的空间。我的工作时间更长了,但这并不重要,因为我能坐在更舒适的椅子上,穿着拖鞋,狗在旁边陪伴我。我可以一边工作一边摸它的耳朵,这令我感到很舒心。

接着,阿娃带着矛盾的心理思考了工作中的变化,以及工作和非工作时间之间的日益渗透问题,这在许多工作和企业中都很明显。她知道工作会"更加具有流动性",并且工作和非工作之间的界限越来越模糊。事实上,当前的公司文化认为,员工应该永远在线,随时待命;而阿娃认为,STAR 与这些期待恰恰相反。

> 问题是,公司希望我们每周 7 天、每天 24 小时都随时待命,或者希望我们有些时候能延长工作时间,但 STAR 给了我们一些平衡。

她想知道,如果工作日仍然像过去一样受到种种限制,还需要 STAR 吗?

第二部分
摆脱"社畜"生活的潜在解决方案

如果你说工作时间是 8 点到 5 点，那么 5 点我们就能下班吗？（停顿）我们再也不用把工作带回家，再也不用随身携带手机了吗？如果是那样，我就没意见了……但如果你要求员工那样做，那么你必须给他们一些灵活性。

效率和绩效指标

正如 STAR 可能使工作时间延长、缩短或不变，STAR 也可能提高或降低 TOMO 公司员工和团队的工作效率，或者对工作效率没有什么影响。通过与 TOMO 公司的 IT 高管合作，我们收集到了该公司在开展业务过程中的几个效率和绩效指标。TOMO 公司和"工作、家庭和健康"专家小组努力和公平地评估 STAR 对效率和绩效的影响。最后，我们的结论是，公司效益没有随着时间的变化而显示出显著的改善或下降，也没有明显的条件差异。根据公司的统计数据，STAR 对工作效率或绩效既无害也无益。鉴于我们在其他测量指标中所看到的益处（正如此前和以后的章节所述），我们将其对工作效率或绩效无消极影响视作好消息。

为了补充 TOMO 公司的自身数据分析，我们还在调查中询问了一系列考核缺勤、出勤和工作效率的问题。由于人们总是倾向于认为自己处于平均水平之上，所以这些自我报告式的绩效评估存在明显的局限性，但它们是现有的最佳度量标准。在 18 个月的随访期内，我们发现实验组和对照组的工作效率指标并没有显著差异。唯一存在显著差异的是员工报告的预计工作时长，实验组员工每周的预计工作时长减少约一小时。但请注意，员工实际工作时长并没有明显减少（所报告的时长为正常时长或过去 7 天的工作时长）。

在采访中，一些经理说，有些员工已提高工作绩效，并且团队的工作速度加快。但是在许多采访中，也有人说 STAR 对工作效率无影响，部分原因是记录这些变化非常困难。生产支持经理费利西亚注意到了这一点，她说：

> 你能够量化（STAR 带来的）工作效率的变化吗？现在还不能。我认为尤其是在我们的领域（很难做到）。

但是费利西亚也看到了一些有价值的变化：

> 整体沟通效率提升，士气高涨。我认为，相比之前，员工的工作责任感提高了，因为他们可以灵活地把握在什么时间做自己想做的事情……所以，我认为这是一个很棒的计划，我希望它可以继续下去。

其他研究也发现，很难确定职场灵活性对工作效率和绩效的影响。一部分原因是灵活性的类型不同，起因不同，导致在研究中进行比较的难度较大。正如第四章中关于把灵活性当作变通的讨论所示，STAR 能带来更广泛、更实质性的变化，

第二部分
摆脱"社畜"生活的潜在解决方案

而有限、单独协商的弹性工作安排，可能并不会给员工或公司带来这样的好处。如果公司允许员工在经理同意后适度调整自己的工作时间，或者每周居家办公一两天，但员工又担心这样的工作模式是否会得到支持，那么，公司认为这样做没有任何好处也就不足为奇。这种"妈妈，我可以吗？"式的请求，不会激发更强烈的控制感和支持感，因而无法让员工更满意、更投入和更忠心。

但是，最近的两项设计严谨的研究确实发现，如果工作再设计计划能够让员工自主决定工作的时间和地点，那么这些计划就会产生积极的效果。斯坦福大学经济学家尼古拉斯·布鲁姆（Nicholas Bloom）和他的同事，在一家中国的呼叫中心进行了一场现场试验。试验中，有一半员工被随机分配居家办公（完全居家办公）。结果表明，这些员工表现得更好，一是因为他们的缺勤更少，中间休息的时间更短；二是因为他们可以在更安静的环境中处理更多的客户电话。居家办公的员工的工作满意度明显提高，人员流失率也更低。该公司后来允许所有呼叫中心的员工选择居家办公，并让他们自主选择工作地点。这时，他们的工作绩效进一步提高了（从13%提高到22%）。一些之前居家办公的员工又回到了办公室，因为他们意识到，他们更喜欢在办公室办公，而其他员工则选择居家办公（也有员工选择混合办公的模式）。这些发现表明，让员工自己做出这种决定（就像我们的双议程工作再设计一样），会给公司带来最大利益。我们还需要进行更多研究，但在更容易度量和追踪工作成果的情况下，看到这些真实的绩效提升的案例，是一件非常有趣的事情。

另一项研究项目利用德国工作场所的纵向数据，研究采取"基于信任的工作时间"的方法如何影响公司绩效，尤其是创新。尽管我们并没有期望被研究的团队进行"双议程工作再设计"所强调的对话和反思，但这种形式的灵活性也赋予员工很大的控制权。奥利维尔·戈达尔（Olivier Godart）及其同事将采用基于信任的工作时间的公司与同类公司（使用匹配策略）进行比较。结果发现，采取"基于信任的工作时间"的方法几年之后，这些公司的产品创新性提升12%~15%，工作流程创新性提升6%~7%。研究人员发现，即使只能够对工作时间和地点进行有限的控制，也会带来这些好处。他们得出结论，"创新似乎由员工对工作时间的控制度和自我管理驱动，而不仅仅由工作时间灵活性驱动"。

回到我们的研究：我们还计算了TOMO公司STAR计划的投资回报率，以此比较这些变化给公司带来的利益和花费的成本。经济学家卡罗琳娜·巴尔博萨（Carolina Barbosa）和"工作、家庭和健康网络"团队的研究人员，将TOMO公司引入这个工作再设计计划所涉及的一切都进行了"微观成本量化"，其中包括工作人员的工资和咨询顾问的合同成本。这些合同成本用于为公司制订计划、准备员工培训材料和开展员工培训。还要再加上员工参加培训会议的时间成本，甚至还有公司用于培训员工的会议室成本。我们的研究还考察了一些潜在的益处，包括缺勤率、假性出勤（指工作效率低）、医疗成本和人员流失率下降的可能性。虽然在前3个指标下降所带来的益处方面，我们获得的证据有限，但我们注意到，该计划对人员流失率的影响显而易见。由于雇用一名新员工需要花费时间，而且该员工在逐步熟悉工作情况时的工作效率也比较低，所以人员流失对公司来说是一项实际成本，大概是员工年度总薪酬的1.5倍。我们的研究表明，预估的投资回报率为1.68，这意味着"STAR每花费1美元，组织成本平均下降1.68美元。"

到目前为止，我们得出了哪些结论呢？这些变革不仅可行，而且现有证据表明，它们能够给公司以及过劳员工和经理带来益处。实施STAR以后，TOMO公司员工的工作满意度提高，工作倦怠感降低（工作更加投入），想换工作的员工减少，离职员工的人数下降。这项双议程工作再设计引发了一系列相互关联的变化，完成工作的时间更加灵活，人们更多地接受经常居家办公，员工有更多的自主决定权，包括减少不必要的会议在内的更加周密的协调，考虑工作是否真正紧急，以及随时待命是否必要和明智。正如舍文所述，对于许多团队来说，这些变革成了常识，也使员工的日常生活更加放松和理性。

第六章
工作再设计对健康、幸福和个人生活的益处

我们已了解到，工作再设计创新可改善倦怠、过劳、工作满意度、人员流失等问题。但是，我们的研究团队被称为"工作、家庭和健康网络"专家小组，所以我们也对工作再设计计划是否会影响健康以及家庭或个人生活感兴趣。毫无疑问，改善健康（包括身体健康和精神健康）对个人、家庭和社会都很重要。对于那些注重减少与健康相关的生产力损失（如缺勤或工作努力程度下降）、降低医疗成本的公司来说，改善健康同样意义重大。

基于与工作和健康相关的强有力证据，"工作、家庭和健康网络"专家小组设计了STAR。我们知道，工作中的控制感和支持感是调节工作压力、管理高工作要求的第一个关键因素。自20世纪70年代以来，社会流行病学家、社会学家和组织学学者发现，工作中缺乏控制力的员工患心脏病的风险更高（部分是由高血压、胆固醇和吸烟引起），死亡率更高，心理健康状况更差。基本原因是这些员工无法控制自己的工作进展，给自身带来压力，导致生理上的极度疲惫并产生无助感，

进而影响健康。我们的工作再设计计划基于工作控制，对此进行了大量的拓展研究，希望让员工和经理有更多的话语权，让他们自主决定日程安排、工作地点以及完成和协调工作的日常流程，以此增强对工作的控制感。

第二个关键因素是社会支持。归属感和被尊重感对于员工的健康状况非常关键。除此之外，经理给予员工的支持也十分重要。我们的工作再设计计划还包括支持员工个人和家庭生活，尤其是经理对员工工作之外生活的支持。STAR能够增强员工自身的控制感以及经理对员工的支持（正如我们在第五章所描述的那样）。我们认为，这有利于员的工健康、幸福、家庭和个人生活。

但像STAR这样的工作再设计计划是否会成功，并没有明确的答案。一项对60多项研究的回顾性研究发现，员工能够决定工作时间和地点，总是预示着员工工作与生活的平衡及对工作的积极态度。但是，这项回顾性研究当时得出的结论是，至于员工能够决定工作时间和地点可以对健康造成什么影响，"没有一致的证据"。幸运的是，我们对工作再设计计划的严格评估，以及在多个行业进行的其他研究，都提供了重要的证据，表明工作中的变革能够改善员工的生活和健康。

主观幸福感和心理健康

我们的采访表明，STAR提升了员工的心理健康和主观幸福感。在我们了解到的职业倦怠、工作满意度等相关案例中，反复提到了减轻压力这一点。正如舍文所说，STAR 为自己和其他人"减轻了百分之百的压力"。虽然员工和经理经常反复告诉我们 STAR 可以提升主观幸福感，但我们也使用了调查证据来研究 STAR 是否可以减少压力和心理困扰。我们通过"是否感到困难堆积如山，无法克服"以及"是否很少感到事情正按你想要的方式进行"等问题来评估压力。测量到的心理压力症状包括无望、无价值、紧张和烦躁等感觉。虽然这些症状不一定严重到会被临床诊断为抑郁症或焦虑症，但仍然令人烦恼不堪。

我们发现，STAR 可明显降低压力水平，但只适用于在宣布 TOMO 公司和 ZZT 公司即将合并之前已实施 STAR 的员工和经理。当时，他们相信自己的领导层会支持这些变革，并且该计划很可能成为他们的新常态，因而他们的压力水平会降低。相比之下，宣布合并之后才实施工作再设计计划的人员，压力水平无明显变化。虽然这一后来加入 STAR 的群体得到了其他好处，比如增强控制感以及能够在家里做更多的工作。正如我们在描述职业倦怠和工作满意度的影响时所提到的，员工和经理很快就开始质疑这些变化是否会持续到合并之后。不足为奇的是，其他研究也发现，重大的组织变革，如兼并、收购或多轮裁员，抵消了像 STAR 这样的积极组织变革带来的益处。

另一个细微差别是，在缓解压力、解决心理困扰方面，STAR 的作用对女性比对男性更加明显。12 个月的跟踪调查表明,随机分配到实验组的女性,其压力和心理困扰水平明显低于对照组的女性。而且,压力水平下降幅度最明显的不是母亲,而是没有孩子的女性(往往年龄较大,可能是单身,需要照顾成年人)。根据该调查,在压力和心理困扰方面,实验组男性和对照组男性的表现没有明显差别。在基线水平上,这些男性的压力和心理困扰水平也比女性低。许多研究也表明,男性的压力水平比女性低。如果员工和经理压力的水平一开始就比较高,那么像STAR这样的工作再设计计划对心理健康的影响可能就最明显。有趣的是,在提高工作满意度、减少职业倦怠、降低离职意向和实际离职率方面,STAR对男性和女性的影响类似。

压力水平下降的原因是,有了这种工作再设计计划后,员工和经理能够选择工作时间、地点和工作方式,并削减低价值工作,如减少他们认为对完成工作不太必要的任务(如一些会议)。前文提及的软件开发人员佩吉曾说,实施STAR后,感觉自己能够更多地与同事一起投入工作。她还谈到,感觉不再那么不知所措。压力的降低帮助她以不同的方式应对工作中的挑战:

> 这一问题处理得更好了。以前,我只会自责,但现在我相当喜欢我自己(笑),不再那么自责了。所以我很感谢实施了STAR。

过劳
好工作是如何变坏的

我们的采访也清楚地表明，减轻压力、倦怠和其他幸福指标的一个重要驱动力是，员工安排工作时优先考虑个人生活、家庭责任和健康，并且不会感到内疚。哈拉（Hala）是一名软件开发人员，也是一位来自南亚的年轻父亲，有两个孩子。他说，仅仅是能够定期送女儿上学就已经"非常好"了。他还说道：

> 我放下了心里的包袱。因为（现在）我不觉得内疚了。

哈拉仍有相当多的工作要做。但对他自己、他的老板以及同事来说，为了适应生活的其他方面而重新安排工作日程是可以接受的。昆瓦尔来自南亚，是一名经理，也是一位母亲。她先前讲述了自己在家里长时间工作和注意力分散的故事。现在，她优先考虑自己的个人事项时，感觉好了很多：

> 我发现自己仍然会在周末和晚上工作。但是现在，如果我真的花两个小时和妈妈共进午餐，我就会感觉很好。我不用急着赶回去。

昆瓦尔还看到，员工们居家办公时，感觉没那么内疚了。虽然她之前曾试图表示支持，但收效甚微。她的员工分享说：

> STAR 消除了内疚因素。他们不再为每周不得不居家

办公两三次而感到内疚,这一点我也感觉到了。

我们还发现,STAR 对改善员工的生理机能有积极影响。宾夕法尼亚州立大学教授大卫·阿尔梅达(David Almeida)和其他"工作、家庭和健康网络"专家小组的同事,收集了100名已为人父母的 TOMO 公司员工的皮质醇每日波动的数据。在基线测量时段和一年之后,这些员工连续 4 天提供唾液样本,以便我们评估他们的皮质醇的日常水平。皮质醇是一种激素,其分泌的模式为,睡醒时急剧上升,然后逐渐下降。这种皮质醇分泌模式能够表明身体调动能量的能力,该模式如果变得钝化,则代表疲劳或倦怠。对于实施 STAR 的员工,其非工作日睡醒时皮质醇水平明显升高,表明这些 STAR 员工周末的恢复能力更好。此前进行的对工作压力和皮质醇模式的相关研究,对比的是处于不同工作场所、从事不同工作的员工,但我们研究的是工作方式的变化如何影响同一个人的皮质醇的分泌模式。这是像 STAR 这样的工作再设计计划会影响员工的逆境生理的第一个证据,证明这些变化真实发生,并非虚言。

关爱自己

从长远来看,这些压力和内疚的减轻,是否也会影响人们如何照顾自己及身体健康呢?我们都知道,睡眠、运动和健康饮食可促进长期的身体健康,同时也有助于心理健康。双议程工作再设计计划让员工有机会做出更健康的选择，但该策略并不能保证员工一定做出这种选择。

"工作、家庭和健康网络"专家小组主要的睡眠科学学者、宾夕法尼亚州立大学教授奥菲尔·巴克斯顿（Orfeu Buxton），带领我们调查了特定工作条件和实施STAR如何影响IT专业人员的睡眠质量。我们借助客观测量工具（腕动监测仪）以及问卷调查测量员工睡眠质量。腕动监测仪能提供非常详细的睡眠数据。问卷调查涉及被测人员睡醒后的感觉以及睡眠情况。在实施STAR之前，员工处于工作和个人生活之间的拉扯状态，影响休息以及睡眠质量。这其中存在一种相互关系，即一天的劳碌会影响睡眠，而睡眠不佳也会影响第二天的工作。当员工说工作干扰了他们的个人生活，或者认为没有足够的时间进行自我调整（如锻炼）或与家人沟通时，这些员工很可能需要更长时间才能入睡。另外，如果睡眠时间比平时短或睡眠质量比平时差，第二天，员工则更有可能遇到工作和家庭问题，或感到时间特别紧张。

我们通过现场试验来观察工作再设计计划带来的变化是否影响睡眠。结果表明，与对照组相比，实验组员工的睡眠时间增加得更多。（这些差异具有显著的统计学意义，也就是说它们并非偶然。然而，应当说差异比较小。不同批次的跟踪数据显示，雇员的睡眠时间平均每天增加约8~13分钟。）早上醒来时，实施STAR的员工也明显比对照组员工感到自己休息得更好。更重要的是，18个月的跟踪调查表明，睡眠变化保持稳定。所以，STAR 对睡眠的改善并没有随时间的推移而消失。

改善睡眠十分重要，因为长期睡眠不足会诱发各种健康风险，包括肥胖、糖尿病、高血压、心血管疾病等。健康的睡眠可以从几个方面来衡量。除了睡眠时间，睡眠呼吸暂停也是睡眠不健康的一个重要指标。它是一种常见的睡眠障碍，患者在睡觉时反复停止和开始呼吸。使用 TOMO 公司的数据和长期护理人员提供的平行数据，巴克斯顿及其同事发现，患有睡眠呼吸暂停症的员工，心血管代谢风险的得分更高。也就是说，他们 10 年内面临心脏病发作等心血管疾病的风险更大。在 TOMO 公司的员工中，同时存在睡眠呼吸暂停和睡眠时间不足问题的人员，面临更大的心血管代谢风险。对于这其中的大部分员工来说，STAR 并没有大幅度延长他们的睡眠时间，但确实以一种可持续的方式逐步延长了睡眠时间，提高了睡眠质量。虽然 STAR 没有直接促进健康睡眠，但确实产生了上述效果。

在采访中，我们没有直接询问有关睡眠的问题，但大约 1/5 的员工和经理会提到这一情况。他们的故事讲述了 STAR 如何改善睡眠，以及专业人员和经理对这些变化的赞赏。例如，60 多岁的白人女性西尔维娅管理着一个软件开发团队。她告诉我们，她的家离 TOMO 公司的办公室大约一小时车程。由于上下班路上交通拥堵，她之前把起床的闹钟设置到凌晨 4:30。她需要很早出门，以避开最拥堵的时段。实施 STAR 后，

过劳
好工作是如何变坏的

她每周有 2~3 天居家办公,所以她晚上的睡眠时间至少有 8 个小时,不用再像线下办公那样,只能睡 5 个小时左右。

> 我不像以前那么累了……这对我非常好,我的睡眠时间与前些年相比大幅度增加。

其他人分享说,STAR 和居家办公让他们能够轻松应对一些小的疾病,因为睡眠充足,恢复得也快。伊莉斯 60 多岁,白人,已婚,她说自己最近生病了。

> 我午饭后才上班,因为那天直到凌晨我才睡着。我只是觉得我需要睡眠。所以,我就自己决定了。这不影响任何人。

当被问及她以前会如何处理这种情况时,伊莉斯说:

> 哦,我会坐上早班车,去中心城区。我就是觉得,这种灵活性可以让我多一些选择。

我们还听说,参加 STAR 的员工有时可以通过改变工作时间,补回因深夜的工作通话而丧失的睡眠时间。卡拉(Kara)是位白人女性,有两个孩子,管理着一个全天候待命的生产支持团队。当应用程序出现故障或问题时,她和自己的员工随时

都必须参加紧急的线上会议,而且常常一开就是很长时间:

> 我们把所有专家聚在一起,尽力解决在印度、华盛顿、科罗拉多、内布拉斯加、弗吉尼亚、佛罗里达等地的问题。这可能会是个非常漫长的夜晚。而 STAR 的灵活性可以让员工多睡一会儿,抓紧时间休息,然后在需要的时候登录会议,这是一件好事情。

为参加深夜会议而调整个人的工作日程完全合理,但在实施 STAR 之前,这样做不合适,也不被允许。

除了睡眠,一些员工还告诉我们,他们有更多的时间去锻炼身体,减肥成功的人也越来越多。就健康行为变化导致的效果而言,有些人不太显著,有些人则非常明显。邓肯(Duncan),已婚,有孩子,是一名 IT 系统工程师,他很高兴自己减掉了 40 多磅,慢性病(克罗恩病)也控制得很好,而且感觉压力减轻,在家里更开心。现在,邓肯通常会安排锻炼的时间,就如同安排清晨的会议一样。此外,通勤时间的减少,也使他养成了在健身房或家里锻炼的新习惯。

> 所以我觉得这很好。不用担心心脏病发作或因克罗恩病昏倒。我现在是一个更快乐、健康的人。希望这种情况能持续下去。(笑)

过劳
好工作是如何变坏的

另外一名中年白人男子丹泽尔（Denzell）表示，他的心脏病有了很大改善。他将这些变化归功于药物治疗、锻炼和饮食。但他也解释说，自己之所以更容易保持健康的习惯，是因为工作时间更灵活，压力更小。在居家办公时，他经常抽出时间骑自行车锻炼。与此相对照的是，此前他在办公室工作很长时间，回到家里以后只想躺着。

那些此前已关注锻炼和健康饮食的员工和经理表示，STAR能够为达成健康目标提供支持，他们对此很赞赏。一名在国民警卫队服役的男子发现，他能够更容易地准备定期的军事体能和耐力测试，因为自己可以灵活地安排锻炼时间。帕齐（Patsy）是位IT专业人员，也是一位40多岁的母亲。在一次电话采访的最后时段，她分享说，在整个谈话过程中，她一直在骑着躺式自行车进行锻炼。她此前一直努力定期锻炼，但现在她更多地在家里工作，因此她放置了笔记本电脑架，发明了新的"踏板桌"。在进行在线会议的同时骑行，增加了她的耐力，也让她觉得精力充沛。

随着时间的推移，压力水平和行为的变化很可能会影响身体健康。哈佛大学教授丽莎·伯克曼（Lisa Berkman）领导我们的"工作、家庭和健康网络"团队，将我们从TOMO公司员工那里收集的生物标志物数据（包括血压、体重指数、血液中糖尿病前期标志物等）结合起来，创建了心血管代谢风险分数。这种风险评分预测未来10年发生心血管疾病的可能性，如心脏病发作或中风，并在对人们进行的多年研究中得到验证。我们发现，与对照组高风险员工的变化相比，实验组基线时风险分数较高的员工的状况明显改善（风险分数下降）。我们没有对 TOMO 公司的员工进行几十年的跟踪，但工作再设计创新计划能够降低未来出现严重健康问题的风险，这一结果已经非常令人振奋。

个人时间与工作 – 生活冲突

双议程鼓励员工同时关注事业和个人生活，是我们研究的工作再设计方法的重要组成部分。STAR 促使人们思考工作对生活带来的影响，同时考虑如何在事业和个人生活方面为同事提供支持。显而易见，重新安排工作，以解决个人或家庭中的优先事项和承诺是可以接受的。我们希望，这些新的工作方式可以帮助人们空出更多时间去参与个人和家庭活动，并且减少工作和生活上的冲突和矛盾。这种方法能够带来很多益处，比如帮助需要照顾小孩、看护老人以及亲属较少的人。

在调查中，我们询问了工作需求干扰个人或家庭生活的频率，以及花在工作上的时间是否会让人难以履行个人或家庭责任（学者们称为"工作—非工作冲突"）。我们同样询问了个人和家庭生活如何干扰工作（衡量非工作—工作冲突）。与对照组相比，STAR 实验组的员工所感知到的冲突减少幅度明显更大。样本分析显示，他们的工作—非工作冲突稍有减少，但差异不是特别显著，而非工作—工作冲突显著减少。

过劳
好工作是如何变坏的

此外，对于是否有足够时间与家人相处这个问题，我们发现，与对照组相比，STAR 员工在时间充裕性方面有所改善。而感知到的时间充裕性，或者说感觉时间没有特别紧张，对其他结果也很重要。我们之前对不同白领阶层进行了研究，结果表明，时间更充裕的员工有更多的精力、更好的掌控感（或能够解决当前面临的问题）、更佳的健康状况、更高的生活满意度，以及更少的倦怠和身体酸痛的情况。此外，对员工进行长达 6 个多月的长期追踪后，我们发现，时间充裕也预示着许多健康指标将会提高。

有些员工在 STAR 实施以前已经获得工作方式的灵活性，有些则不然。STAR 帮助在两者之间建立公平的竞争环境。我们"工作、家庭和健康网络"专家小组的合作者莱斯利·哈默和埃伦·科塞克提出了新的指标，用于衡量主管在工作以外对员工生活的情感和实际支持情况。相比那些此前能得到主管更多支持的员工，主管此前不太给予支持的员工（STAR 开始之前）表示，STAR 实施后，工作—非工作冲突方面的变化更显著。另一项基于 TOMO 公司数据的分析也证实，工作—非工作冲突与主管的支持存在联系。支持型主管手下的员工受工作—非工作冲突的影响较小，这一点从其皮质醇分泌模式和负面情绪的状况中可以看出。因此，增加主管对员工个人和家庭生活支持的工作再设计计划，可以让员工更容易接受仍然存在的工作—非工作冲突。

在采访中，许多人提供了重新调整工作以便安排更多有价值事项的案例。我们在之前的章节中提到，兰德尔单身，30多岁，对疯狂的日程安排和过劳感到不满。现在，他有更多的时间来完成生活中的其他事情。自从 STAR 开始实施以后，他很少错过冰球比赛，表示这改善了他的社交生活。他装修房子的速度也加快了，原因是待在办公室和长时间通勤的时间减少，下班后没有以前那么劳累。

> 现在我要去换身衣服，拿起锤子、油漆刷或其他工具。（现在）我的精力更充沛了。

伊莉斯偶尔会和已经退休的朋友见面共进午餐，她也很喜欢能够白天去医院看望病人。她总结道：

> 我感觉除了工作和回家，我有更多时间做其他事情。没有人提出质疑，这很好。他们尊重你的时间安排。

艾萨克发现，实施 STAR 后，他能够参加更多的社区志愿者服务。他目前是非营利儿童体育组织的董事会成员，同时也是青年足球队的助理教练。

> 正如我以前所说，STAR 的灵活性能够让我安排自己的时间表，从而能够以一种更好的方式来回馈社会。

他回忆了实施STAR之前自己的压力。他尽量下午5点下班、6点之前赶到练习场,"那里有18个孩子在等着自己",但是交通状况不可预知。现在,如果有夜间训练,他就尽量选择居家办公。他说:

> 我可以回到家里,但我的工作并没有结束。如果我仍然有事情要去处理,我会去做的。但是,我能够回馈社区,为社区做一些贡献了。

亲子时光和更多的健康福祉

这些健康福祉显然不仅限于有孩子的员工,STAR确实促成了他们家庭时间的重要转变。查克是一名生产支持工程师,他描述了居家办公时间的增加如何让自己有更多时间陪伴孩子。他现在每周带自己的大女儿去上一次骑马课。查克告诉我们:

> 这些课程安排在下午1点至4点,正好是一天的中间时段。如果需要的话,我会在当天晚上把工作补上。如果需要赶进度,我会在周五多做一些工作。

查克还重新安排工作日程,以便陪伴处于婴儿期的小女

第二部分
摆脱"社畜"生活的潜在解决方案

儿,并协助休产假的妻子。孩子出生后,查克休了3周假,然后开始几乎完全居家办公。他经常抽出一个小时的时间照顾婴儿,妻子则会在这个时段出去办事或休息。查克说,由于有婴儿和妻子在家,他需要做一些调整才能在工作时集中注意力,所幸他们有一套行之有效的方法。随着控制感和支持能力的增强,员工能够根据家庭需求的变化轻松改变工作日程。在我们后来的采访中,查克的妻子回到了工作岗位,小女儿在托儿所,而查克通常在早上6点开始工作,这样他就可以提前去夏令营接大女儿。能够共度下午的时光,查克和女儿都很享受。同时,查克也可以很好地完成工作。

我们在前文曾提到,开发人员帕齐有一次在居家办公时边骑车锻炼边接受采访。她与丈夫和两个孩子住在一起,他们的家离办公室有大概一个小时的路程。她表示,居家办公对家庭生活和亲子时光影响较大。

> 我现在肯定对家庭生活投入更多了,之前我从未有过这样的投入……我看着他们起床,然后与他们吻别,这很有意义。

之前,帕齐的丈夫负责做早餐、打包点心和午餐,并且确保孩子们出门时带好家庭作业、家长签字同意孩子参加校外活动的许可单和外套。自从实施STAR后,他们对家庭事务进行分工,每个人负责几天。帕齐解释道,因为孩子们总是睡得

过劳
好工作是如何变坏的

早,所以早晨的时间对她来说特别宝贵。

> 我们坐下来吃饭,然后是做作业和洗澡的时间。之后,孩子们还想看一会儿电视。此外,周四是我们的游戏之夜,我们会玩个小游戏,然后睡觉。所以,我现在可以(在早晨)看到我的孩子们,这种感觉很好。

新的工作方式(员工拥有更多的控制权,并得到同事和经理的支持)也让父母能够在学校之外与孩子的生活建立联系。在之后我们对帕齐的采访中,她告诉我们她开始定期到女儿学校做志愿者服务。现在,她一般周五上午会待在学校,装填学生要带回家的文件夹。

> 我之前并没有做过很多志愿者工作,只做过一次。我女儿现在上四年级,我觉得做志愿者很好。我可以进入学校,装填文件夹。同时,我也可以听老师讲课,还能看到我女儿在课堂上的表现。(笑)我感觉自己就像"墙上的苍蝇"。

在采访的稍后阶段,帕齐分享了她之前"挣扎"于无法定期做志愿者服务,但现在她意识到:

> 实际上我可以成为孩子教育中的一部分,超越我之

第二部分
摆脱"社畜"生活的潜在解决方案

前所做的……这让我感觉好极了。我知道女儿也很喜欢我这样做,她课间休息回来时看到我会很开心。

帕齐在孩子出生后一直做全职工作,她的工作能力令人佩服,对工作和团队也认真负责。实施 STAR 后,帕齐不仅可以继续好好工作,同时还可以通过不同的方式与孩子及学校保持联系。

亲子时光对孩子的健康发展至关重要。因此,我们希望研究 STAR 能否在这一点上起作用。俄勒冈州立大学的学者凯利·钱德勒(Kelly Chandler)带领"工作、家庭和健康网络"专家小组,分析了近 100 名孩子处于青春期的 TOMO 公司员工的数据。这些父母连续 8 天完成"日记式"采访,每天都汇报自己在前一天跟孩子共处的时间。第一次采访在基线时间完成,当时还没有实施 STAR 计划。第二次采访在一年后进行。

事实证明,STAR 能够增加父母与 9~17 岁孩子共处的时间——虽然并不是所有父母的工作时间都有变化,并且父母的工作时长平均每周只减少一小时(正如我们在讨论工作时间时所指出的那样)。在对照组中,父母与孩子相处的时间在一年当中有所下降,平均每天缩短 24 分钟。这种逐年下降的趋势其实是意料之中的事情。与自己小时候相比,大多数 15 岁的孩子更喜欢少跟父母待在一起,因为处在青少年时期的孩子通常会做更多独立性的活动,比如兼职、运动和参加学校俱乐部的活动,以及和朋友一起玩耍。(我们中的一位母亲目前正在适应很少看到孩子的现实!)但是,在实验组的父母中,并没有出现共处时间减少的情况。事实正相反,我们看到他们的共处时间显著增加。基线后一年再次进行采访的结果表明,在对照组中,父母平均每天陪孩子的时间不到两个小时;而在实验组中,父母平均每天花大约3个小时陪孩子。进一步研究后,我们发现STAR对母亲的影响比父亲更加明显。无论是实验组还是对照组,父亲和孩子在一起的时间都更稳定。此外,对两个组进行比较后,我们还发现,与和儿子在一起的时间相比,父母与女儿在一起的时间差异更大。对母亲和女儿的影响更大这一结果,与其他研究的结果一致。研究发现,孩子处于青春期时,母亲跟女儿要比跟儿子更加亲密,共处的时间更多。帕齐早上会花更多时间陪孩子,这就与我们在定量分析中得到的结果非常一致。

尽管研究结果显示,母亲陪伴孩子的时间变化比父亲更明显,但一些父亲也会借助STAR去花更多的时间陪伴孩子和家人。除了哈拉、艾萨克和查克,海沃德也表示,自己的家庭生活变得"更幸福"。大多数时候,儿子放学回家后,要么在海沃德旁边做作业,要么在外面玩耍。他们的社区有很多孩子,海沃德的儿子很喜欢和朋友在外面一起玩。海沃德则可以随时查看儿子的状况。有时候,海沃德会在下午4点左右去幼儿园接另外一个孩子,然后回家准备晚饭。如果有必要,他还可以在饭后完成一些工作。海沃德的妻子也是全职工作(也是一名IT专业人员,但不在TOMO公司)。在后来的采访中我

第二部分
摆脱"社畜"生活的潜在解决方案

们了解到,他们的两个孩子现在都在同一所学校上学,海沃德的妻子负责早上送孩子们去学校。这样海沃德可以在早上 7 点就开始工作,一直工作到下午 3 点。海沃德大部分时间都在家,可以按时接孩子放学,然后早点准备晚饭。晚上的时间对海沃德来说很重要。我们在前面的章节介绍过,海沃德曾表示,在实施 STAR 之前,他对 TOMO 公司的工作日程安排感到不满,并且一直很担心孩子在学校以及课外活动中花费的时间过长。

在较早的一次采访中,昆瓦尔哭着说,有些时候因为工作压力大,她会对女儿大喊大叫。但自从实施 STAR 后,生活变得与以往不同,自己的心情也更放松。这背后的原因是,昆瓦尔和丈夫(他们都在 TOMO 公司,并实施 STAR)有时居家办公,上中学的女儿现在放学后都直接回家。女儿吃的点心卫生健康,有更多的时间做作业,晚上也有更多的时间玩耍。因此,昆瓦尔看到"女儿的生活质量和身体健康"有了积极的变化。昆瓦尔自己也感到很舒适,天气不好的时候,可以待在家里。学校放假的时候,可以带女儿去看医生。在工作日,她的压力也比以往更小。因为她如果早点开始工作,就可以早点结束,然后做饭或做其他家务。

> 这样我就不会在晚上压力过大,也不会对女儿大喊大叫了。

过劳
好工作是如何变坏的

　　从昆瓦尔家的情况可以看出，父母以不同的方式将工作和家庭生活融合在一起，对孩子的幸福具有直接和间接影响。直接影响是亲子时间增加，而间接影响是压力减轻，父母大喊大叫和沮丧的次数减少。

　　上面所说的故事体现了积极的溢出效应，即工作方式的变化为实施 STAR 的员工和经理带来健康、幸福或家庭生活上的积极变化。这是一种人在工作和非工作领域内的内在连接。例如，昆瓦尔的工作压力减轻之后，她在家的心情也开始变好。除此之外，我们还进行了交叉调查，研究发生在 TOMO 公司员工身上的变化是否也会给周围的人带来变化，尤其是家人。仍然以昆瓦尔为例，我们还想探究，是否有证据表明，昆瓦尔工作方式的变化影响了她女儿的情绪以及其他的幸福指标。

　　"工作、家庭和健康网络"团队的发展心理学家凯蒂·劳森（Katie Lawson）领导我们开展了这种交叉研究，所使用的数据来自对大约 100 名青少年进行的日记式研究。青少年的幸福感受积极情绪、消极情绪以及其对日常挑战的反应（用学术术语来说，即对"日常压力源"的情感反应）的影响。我们的问题：父母的工作方式变化是否会影响孩子的心情？是否会影响其应对日常挑战？比如与朋友或家庭成员争吵，或在学校里遇到问题等。第一次采访时，我们连续 8 天采访了这些孩子。一年后再次连续 8 天采访，用于比较他们在遇到和没有遇到上述情况时的表现。同时，我们还比较实验组和对照组实施 STAR 前后的变化，以便在更大范围内进行研究。

第二部分
摆脱"社畜"生活的潜在解决方案

其他的青少年发展研究发现了一个普遍趋势，即随着年龄的增长，年龄较大的孩子的积极情绪减少，消极情绪增多。在对照组中，我们发现了这种预料之中的情况。但是，如果父母实施了STAR，在基线后一年，孩子的消极情绪变化不大，积极情绪显著增加。例如，对照组中，如果孩子感到与父母不和等压力，与一年前相比，他们的积极情绪明显减少，消极情绪明显增加。然而，如果父母实施了STAR，孩子的积极或消极情绪在这一年中没有变化。

我们还调查了父母实施STAR如何影响孩子的健康行为，特别是睡眠模式。此前的研究发现，青少年时期，孩子们的健康睡眠状况会下降。宾夕法尼亚州立大学教授苏珊·麦克黑尔（Susan McHale）及其在"工作、家庭和健康网络"专家小组的同事，调查了父母实施STAR计划是否会影响孩子的睡眠。研究结果表明，无论是实验组还是对照组，一年多来，孩子的睡眠时间都保持稳定，没有差异。但是在对照组，孩子的睡眠明显更不规律（每晚睡眠时间变化更大）。与第一次调查相比，他们表示自己的睡眠质量更差，需要更长的时间才能入睡。相比而言，在实验组中，孩子的睡眠质量未出现明显下降。

进入青少年时期后，孩子们往往消极情绪更多，积极情绪更少，面对日常挑战更加情绪化，因而睡眠质量更差。我们从这一研究中了解到，像STAR这样的工作再设计计划可以成为一种缓冲，减少进入青少年时期后孩子的幸福感和睡眠质量下降的影响。要充分了解父母工作经历和孩子生活之间的交叉关系，我们还需要进行更多的研究。但是我们发现，实施STAR后，许多在TOMO公司工作的父母可以重新安排自己的工作，有更多的时间陪孩子。因为他们更多地居家办公，可以轻松地调整日程安排。这样的话，即便孩子忙于自己的活动或不在家，他们也可以在孩子有需要的时候随叫随到。孩子们知道他们可以随时向父母求助，压力就会减轻。父母放松，与家人的互动可能就会更加轻松活跃。对于理解父母工作经历的变化如何产生溢出效应，进而影响孩子的健康福祉，这些都是合理的路径，也被我们的采访所证实。

其他家庭成员的时间

能从工作再设计计划和减压中获益的家庭成员不仅是孩子。我们不断听到一些故事，说明STAR可以帮助员工对存在健康问题的配偶、父母、成年家庭成员和朋友提供帮助。质保经理乔治亚说，她有3名员工的妻子第一次怀孕，因而需要花时间去陪妻子产检。乔治亚知道他们要兼顾工作，并"更多地参与家庭事务"。乔治亚发自内心地为这些员工感到开心，也支持他们度过这一特殊时期。实施STAR之前，也许乔治亚愿意提供支持，但她的员工，包括那几个新手父亲，可能却不愿公开表达他们想将家庭放在首位的意愿。例如，艾琳·里德对管理顾问进行的研究表明，在管理型岗位上的男性有时会照顾家庭和处理个人事务，但从不会向同事和老板提起。他们只是

第二部分
摆脱"社畜"生活的潜在解决方案

悄悄"扮演"起模范员工的角色，不辜负公司的期望。

实施 STAR 之前，有些男性员工担心，公开分担家庭责任的做法不明智。实施 STAR 之后，他们看到，因私重新安排工作合情合理。STAR 启动之后，在经理对个人及家庭生活的支持程度的评分方面，父亲们所评分数的增长幅度高于母亲们。这可能反映了一种变化，因为越来越多的经理意识到，男性的家庭及个人生活也同样需要得到支持和认可。此外，一些和乔治亚一样的经理，只是更明确地表达了他们一直以来想提供的支持。当然，女性也从 STAR 中受益。阿娃是一位 IT 分析师，我们认识她时她正怀着双胞胎，每周都要去几次医院，有时还需要休假。如果没有 STAR，她可能无法继续留在这儿工作，甚至找不到工作。实施 STAR 后，孩子出生，阿娃继续留在 TOMO 公司，大部分时间居家办公，同时雇着保姆，后来则把孩子送到社区的幼托中心。

STAR 还会在经理和员工的亲人出现健康问题时提供帮助。弗雷德里克（Frederick）是一名年近六旬的质保测试人员。实施 STAR 前，他的所有假期都用来陪妻子进行癌症治疗。自 STAR 推出以来，他陪妻子进行后续治疗时，再也不用担心年末还有没有假期。他感到这样很舒心，也很感激自己能陪伴妻子治疗。弗雷德里克一般在去医院前一晚加班，以赶上进度。他还表示：

> 如果我在工作日办理家庭或个人的事情，那么我后

面肯定会补上工作。我这是对自己、老板、项目和公司负责。但同时,我也会对家庭更加负责。

虽然在工作和家庭方面还有很多事情要做,但是弗雷德里克喜欢这种"更加轻松的氛围"。

卡蒂亚的案例很有意思。她讲述了自己与年迈的父母一起生活的日常故事,以及部分员工长时间工作的状况。他们的技术工作与美国主导的项目中的海外成员联系在一起。当我们问及 STAR 是否以及如何改变其工作时,卡蒂亚主动向我们介绍了自己的日常生活:

> 因为我和多个团队一起工作,所以我和海外团队要召开许多会议。我大约从早晨 5:30 就开始开会,每天早上都一样。所以我早上起床、开会,并从同事那里拿到当日的工作任务。
>
> 我无须担心是否需要到办公室。如果需要,我就去。如果不需要,没人会告诉我要待在办公室。因此,我能够在家花几个小时做点自己的事。因为我和父母住在一起,他们都上了年纪,所以我要照顾他们。
>
> 如果我白天需要休息一会儿,我也不会觉得有什么不好。如果需要熬夜,那么我就熬夜。大约晚上 10 点的时候,我还有一堆会要开(笑)。

实施 STAR 以前，卡蒂亚的一天相当漫长，但她现在不再担心非要准点冲进办公室，或者从早9点到下午3点必须在线。只要家庭有紧急情况，她就会先去处理家庭的问题，同时确保同事们可以联系得上她。她可能没有时刻守在电脑前，但同事们需要她时，一个电话就能找到她。

远程办公的灵活性还能帮助遇到家庭危机的员工和经理。例如，系统工程师吉迪恩（Gideon），50多岁，离异。由于父亲病情恶化，他最近几个月都在父亲家工作（和TOMO公司不在同一城市）。父亲去世后，吉迪恩请了一段时间假。他很感激在照顾父亲以及处理遗产问题的那段时间可以远程办公。吉迪恩之所以讲述这个故事，是因为我们在采访时询问他，STAR对他的工作业绩是否产生了影响，如果有，是积极影响还是消极影响。他说，由于父亲生病、去世，再加上自己还要处理遗产问题，工作可能会受到影响。但吉迪恩表示：

> 那些事情对工作几乎没有大的影响……这或许要归功于STAR。

其他人也分享了自己在父母或兄弟姐妹家里远程办公的故事，当时，他们的父母或兄弟姐妹由于还在康复期或因为别的原因需要照顾。比如，有位女性员工在公公去世后，陪着婆婆住了两周。她整理出一间家庭办公室，一切都非常顺利。在STAR中，这些决定都很合理，但如果在以前，却不一定被允

过劳
好工作是如何变坏的

许。更重要的是,表现出自己承担个人和家庭责任可能存在风险,所以员工以前可能并未尝试过远程办公。

我们发现,再设计工作方式具有多项优势。在工作层面,STAR不仅有益于员工,还有益于企业发展。员工不那么劳累,更积极地看待自己的工作,更有可能留在公司。一线经理称,他们的员工不再忧心忡忡,协作能力和主人翁意识都有所提升。虽然整体工作时间保持不变,但员工和经理能选择更加灵活的工作方式,减少不必要的工作(包括通勤)。在家庭层面,STAR同样有益于员工及其家庭。相比于对照组,实验组的父母有更多的亲子时光,这些家庭中年龄较大的孩子,情绪和睡眠质量都更好。我们还看到,并不是只有那些需要照顾孩子或其他家庭成员的人,才在个人生活、个人健康和社区联系方面获益,从STAR中获益的人远远不止这类人群。这应该是个共赢的良好范例。

然而,TOMO公司面临着即将出现的挑战。自从宣布公司合并后,参与STAR的员工和经理的信心普遍下降。随着公司合并完成,新公司能否继续实施STAR的问题摆在了台前。帕齐,也就是那位喜欢锻炼,喜欢和孩子们共度清晨时光,还热衷于志愿者活动的开发人员,说道:

我觉得,STAR现在好像给我们带来了美差。只要它还在我就会去享用它,不过我确实担心这一切会烟消云散。

帕齐明确指出，公司合并完成后，她有被裁员的可能，但可能性较小。然而，即使她保住了工作，估计 STAR 也会停止实施：

> 我不知道新公司还会不会继续实施这一计划。我真的不知道。

第三部分

展望未来

第七章
前进两步，后退一步

任何事情都不会凭空发生，至少在真实的世界中不会。我们精心地设计实验，以验证 STAR 双议程工作再设计的影响。但是，这不是在实验室里进行的实验，是要在现实中进行。这些 IT 专业人员和经理需要同时回应 STAR 以及公司出现的意想不到的重大变化。如前所述，在研究过程中，TOMO 公司与另一家我们称之为 ZZT 的技术公司合并。尽管领导层明确表示这是一次平等的合并，但是，由于 ZZT 公司是发起兼并的公司，因此合并后的大部分公司的高管都来自 ZZT 公司而不是 TOMO 公司。

所有权和领导权的变化使 STAR 面临风险。在合并后的 3 年时间里，IT 部门的高管在没有解释后续安排的情况下，先是撤销了 STAR，随后有计划地实施了一项被称为"改良版 STAR"或"STAR 2.0"的新政策，再后来又恢复到更加传统的管理政策。当时，在工作时间和地点的要求方面，每位副总裁都有所不同。最后，在我们的研究正式结束后，公司宣布，就工作时间和地点而言，整个 IT 部门将遵循 ZZT 公司此前的

第三部分 展望未来

传统政策,即"在该工作的时间工作,在该工作的地点工作"。之前鼓励灵活、支持和自我导向型的工作模式被终止。然而,公司合并后,我们所研究的 IT 专业人员和经理又回到了原点。但据我们了解,STAR 带来的相关期望和理念大部分得以延续。

尽管参与 STAR 的人员都表示这个计划很成功,但合并后的领导层仍然将其终止。我们对曾参与 STAR 的 IT 专业人员和经理展开调查,结果表明,95% 的专业人员和 82% 的经理表示,STAR 对他们个人来说"非常成功"或"很成功"。该调查是 STAR 正式终止近一年后进行的,当时还不清楚公司下一步的动作。员工和中层管理人员或许认为,公司决定终止 STAR 是因为该计划在公司其他部门实施时遇到了问题。换句话说,他们认为,即使他们认为 STAR 对他们以及团队有效,高级管理层也仍然决定终止 STAR。但是,86% 的员工和 72% 的经理认为,STAR 对整个公司来说都非常成功或比较成功。因此,即使在 STAR 被终止后,了解内情的人也认为 STAR 是成功的。

一些高管也明确支持 STAR。TOMO 公司的一位副总裁称 STAR 是个"好理念",为员工和经理的"士气、幸福以及工作与生活的平衡"带来了实实在在的好处。该副总裁还告诉我们,员工们表示,在实施 STAR 后,"经理没有处处盯着他们",这让他们感受到了信任。在我们追问对 STAR 有无担忧时,这位副总裁说:

STAR似乎也没有产生任何不良影响,即使从生产率方面来看也是如此……对我来说,没什么要担心的。

另一位副总裁则表达了一些担忧(稍后我们将详细探讨),但他的整体结论是:"在我看来,作为一项计划,STAR是有效的。"

那么,这家公司为什么要终止STAR?撤销STAR对再设计工作方式的承诺和可行性意味着什么?我们发现了一个共同点:发生合并、收购或重组等组织变革后,会有新的领导层掌权。新的领导层对公司政策和管理方式所做的改变均基于其原来的经验、对公司当前发展方向的阐释,以及他们想留下个人印记的愿望。这些决定对公司的基层员工来说通常没什么道理,但员工和中层管理人员发现,太多抱怨会给他们带来风险。

公司合并与STAR正式终止

STAR是TOMO公司与ZZT公司合并的牺牲品。在STAR培训期间,员工曾担心公司合并即意味着STAR的终结。据我们所知,团队后来也讨论过这个问题。员工和经理很早就清楚合并对STAR的威胁。事实证明,他们是对的。

员工和经理认识到,在整合TOMO公司和ZZT公司人力资源政策和管理方式时,高管可能会受到其他因素的影响。约瑟夫是一名一线经理,主要负责管理项目经理和分析师。他希望合并后公司能继续保留 STAR。但是，他指出：

> 我们不会做出这一决定。或许你和我对这个决定都不会有什么影响。如果我们能施加影响就好了，但是……

他没有再说下去，意思是没有人知道谁能真正决定 STAR 的未来。事实证明，来自两家公司的高管正式签署了终止 STAR 的文件，但发起兼并的公司的领导层似乎是始作俑者。合并后不久，有人问能否继续实施 STAR，高级项目经理奥尔登表示，STAR 很成功，终止 STAR "将是一种退步"。但他注意到，ZZT 公司"没有做 STAR 的事情"，并且管理层的决策"沦为了政治游戏"。因此，奥尔登对合并后能否实施 STAR 持悲观态度。

> 只要 STAR 存在，我就享受它。让我们这么说吧。

一些高管也认为，公司合并是 STAR 被终止的主要原因。那位认为 STAR 没有负面影响的副总裁还指出，一旦两家公司合二为一，"新公司的企业文化无法接受 STAR 的理念"。他还指出，事实上，"ZZT 公司的情况不同，执行的范式也不同"。

他们的担心在于：大家已经习惯了都在办公室，习惯了穿过大厅去咨询问题，以及在大厅里谈话。这就是

> 公司文化：互相交谈，在餐厅见面，在大厅里边走边讨论问题。

我们被告知，即使高管已经看到了 STAR 给 TOMO 公司带来的利益，但 STAR "与 ZZT 公司的运营方式背道而驰"。因而，捍卫 STAR 是一件困难的事情。事实上，那位副总裁以及我们认识的那些对 STAR 抱有相当热情的人，都默默地接受了终止 STAR 的决定，并同意重新实施相当保守的政策。

我们可以把终止 STAR 并最终推行传统的、严格的工作模式的决定，解释为对两种不同企业文化的反映。TOMO 公司对灵活性持开放的态度，经理已经准备将日常决定的部分控制权下放给 IT 部门的专业人员。相比较 TOMO 公司，ZZT 公司更强调严谨的公司文化，其经理认为，他们应该严格按照工作地点和日程安排来管理员工。当这两种理念发生碰撞后，毫无疑问，发起并购的那家公司将推行自己的文化。

然而，注意到另外一点也非常重要。那就是，这两种文化反映了这两家企业近年来推行不同的人员配置战略。由于 TOMO 公司 IT 项目团队的工作地点有多个（有的在美国，有的在其他地方），TOMO 公司管理层此前就已经不那么关注员工的工作时间和地点了。STAR 对他们来说就像是充满希望的下一步策略，能够提高分散在全球各地的员工的工作效率。相比之下，ZZT 公司在海外员工配置方面的经验非常有限，因此更偏向在同一地点办公，以方便员工在公司大厅和餐厅讨论问题。TOMO 公司的员工和经理意识到，实际上 ZZT 公司的企业文化并不适合全球化公司和地域分散的团队，但不知道 ZZT 公司的经理和高管们是否完全认识到了这一点。斯图尔特（Stewart）主管对此做出了解释：

> 对他们来说，面对面的交流意义非凡。在餐厅讨论问题在他们看来很重要。TOMO 公司的员工已经习惯了和海外员工打交道，已经知道如何远程工作。在员工会议上，来自三四个城市的员工同时连线。

一些 TOMO 公司原有的员工和经理认为，在技术和管理方面，ZZT 公司比 TOMO 公司"落后"，缺乏经验。我们之前提到过的开发经理乔纳森指出，在复活节前的耶稣受难日，ZZT 公司竟然不上班！这符合 ZZT 公司的"小镇文化"，但对于一家全球性、多元化的公司来说，就显得格格不入。他这样描述 ZZT 公司的经理和高管：

> 他们在管理风格上有些不同。他们在公司不停巡视，管控员工，看看谁在办公桌前，谁不在。如果看到有人不在，就问为什么他不在。

这时，乔纳森告诉我们，自己的下属来自美国四个时区，甚至还有印度的同事。

对乔纳森来说，ZZT 公司的管理方式不明智，而 STAR 管理思路对 ZZT 公司而言也很另类。合并后公司的一系列的想法导致他很沮丧。乔纳森说："如果你把会议安排在美国中部标准时间中午的话，ZZT 公司的同事就会生气。"因为那个时间是 ZZT 公司总部的午餐时间。事实上，乔纳森的团队必须要避免在上午 10 点到下午 2 点开会，以便防止占用不同时区同事们的午间休息时间。他自己以及其他一些员工都对 ZZT 公司的经理和领导层的想法感到不满。

他们总是局限在自己狭隘的世界里思考问题。他们不会考虑像我们这样规模庞大、多元化的公司……他们还不太习惯那样做。

ZZT 公司的"小镇文化"和所谓"老派管理"的风格，帮助 TOMO 公司的专业人员和经理解决了心中的疑惑：既然从员工、中层管理人员和许多 TOMO 公司副总裁的角度来看，STAR 似乎都运行良好，那么公司合并后为什么要决定终止它呢？在公司合并后不久，IT 分析师黑兹尔接受了一次采访。她说，她认为 STAR 不会幸存下来，因为 ZZT 公司的管理模式"还处在 20 世纪 90 年代"。正因为如此，她预计 ZZT 公司的领导层将会说："我们不会再执行 STAR 了……叮！它终究会被取代。"佩顿（Peyton）是一位备受尊重的 IT 架构师，十分看好 STAR。对于 STAR 的结局，他解释道：

大家普遍认为，我们现在是 ZZT 公司的一部分，ZZT 公司总部设在（城市名略去）。他们并不同意那种"东海岸自由主义者"和"工人获得权力"之类的"废话"。这就是我的印象。在我这样说之前，还从来没有人如此直言不讳过。

佩顿解释说，"他们没有说原因"，只是说 STAR 到此结束。

所以我们所有人都不得不得出自己的结论，我们也确实那样做了。

还有人指出，ZZT 公司的高管认为他们没有必要改变管理方式。他们感觉以往的状态很舒适，并且在公司合并后有能力正式终止 STAR，尤其是在几位早期的 STAR 捍卫者离职之后。

终止 STAR 的其他解释和理由

新合并公司的领导层从未向员工解释终止 STAR 的原因。回想一下佩顿的评论，他认为新领导层并没有提及终止 STAR 的原因。不解释也说得通，毕竟实施 STAR 的员工占比还不到合并后 IT 员工的一半。那些直接经历 STAR 的员工人数，比对照组与原 ZZT 公司的 IT 专业人员和经理加在一起的人数要少。此外，STAR 此前一直被视为试点。既然是试点，那就总会有预期的结束日期。决定不将试点中采用的方法转为通用的操作方法，可能不会像改变既定政策那样会获得比较多的关注。

即便如此，高管就算不直接向员工解释，也必须向中层管理人员解释。因为经理和主管中有很多 STAR 的支持者，甚至是捍卫者。此外，还有一些目睹了同事在 STAR 中受益的人（这些人希望自己的团队能够加入 STAR）。我们回顾了终止 STAR 的三种解释。其中一种貌似很合理，但实际上在 TOMO 公司根本没有这种说法，另外两种解释是高管主动告诉我们的。

在关于组织变革为什么失败的研究文献以及相关的热门讨论中，我们经常看到和听到中层管理人员拖延变革时间，或认为旧政策才是最佳方案，以此抵制变革。我们应该可以猜到 STAR 也会遭遇这一问题，特别是因为工作再设计计划要求经理放弃对员工的一些控制。但就我们在 TOMO 公司多年的所见所闻而言，中层管理人员并没有极力抵制该计划，也没有要求恢复旧政策。事实上，为消除中层管理人员的担忧，并证明终止 STAR 的决定是合理的，IT 部门的高层管理人员要求人力资源部针对经理进行民意调查。事实上，我们的调查和采访已经提供了经理们支持 STAR 的证据，但公司高管希望人力资源部门对每个人再做一次调查。他们或许认为，研究团队不在场时，经理们可能会另有说法。然而，新的调查结果也呈现出积极的一面（因为此次的要求直接来自上司，所以所有经理都做出了回应）。因此，高管无法声称中层管理人员认为 STAR 没有作用。当然，也有几个经理参与了 STAR，只是不太热情。

但是，即使是这些人也几乎说不出 STAR 有什么具体问题。

可是，高管还是不断提及所谓的"问题"。出于责任感，我们再次进行了调查。在一次谈话中，艾琳向两位人力资源专业人员询问了关于高管已发现的问题的更多细节。我们希望新的调查能够抓住重点，这样我们就能充分研究他们的关注点。人力资源专业人员表示，这是个不错的问题，还问当时在场的、有着丰富经验的经理费利西亚"她认为根本问题是什么"。费利西亚转向他们，直截了当地说："没什么问题。"我们多次看到这样一种错位现象，即从员工和一线经理处听到的，与决定 STAR 最终命运的高管和人力资源专业人员所讨论的并不一致。此次对话引人注意，因为在座的每个人都能非常清楚地看到一线经理的观点和高管的担忧不一致。

为了终止 STAR，高管提供了哪些解释或理由呢？高管给出的理由主要是"滥用"和担心新工作方式会影响协作。"滥用"指高管认为个别人员利用 STAR 做出不合理的改变。

滥用真的存在吗？

在关于为什么要终止 STAR 的讨论中，即使没有人真正看到"滥用"的情况，也不知道"滥用"的具体细节，但还是有一些老生常谈的事情被反复提及。ZZT 公司高管把这些事情看作明确的证据，想要证明 STAR 是一种愚蠢甚至荒谬的管理方法。TOMO 公司的几位副总裁似乎也被这些说法左右，认为这些证据表明，应该修改或撤销 STAR。

过劳
好工作是如何变坏的

有一个被反复提到的传闻——高管在终止 STAR 的公开讨论中也提到了——是这样的：一名员工选择家庭教育，即不把孩子送到学校，而是在家给自己的孩子上课。于是，这名员工因此拒绝到公司办公。然而，实际情况比这个传闻要微妙得多。其实，这个故事的主人公是佩顿，一位单身父亲，对大女儿拥有部分监护权。当大女儿住在家里时，他优先考虑居家办公。在过去一年多的时间里，这种工作方式都进行得很好。佩顿广受尊重，每周工作超过 45 个小时。佩顿表示，他女儿很有天赋，能够独立学习课程，不需要太多监督。还有，新经理希望佩顿到公司上班后，他也服从了安排。尽管他所在团队的工作地点分散在美国四个州和海外，但佩顿还是返回当地的办公室上班。他沮丧地说，在办公室办公并不能促进协作。他认为，经理的真正意图只是想从下属的办公桌旁边走过，以检查他们的工作状态。

但当人们把在家给孩子上课视为滥用 STAR 时，上述细节并没有被提及，许多人甚至不知道谁主导了这件事情，或主导将其被用于证明需要终止 STAR。无论佩顿的工作和家庭决定还有哪些细节，这只是个案，并不能作为 STAR 存在诸多问题的证据。一位对实际情况十分了解的同事认为，把在家给孩子上课的事作为终止 STAR 的理由，只不过是借口而已：

> 我认为真正的原因是管理层不喜欢 STAR。如果实施 STAR 的话，他们就无法密切监视自己的员工。所以，这

第三部分
展望未来

> 是一种信任问题……我不知道管理层是不是在说："我不喜欢 STAR，因为我将失去控制权。"但是老实说，我认为这就是根本原因。

另外一个传闻：一位高管安排了一次员工特别会议，结果出席会议的人比预期的要少。我们听过这个故事的各种版本，有怒气冲天、感到受到奇耻大辱的高管的版本，也有认为高管反应过度的员工和一线经理的版本。TOMO 公司的一位副总裁表示，他对 STAR 的支持度降到了低点，是因为当他要求一些 IT 专业人员开会时（这些人员通常不会与这个级别的高管一起开会），一些人要求提供会议号，因为他们更喜欢居家办公。这导致他勃然大怒：

> 这是一年中我唯一的一次要求他们开会。我不敢相信会发生这种事情。你们是想断绝（与上级的）联系吗？你们在告诉我你们不需要那种联系……大家看着办吧！

显然，这位高管很气愤。我们还看到，职位和他类似的高管也认为这是一种冒犯。乔纳森举例说，STAR 正式终止以后，另一位副总裁来到一间他不经常去的会议室，展开他的"小市政厅"工作（与很多员工一起开会），但发现会议室没有坐满。这位副总裁随即对每位经理重申，他所在部门的全部员工每周至少要有 3 天时间在办公室办公。此外，这位高管还

过劳
好工作是如何变坏的

要求乔纳森和其他经理提供书面说明，说清楚会议当天员工都去了哪里。乔纳森手下有 5 名员工缺席，他们正在处理断电问题（这比召开任何会议都重要），或是在休假，或是在生病。虽然乔纳森可以给出员工缺勤的合理理由，但他认为，希望大家都能亲自到场参会并不合理。其他城市的员工没有乘飞机来参加会议，这说明许多人已经通过网络参加了会议。正如乔纳森所说，面对面分享的信息，与网络会议展示的信息没有任何不同。他还说：

> 每个人都必须说明自己在哪里，为什么没有参会，这太奇怪了。

在 STAR 中，员工和一线经理有权自己决定如何分配繁重的工作任务，以及优先考虑参加哪些会议。跳过对工作成果没有意义的会议、省去通勤以及通过网络参加会议都是可以接受的。在上述例子中，我们认识到，不参加高管召开的特别会议是不明智的。帕齐是 TOMO 公司另一个部门的首席软件工程师，她听到了这件事，认为这些员工"幼稚"，不优先现场参加与高管的面对面会议是不对的。不过，在帕齐看来：

> 这件事情看起来像是管理层和员工进行的一场讨论，但不应该是终止 STAR 的理由。

第三部分
展望未来

帕齐和其他一些人认为，换句话说，这些问题可以在STAR的实施下得到解决。经理可能会认同现场召开某些会议，或者理解副总裁召开"市政厅会议"的价值。事实上，乔纳森事后确实向员工解释，不参加高管会议"可能会被认为不尊重高管"。也就是说，高管的情绪反应得到了理解，但乔纳森仍然认为，要求他解释员工的出勤状况，令他感到很"奇怪"。

在宣布终止STAR的大型管理会议上，副总裁召开出席率很低的会议的案例被公开当作重新实施旧规范的理由。原ZZT公司的一位副总裁在公司合并后的领导团队中非常有影响力，她直接提到了线下会议出勤率低的事情。带着怀疑的语气，她强调说：

> 说自己没有时间参会，或者在高管召开会议时，你却说今天是居家办公日，所以不来参会。这行不通。

上述"滥用"案例揭示了3个要点。第一，虽然很少发生这种极端的事情，但一旦发生，就会被反复提及，并被当作真实情况而广泛传播。当我们询问员工和经理亲眼所见的"滥用"情况时，他们几乎从未遇到过具体的问题，但相当多的人提到了那几个为数不多的案例。第二，员工和许多一线经理已将STAR视为"我们在这里的工作方式"。简言之，他们已经认可把决定工作时间、地点和方式的决策权从经理转移到员工

过劳
好工作是如何变坏的

手中。正如乔纳森的回答所揭示的，现在要求经理跟踪其员工的出勤状况非常奇怪（尽管经理确实希望监督和评估员工在关键目标中的进展）。回想一下，乔纳森提到的"市政厅会议"发生在STAR正式结束之后，但经理和员工都无法摆脱STAR的原则的影响。第三，那些具体的案例所体现出的问题，可以在STAR范围内得到解决。STAR的基本假设并非总是要远程工作，也不是员工可以为所欲为，不考虑对工作协调和协作的影响。相反，完全实施STAR的团队会定期讨论如何有效合作，经理也会加入团队中。由员工决定参加哪些线下会议，完全可以接受，但这一决定背后的驱动力应该是工作任务，而不应该是高管的偏好。如果经理、支持型高管或者对STAR有充分了解的人力资源专业人员能够进行指导，那么，在滥用STAR案例中所发现的问题，当时完全可以用不同的手段进行处理。

由于上述部分案例的原因，TOMO公司的一位副总裁最初主张保留STAR这一计划，但需要增加一轮经理培训。这位副总裁指出，出现的问题不能表明STAR存在致命缺陷，而是说明一线经理的技能有限。所以他提供了"改良版STAR"作为补救办法，建议在如何更清晰地表达期望方面为经理提供更多的指导（比如亲自参加高管出席的会议），并更系统地评估工作成果。他认为，要对经理进行培训，让经理更自信地指导团队的工作流程，在员工扩大自主权的情况下评估员工的表现。这名副总裁是高管团队中最后一位真正支持STAR的人。他认为游戏规则随着 STAR 发生了变化，但对一线经理是否具备参与"新游戏"的技能心存疑虑。他还希望这次培训能引发新一轮的团队讨论（与 STAR 培训中的讨论相似），讨论的内容有两个目标，即团队有效协作，以及对个人生活提供支持。

然而，ZZT 公司高管以及其他积极与他们结盟的人其实已经做出了最终决定，即恢复 ZZT 公司的限制性政策，他们只是把这些案例当作终止 STAR 的借口罢了。事实上，他们的最终决定符合 ZZT 公司的文化和偏好，但与全球化公司的运营模式并不匹配。

协作焦虑

我们也从几名高管（非一线经理）那里听说了他们对 STAR 的担忧。他们认为 STAR 不利于协作，会降低工作质量。公司合并后，在对 STAR 做出最终决定之前，我们进行了调查和访谈。那位认为 STAR 有效、颇具影响力的副总裁也指出，STAR 所引起的变化带来了未曾预料到的后果。他担心 STAR 会对相互依存的团队成员之间的交流和协作产生影响。他说道：

> 提升工作效率的方法是坐在一起交流，而不是坐在小隔间里办公（处于同一空间）……现在的许多团队成员都在被动等待。事实上，如果你不主动联系他人，就很难有交流。如果你只是坐在那里，就很难有互动。但是，大家需要互动。互动可以与项目有关，比如用"我知道

过劳
好工作是如何变坏的

这件事情"和"我正在了解这件事情"之类的话打开话题。

这位副总裁没有具体抱怨工作结果,而是担心员工是否会彼此联结,有凝聚力。

> 好像他们在做自己应该做的那一部分,但没有融入全局。

另外,他还担心交流和互动不足会影响工作质量,原因是在这种模式下,员工的创造力不如现场办公。在采访中,这位副总裁和前文提到的那名高管都支持"升级版 STAR",以便团队能识别并优先考虑哪些活动线下开展的效果更好。其实,这些做法完全符合 STAR 的设计,是对 STAR 的良好实施。但是,后来这位 TOMO 公司副总裁与原 ZZT 公司的高管一起制定了更严格的规则。STAR 正式结束后不久,他告诉经理,让员工每周在办公室工作 5 天。

当然,这些都是对协作和工作质量的合理担心。在权衡增加员工对工作时间和地点的控制,以及同事与经理之间轻松交流的价值方面,我们还需要开展更多的研究。我们预计,员工掌控灵活性与团队有效协作之间的权衡,会因为工作性质、行业和员工队伍的不同而存在差异。所以,我们认为强调协作重要性的那位副总裁提出了重要的问题,我们应该根据不同情况对此进行认真评估。

第三部分
展望未来

然而，在我们对 IT 专业人员和经理的研究中，没有证据显示 STAR 不利于团队协作，或降低了工作质量。针对高管的担忧和 STAR 可能出现的意外后果，我们进行了最后一次特别调查。结果显示，对于"遇到问题时，我能轻松联系到团队成员""遇到问题时，我能轻松联系到经理""等待他人的工作会放慢整体工作进程"，以及"团队能进行开放、真诚交流"等主题，参加过 STAR 的经理和员工赞成或反对的可能性与对照组相比并无差别。最后的调查（以及前面章节的案例和故事）表明，STAR 能促进团队协作，提升团队的工作表现。参加过 STAR 的员工更倾向赞成自己团队中的成员能够自由提出问题这一表述（23% 非常同意，而对照组只有 12%）。他们对工作的感觉更好，他们当中有更多的员工同意或非常同意"我所在的团队高质量完成工作"这一表述。

那么，对协作的担忧究竟从何而来？在 TOMO 公司的那位副总裁表达自己的这些担忧时，他此前也和初创科技企业的朋友讨论了 STAR。那些朋友们称，"即席会议"（尤其在项目早期阶段激烈讨论软件的设定目标和设计理念的时候）应当现场参加。这位高管还深情回忆了年轻时参与的互动情景。然而，在 STAR 推出前的很多年，TOMO 已经成为全球化企业，其员工无须在同一地点办公和协作。因此，即使包括佩顿的新经理在内的中层管理人员要求所有员工全天在办公室工作，分散在美国和世界各地的团队也无法充分享受面对面协作带来的益处。

过劳
好工作是如何变坏的

　　此外，这家公司已经加大了工作量，并把技术问题分割成事先划定的单元和小任务，所以员工几乎没有时间进行职业发展规划，也不太可能利用创造性思维找到新的解决办法。这位副总裁声称："以前，我们边吃便当，边即兴讨论工作。"他担心同事们"见不到彼此，无法一起吃午饭"，进而影响团队精神。但受访者表示，自己已经很多年没有时间进行职业发展规划了。事实上，许多人已经放弃了午休时间，午饭时也在办公桌前工作。（此外，一些 STAR 团队特意安排在同一城市工作的员工一起吃午餐，并在团队线上会议中留出专门的时间，让团队成员畅聊个人生活，以便增进社交关系和团队精神）。但这位副总裁认为 STAR 和远程办公才是问题所在。实际上，在实施 STAR 之前，早就存在工作节奏加快的问题，并且在对照组中这一问题也很明显。

　　这位高管的愿景，反映了许多 IT 专业人员和经理所欣赏的软件开发过程，但在实施 STAR 之前的大约 10 年左右的时间里，TOMO 公司就已经迭代这种开发过程了。他幻想开发人员"共同编码"，或者一起解决棘手的问题。他还幻想他们围在白板前，策划软件的结构，或挤在大房间里，不同部门的人相互学习。这些工作方法符合特定的软件开发过程（"极限编程"或"极限敏捷"），但该公司已经特意选择了瀑布式的线性过程。在这个过程中，任务被拆分，并且记录被认为比面对面协作更重要。实际上，在我们进行研究时，该公司正在积极强制员工遵守这一流程。然而，接受采访的部分 IT 专业人员

第三部分
展望未来

和经理更喜欢另一种流程，哪怕该流程会迫使他们更多地在办公室办公。他们承认自己"怀念白板交流"，但意识到公司已朝不同的方向发展。总之，TOMO 公司多年前采用的员工战略和软件开发过程引发了问题，而这位副总裁现在却将其归咎于 STAR。

一些高管像抓住了救命稻草一般来解释终止 STAR 的原因。他们需要向许多对 STAR 满意的员工和经理说些什么。考虑到 ZZT 公司领导层的明确偏好，以及他们在合并后的公司中拥有更大的权力和影响力，令人惊讶的不是终止 STAR，而是从正式完成合并到正式宣布执行旧的 ZZT 公司政策，用了近 3 年时间。ZZT 公司的旧政策是，如果高管没有发布其他规定，员工每天必须在办公室坐班。

在此过程中，对于 IT 专业人员和经理来说，有很长一段时间处于模棱两可的状态。首先，高级管理层宣布 STAR 即将结束，其他方案会取而代之。然后对经理进行了又一次培训，一些人称之为"改良版 STAR"，但其推出却很保守和低调。在此期间，管理层成员的权力和影响力也发生了转变。公司合并后，IT 部门进行了反复重组，许多 STAR 的捍卫者离开了公司。那些没有立刻离开的员工发现，ZZT 公司的文化和政策总是会最终胜出。一些高管私下告诉我们，那些不亲近 ZZT 公司的员工将不会有好结果，这一"信号很明显"。我们得到消息，对于 TOMO 公司的一些高管来说，是否积极倡导 STAR "完全是政治立场问题"。

过劳
好工作是如何变坏的

尽可能长时间地利用模糊性

在从STAR正式结束到开始实施ZZT公司的传统政策的这段时间，我们看到高管的要求有很大差异，一线的情况差异更大。正式宣布终止STAR之后，一些副总裁通知员工每周要在办公室工作3天。另外一些副总裁则要求，除非经理批准（这种情况非常少见），员工应每周在办公室坐班5天。还有一些高管表示，由一线经理决定自己团队的政策。上述所有情况都重申了管理控制权，但是大家没有自动接受这个游戏规则，许多中层管理人员和员工都尽可能多地保留了STAR的理念和工作方法。

即使在正式宣布STAR终止之后，许多中层管理人员以没有明确的书面政策为借口，继续实施STAR。例如，在官方宣布STAR结束一年后但ZZT公司的最终政策还没有宣布之前，乔纳森接受了采访，他说：

> 高管不遗余力地表示："STAR已经失败了，STAR已经失败了，SATR已经失败了。"

乔纳森的副总裁告诉经理们，让员工每周至少在办公室工作3天。但由于高级管理层还没有正式宣布新的政策（"没有消息就是好消息"），他和同级别的经理们保持低调，允许保留STAR的做法。

> 作为团队经理，我们都决定不提这件事。这甚至不是我们员工会议上的话题……我们没有跟他们说："5 天中有 3 天应该在办公室办公。"我们会在真正看到人力资源部给出书面文件后再处理这件事情。

西莉亚（Celia）是一位副总裁手下的一线开发经理，那位副总裁说他期望"无论发生什么事情，5 天都要在办公室工作"。但她对此不予理睬：

> 目前没有书面政策。对我来说，这意味着在高层给出书面文件前，我可以随心所欲。

尽管西莉亚的主管（在公司合并前并非 TOMO 公司的人员）明确表示，希望大家到办公室办公，但西莉亚选择让团队继续按照自己喜欢的方式工作，包括几乎完全居家办公。西莉亚最终还是告诉那些大部分时间都在居家办公的员工，他们需要更频繁地来办公室工作。但是，因为她在实施 STAR 期间把他们的办公桌给了合同工，所以她没有强迫员工每天都出现在办公室。对那些有工位的员工，她也没有对他们是否来办公室办公进行例行检查。事实上，西莉亚的一位下属猜测，即使有空余的办公位，西莉亚也会拒绝，借口是她的团队不想在"洗手间旁边的角落"工作。其实，真正的原因是，她知道那位下属更喜欢居家办公。那位下属很感激西莉亚为自己违反了

过劳
好工作是如何变坏的

规则，但不想让她因此惹上麻烦。

这些一线经理试图缓解团队因更严格的办公政策而面临的压力，在这段模棱两可的时期，许多人成功地保持STAR的做法。然而，即使居家办公和灵活的日程安排仍然存在，但决策权已正式转到经理（特别是高管）手中。STAR的政策是，员工决定工作地点，经理则关注工作成果而不是下属的工作时间、地点和方式。许多经理已接受这样一种理念，即员工有权决定自己的工作时间、地点和方式。正如汉斯（Hans）所说，STAR终止之后，他的经理的要求与STAR培训相呼应："只要你能完成工作，我不关心方法和地点。"STAR正式结束近一年后，我们对员工进行了调查。结果发现，随机分配到实验组的员工，居家办公时间仍然比对照组员工多得多，他们平均有近一半的工作时间居家办公或在其他地方远程办公。

一些一线经理表示，陈旧的游戏规则对他们来说似乎不合理。以书面形式正式宣布更具限制性的ZZT公司的政策后，要求遵守规定的压力随之增加。但是，期望员工和经理遵守这些规则仍然让许多人感到沮丧和不安。正如组织社会学家蒂姆·哈雷特（Tim Hallett）所说，积极执行一项被非正式忽视的政策时（政策和实践"重新结合"），很可能会令人感到痛苦。费利西亚经理曾公开支持STAR，她在上次采访中告诉我们，一位副总裁（她的直接上司）最近告诉他们，"STAR已不复存在""它已经过去了，过去就是过去了"。自从实施STAR以来（到目前为止已经有几年时间），这支生产支持团队一直

第三部分
展望未来

以自己选择的方式，寻求随时待命的工作和其他工作之间的平衡：

> 他们一直管理自己的日程安排。大多数人一周只有几天来办公室，这取决于工作的具体情况。但是，他们确实能够管理自己的工作日程。

负责生产支持的员工通常需要在晚上或周末工作，所以费利西亚的员工经常在白天休息，养精蓄锐。然而，最终宣布 ZZT 公司的政策后，费利西亚的主管金赛（Kinsey）告诉她，如果员工无法每周 5 天从上午 9 点到下午 5 点在办公室坐班，替代方案就需要副总裁批准。费利西亚提出了一项几乎包括所有直接下属的请求。她解释说，自己不能要求员工凌晨 4 点还在开线上会议，然后正常工作日还要坐班。她笑道：

> 如果你想给我们一份朝九晚五的工作，那就把工作安排在这个时间段之内，我们会按时完成。

实施 STAR 前，生产支持人员已经按照灵活的日程安排进行工作，并且几乎全天待命。但是现在管理层期望员工随时待命，还要每周在办公室坐班 5 天，这让费利西亚感觉很可笑。

在最后一次采访的那段时间，费利西亚正在等待副总裁对这一替代方案的批复。她对这件事有些担心，事出有因。不

过劳
好工作是如何变坏的

久前,这位副总裁到办公室巡视,发现一些员工不在工位上。他问金赛他们去哪儿了,但是那些员工的职级比金赛低几级(也就是说,不是其直接下属)。根据费利西亚的回忆,副总裁是这样说的:

> 你应该了解公司的每个人,了解他们什么时候在办公室,什么时候不在,并做好管理。

金赛和费利西亚认为这很荒谬。在她们看来,经理应该对团队的表现和成果负责:

> 员工的工作时间和地点并不重要。如果工作未完成,你来找我,我会为此承担责任。

尽管我们还是可以从费利西亚那里听到 STAR 的合理性,但 ZZT 公司的规则已经执行。所以,她只希望自己的团队能够获得正式许可,以不同的方式开展工作。这并不是合并后的公司目前发生的唯一变化。绩效评估和奖金制度也已经改变。项目管理人员被削减,加重了一线经理的工作负担。有传闻称,不久以后,越来越多的经理将被调到 ZZT 公司总部所在的城市,不同意的人将失去工作。费利西亚细述了对这些事项的无奈后,她讲述了另外一个担心:上级要求她通知员工,必须全天候待命,以应对任何时候出现的问题。同时,员工在工作日的正常办公时间还要坐班。

我对金赛说，我是不会那么做的……倘若你认为那是不服从命令的表现，并因此解雇我，那就尽管解雇吧。

俯瞰全局：维持新计划为何如此之难？

面对其他的变化，工作再设计计划（以及其他创新）似乎很难持续下去。STAR 之所以被终止，是因为更广泛的组织结构变革（TOMO 公司与 ZZT 公司合并）以及 ZZT 公司作为收购公司有权发号施令。近年来，其他一些公司也取消了灵活的办公政策。这些具有创新性的政策和工作方法，是否也是因为更广泛的组织变革而失败的呢？

为了调查这一问题，我们查阅了大众和商业媒体关于 2013 年至 2017 年间 7 家美国大公司决定撤销灵活性计划的报道。我们从雅虎首席执行官玛丽莎·梅耶尔（Marissa Meyer）及其在 2013 年年初决定停止公司远程办公这一事件入手。我们采访的 TOMO 公司员工和经理认为，雅虎撤销灵活性策略是一项重要事件。例如，汉斯表示，他并没有听说终止 STAR 的正当理由。相反，他得到的信息是：

STAR 有效果，很成功，但我们不会再实施了。

> 过劳
> 好工作是如何变坏的

汉斯（以及其他人）推测，由于其他公司撤销STAR等类似政策，TOMO公司也决定照此行事。但他认为，行业和公司千差万别，受其他公司决定的影响，是一件令人费解的行为。

这基本上只是几个董事见风使舵的行为罢了，其原因是雅虎的高层大肆宣扬说，"STAR在我们这里行不通。"

惠普公司、美国银行、百思买公司、霍尼韦尔公司、安泰保险公司和IBM的决定都有相同之处。一些被撤销的政策其实只是相当标准的居家办公安排，我们将其归为"把灵活性当作变通"。其他公司则曾经采用了我们所谓的双议程工作再设计方法，通过团队会议斟酌完成和协调工作的方式，并增加员工对工作时间、地点及方式的掌控权。事实上，我们已经研究了百思买公司的"只关注结果的工作环境"计划，该计划为STAR的前身。研究结果发现，该计划对许多员工和公司都产生了积极的影响。一些高管在我们对百思买公司进行研究期间做出决策，他们对这些发现感到振奋，并为该计划感到骄傲。但由于新的首席执行官就职，该计划很快就被取消。

所有这些撤销新政策的决定都发生在面临重大组织变革或重大业务挑战的公司，原因是技术公司正在"颠覆"（用公司行话来说）原有的业务战略。以百思买公司和美国银行为例，电子商务和电子银行的出现，意味着顾客不必去商店或银行购买这两家公司的产品和服务，人们就可以轻松地在网上搜

第三部分
展望未来

索最便宜的商品并做出最容易的选择。虽然共同的背景在于新技术和竞争日益激烈,但在大多数案例中,企业最高层都发生了变动,而领导层的变动通常伴随着公司间重大重组或合并。

参与这些决策的高管们给出了一致的评论:弹性工作方法或许会减少协作,增加创新的难度。在艰难的商业环境中,需要所有员工各就各位,在办公室随时待命。这些决策者认为,更多的面对面互动有利于促进更多的创新,让公司度过目前的商业危机。例如,在百思买公司和惠普公司项目的终结公告中,都使用了"各就各位"这个短语,而IBM新任首席营销官米歇尔·佩卢索(Michelle Paluso)则宣布:

> 凝聚团队力量和携手并进的时刻已经到来。我只知道一个成功的秘诀,尤其是当我们正在与微软公司和西海岸的公司进行激烈竞争的时候……
> 把各有所长的员工凝聚在一起,赋予他们合适的工具和使命,确保他们能够分析结果,将他们融入真正有创意和鼓舞人心的环境中,使他们尽其所能。这是我一直惯用的秘诀。

佩卢索还表示,面对面协作的威力巨大,甚至可以创造奇迹。

当一支团队的成员并肩作战时,他们会更有力量,更有影响力,更有创造力。而且,坦率地说,他们会有更多的乐趣。把人们凝聚在一起,能够使他们获得成功的特殊技能。

ZZT 公司的副总裁在宣布关于 TOMO 公司的决定时,同样给出了这样的说法。他表示,"协作需要被重新重视起来"。但是,正如我们所看到的,TOMO 公司的 IT 专业人员和一线经理并没有在同一地点"肩并肩"办公,而是被有意分派到全球各地。其实,许多其他大型企业同样如此。

这些官方说辞没有提及的是,高管们在退出新工作方式的同时,也在缩编和解雇员工。在雅虎发布上述公告后,又有 6 家公司宣布了类似的决定,这些公司在撤销灵活办公策略的同时也解雇了相当数量的员工。也许(我们并不确定),那些计划裁员的决策者知道,取消灵活性的办公政策将引起众怒。然而,如果一些员工由于不适应新的非灵活性政策而"自愿"离开,那么,终止一项受欢迎的计划可能会减少被解雇的人数(以及相关遣散费和负面新闻)。在 IBM 的案例中,内部人员暗示了这一逻辑。在过去 15 年里,该公司曾允许远程办公。虽然许多员工住得离 IBM 的大型办公地点很远,但他们仍接受了 IBM 的工作,或者在 IBM 工作期间搬家。在 IBM 决定将所有营销人员集中在几个战略办公地点后,公司给员工们 30 天的时间,让他们考虑是搬到其中一个办公地点还是离开公司。匿名接受记者采访的员工将 IBM 的决定描述为"竭力裁

第三部分
展望未来

员",其中还有一人将其称为"大屠杀"。

很显然,与STAR类似的各种类型的管理创新,在出现重大组织变革和新领导上任时都显得弱不禁风,很容易以失败告终。人们通常认为,如果一家公司放弃了一项新政策或计划,那一定意味着创新举措效果不佳,但真实情况未必如此。我们知道STAR具有成效,但并未持续执行下去(从经理和员工的角度来看,STAR对员工、家庭和公司都有利,包括降低人员流失率带来的利润)。其他一些研究表明,即使新举措和政策已经被证明非常成功,它们也不一定持久。经济学家尼古拉斯·布鲁姆和他的同事们,最近评估了已实施另一种管理创新的印度制造厂,判断它们是否能继续维持那些创新举措。(研究的创新涉及制造流程,如生产线质量监控、留出更多时间清洁和维护设备,以及其他与我们的工作再设计计划无关的方法)。布鲁姆的研究小组进行了一项随机现场试验,让一些工厂应用那些已经被证明能够提高生产率和绩效的举措。然而,当研究小组大约9年后再回到那些工厂时,大约有一半的举措已经被撤销。此外,当工厂高层管理人员发生变化、公司高管更加忙碌,以及当这些举措在该行业没有普遍实施时,它们更有可能被放弃。STAR面临所有以上3种威胁:新领导层、高管心不在焉(他们更专注于整合公司的大量工作,同时关注如何在不断变化的高管团队中保有一席之地),以及业内不寻常的双议程工作再设计。

然而,像STAR这样的新工作和管理方式也可能会持续下

247

去，因为这种方法引发了人们对传统工作方式的集体反思和批判，并努力改变游戏规则。所以，STAR 的正式终止并不意味着 STAR 思维的终止。在明智的事情以及经理与员工携手并进所带来的希望方面，持久的变化仍在发生。一线员工和经理可能会屈于压力，毕竟不是每个人都能像费利西亚一样，随时准备因不服从管理而被解雇。但他们也认为恢复旧规则不合情理，并私下质疑这些决定。曾经以新方式工作的员工和经理，可能会寻找其他机会，再次像以前一样行事。他们的队伍将会越来越壮大，这是因为，包括年轻员工在内的、时刻准备争取新的和更好的工作方式的人将会加入他们。

第三部分
展望未来

第八章
创造合乎情理和可持续的工作

即使好工作也会变得强度越来越大,越来越不稳定。随着科技和全球市场的变革,这种趋势或许会继续持续下去。我们对TOMO公司的IT专业人员和经理进行的研究表明,过劳不仅会影响员工的健康,还会影响他们的家庭生活。过劳还会导致倦怠、人员流失,以及工作质量、创造力和协作水平降低,从而有损企业绩效。

之所以会出现过劳,是因为公司的要求越来越高,而员工数量越来越少。相关研究经常强调,员工已内化了公司目标或献身于工作的职场文化,因此人们愿意竭力去鞭策自己努力工作。然而,在我们的研究中,虽然专业人员和经理确实有很强的职业认同感,并希望以自己的工作为傲,但过劳和相关的高强度工作方式其实是由一种真实的感觉所驱动的。这种感觉就是:缩短工作时长、减少随时待命的时间,甚至说一句"任务太多了"都会加大失业的风险。

过劳、工时过长和随时待命也对性别不平等产生了影响。通过对本研究中的IT专业人员和经理的调查,我们发现,在

过劳
好工作是如何变坏的

工作强度方面或者新工作方式带来的好处方面,几乎未呈现性别差异。然而,我们所研究的这家公司的 IT 女员工是个特殊群体,她们坚守在传统上以男性为主导的领域,并且长时间工作。如果我们从更大的范围去考虑劳动群体,那么,在建立控制过劳和设立灵活性的新规范方面,性别的影响就会更加明显。无论过去还是现在,社会都期望女性能够多照顾家庭。在我们的社会文化中,中产阶级家庭的母亲有责任将自己的所有时间、精力和注意力都花在孩子身上,并为父母、姻亲或其他需要她们的成年亲属提供帮助。

因此,面对工作灵活性差、强度高、家庭期望高等问题,一些母亲最终选择回归家庭或暂时离开工作岗位(特别是配偶收入处于上等或中上水平时)。这些决定会影响妇女的收入及其未来的就业前景,进而从总体上加剧薪酬和晋升方面的性别不平等状况。如果专业和管理工作的强度没那么大而且更灵活的话,我们就可以让更多的妇女留在熟悉的领域和公司,并且获得晋升机会。这些变化也将使男性更有可能承担许多人想要履行的照顾家庭的责任,同时也符合在全职有偿工作方面对男性的社会文化期待。

显然,如果母亲、父亲和照顾生病亲属的人员能够摆脱产生过劳的高强度工作模式,他们都将从中受益。但这是个更广义的议题。我们分享了一位又一位员工的故事,其中包括单身员工、已婚无子女员工和老年员工。他们渴望在工作中做出成绩,更好地照顾自己,并追求个人优先事项,包括参加成人

第三部分 展望未来

冰球联赛、志愿者活动、新培训，或有更多时间与朋友和家人共处。工作挤掉了他们原本可以做这些事情的时间。尽管这些员工已做出妥协，放弃了一些家庭、社区和个人目标，以便专注于工作，但他们仍然有过劳的感觉，没有足够的时间去完成工作的要求和期望。这些专业人员和经理经历了TOMO公司的裁员、离岸外包和流程自动化并幸存了下来，或在以前的工作中经历过类似事件，因此，缩短工作时间或拒绝工作请求似乎存在风险。虽然我们没有具体讨论年轻员工的状况，但根据其他研究机构对千禧一代员工的分析，这些年轻员工通常通过更努力和更长时间地工作来试图寻求经济保障，这使他们年纪轻轻就出现职业倦怠感。许多性别、年龄、人生阶段和职业不同的员工，其观点与海沃德一致。这位父亲曾告诉我们："有些事情一定要改变。"

但并不是所有的改变都有益处。我们认为，一些普遍提倡的变革也会有负面影响，包括工作场所灵活调整这一常见模式。如果将弹性工作制模式理解为变通，并且可以单独进行协商，那么，那些工作日程不同、长时间居家办公或缩短工作时间的员工，会被认为违背了对理想的、愿意全心全意付出的员工的期望。这些员工担心，在这种情况下追求灵活性会给自己带来污名或影响职业发展，他们的担心合情合理。

另外一种现实风险是，不彻底的方案，如允许大家居家办公的单一政策变化，实际上会加剧过劳，成为推动工作强度上升的附加因素。这种灵活性由雇主决定，而雇主期望员工能够随时待命，这可能会令人生畏。在这种情况下，如果未同时对现有企业文化和奖励制度做出改变，能够在任何时间和地点办公的自由，反而会让员工产生更大的压力，即需要随时待命。但如果实施与我们所研究的 STAR 类似的双议程工作再设计方法，游戏规则就会改变。这样的话，不同的工作方式就会成为新常态，成为被接受的默认工作方式而不是一种污名。这样一来，与保证工作绩效一样，保护个人时间和健康就成了受到明确支持的目标。

我们已经证明，这种工作再设计方法有利于公司的发展，TOMO 公司执行的 STAR 计划就是其中的一个例证。我们还强调，其他一些针对不同工作环境和不同职业的研究也支持上述观点。TOMO 公司让我们解决 3 个关键问题：工作倦怠、人员流失，以及全球范围内协同工作让员工不堪重负。根据 STAR 的现场试验和相关采访，我们发现，员工工作倦怠感减少，工作满意度提高，员工和经理的离职意向下降。

我们还发现了双议程的另外一个积极影响，即 STAR 创新有益于员工的个人健康以及家庭和个人生活。除了压力和心理困扰方面的一些重要转变，这些 IT 专业人员和经理还分享说，他们有时间锻炼身体、饮食更健康、可以更好地控制工作时间，以及睡眠时长和质量均得到了改善。我们还发现，这些工作上的转变还有利于员工的子女。TOMO 公司员工及其青少年子女的采访数据表明，STAR 能够延长亲子时间、改善孩子的睡眠质量，并提高孩子缓解日常压力的能力。实施 STAR 的员工说,他们感觉自己的工作和生活结合得很好。我们也听到许多员工说自己的负罪感减少了,原因是他们能够更好地承担家庭和社会责任。员工们知道,他们能够用更适合自己的方式将工作与生活整合在一起。

即便如此,我们也深知这些转变的艰难。尽管 STAR 可以让公司和员工受益,但因为公司的合并和领导层的变动,STAR 未能幸存下来。新的高管在考虑公司政策时,很自然地认为发起兼并的公司将具有决定权。通常,人们认为关于工作时间、地点和方式的决定权属于经理,而那家公司的高管对此非常满意。这虽然令人失望,但也是预料之中的事。

下一步应该如何进行?为了使更多人的工作合乎情理和具有可持续性,我们认为,私营部门的创新计划和公共政策的改变都迫在眉睫。

雇主能够做出的改变

企业以及非营利组织、政府机构等其他组织需要认识到当前经营方式的成本。迫使员工长时间工作和随时待命会带来一些意想不到的隐性成本。如果高管、经理和员工能够考虑这些成本,工作再设计计划就更有吸引力。这些隐性成本包括工作投入度降低、工作倦怠以及人员流失,这些都是由于长时间疲劳和没有私人时间带来的沮丧感造成的。此外,过劳还使完成尖端工作和开发创新变得更加困难,而这些工作可以为公司的发展创造真正的价值。公司还应考虑上述压力所产生的医疗费用。回想一下我们采访过的专业人员和经理,他们有的患有专家都很难诊断的罕见荨麻疹;有的睡眠遭到严重干扰,经常自言自语;还有些人患上被脊骨神经科医生认为是 IT 从业者典型职业病的颈部和背部病症;甚至还有一些人中年就患上心脏病和中风。当前的工作快速而又悄无声息地损害着员工健康,雇主最终会因为效率下降、员工缺勤以及医疗费用的增加而遭受损失。

假设公司和其他组织的决策者看到了做出改变的潜在价值,他们应该怎样做出改变呢?本研究强烈推荐应用 STAR 去做出改变。我们在 TOMO 公司使用的所有资料都可以在"工作、家庭和健康网络"网站上免费获取,方便感兴趣的经理和员工查看并将其应用在自己的工作中。在各种工作场所试验这些行之有效的方法颇有价值(我们也迫不及待地想了解试验结果)。

我们认为还有其他一些有前途的计划。与 STAR 一样,这些计划包括一个集体进程。在此进程中,员工和经理批判性地审视现状后,努力创造一种新常态,即对工作和交流方式做出重大改变。通过参与式对话,员工和经理将问题认定为组织机构的问题,而不是单纯的私人问题或分歧。

事实上,双议程工作再设计并不新鲜。我们从波士顿女权主义组织学者的合作工作中,第一次了解到了团队重新定义工作流程的奇妙之处。这些学者包括洛特·贝林(Lotte

Bailyn)、乔伊斯·弗莱彻(Joyce Fletcher)、黛博拉·科尔布(Deborah Kolb)、萝娜·拉波波特(Rhona Rapoport)、黛布拉·迈耶森(Debra Meyerson)、罗宾·伊利(Robin Ely)和他们的同事。从20世纪90年代开始,这些"行动研究人员"便与公司和非营利组织合作,发起双议程变革计划。他们明确地将重点放在性别平等和工作效率这一双重目标上,并认识到,工作与家庭问题,或者说更广泛的工作与生活问题,往往是该计划的一部分。他们使用的方法在某些方面与STAR类似,但他们还采取了一种更开放和更灵活的流程,形式也更加多元化。像STAR一样,这些变化要求员工和经理"定义规范"或弄清楚日常工作方式背后的潜在假设,然后帮助人们考虑当前的工作方式和相互评估会给个人和企业带来哪些意外的后果。同我们一样,这些学者认为,变革的关键是改变制度,而不是改变具体的行为。

工作再设计计划还有两大最新案例,一是哈佛商学院教授莱斯利·佩罗在咨询公司BCG发起的可预测性、团队合作和开放沟通(PTO)项目,该项目后来也在其他公司实施;二是卡利·雷斯勒和乔蒂·汤普森开发的只关注结果的工作环境计划。PTO为顾问团队提供了共同计划和检查工作的空间和流程。在对话中,员工和经理公开讨论新的和理想的团队规范,以及集体和个人的优先事项,并设定"下班目标"。例如,一个咨询团队的目标可能是员工每周都能有一天在下午6点前下班,以便和配偶一起吃饭或进行社交活动。总之,这一晚上都不用再工作。然后，该团队在工作依赖性高、经常加班、随时待命的行业规则环境下，努力实现上述目标。我们还研究了首先在百思买公司实施的 ROWE 计划，并将其作为直接引导 STAR 的试点研究之一。STAR 中的许多部分都直接源于 ROWE，所以我们在这里就不再赘述了。

PTO 和 ROWE 这两大计划，通过界定企业和团队的低效工作方式来激励变革。这两项计划都以团队为基础，讨论工作如何服务于个人，以及如何在日常实践中进行变革。尽管员工很快就看到了这两大计划对个人的好处，但它们都远远超出了为具体的个人提供变通的范围。在策略方面，这两大计划之间的一些差异很有趣。PTO 促使团队确定将要实施的一种变化，并认为先从一个共同的关注点开始改变，然后就可以尝试各种各样的改变。而 ROWE 则重视更广泛的改变，即从一开始，新的工作方式就具有更多的个性化和多样化。

在欧洲，尤其是荷兰，人们对所谓的"新工作方式"充满热情。"新工作方式"认为，在知识经济中，员工可以并且应该"被赋予更高效工作的权力"。"新工作方式"指两种变化，一是物理空间变化，即从私人办公室或独立隔间转到共享、开放的工作场所；二是技术变化，即技术的发展有利于在家里或其他远程地点办公。在一些"新工作方式"的相关描述中，人们认识到，管理风格和组织文化也需要改变。例如，一些计划指出，经理需要相信员工可以在办公室以外的地方完成工作。这些计划还建议，理想情况下，员工可以自己决定如何才能更好地完成工作。用我们的话来说，就是转移控制权。但有些时候，人们很少关注这些"新工作方式"的社会层面。还有一种观点认为，改变办公地点和提升技术就足以改变工作方式。

美国的一些咨询团体还就团队的灵活性方法提供了另外一种指导，这种方法介于把灵活性当作变通和更具参与性的双议程工作再设计计划之间。例如，咨询集团 WFD 开创了基于团队的计划，既鼓励灵活性又鼓励有效的团队工作流程。WFD 集团的顾问或内部培训师采访员工和经理，了解他们当前的工作方式、期望以及对公司和团队文化的感受。这样做的目标之一是找出不曾言明的假设、预期或污名，避免它们阻碍实施灵活策略。然后，该公司制定指导原则，供高级管理层参考。例如，指导原则可能涉及以下问题：如果你计划某天居家办公，会采取什么方式进行沟通？为提高效率，我们应当现场参加哪些类型的会议？哪些类型的会议或互动可以远程参与？高级经理在准则上签字后，全体员工将仔细研究这些准则（并复习相关的公司政策）。这意味着，每个人都要重视这些新的期望和规范，其中包括那些并未准备更改自己的工作日程安排和工作地点的人们。员工和经理试行新准则几个月后，重新开会调整政策，或者对员工和经理展开培训（例如如何更高效地使用网络会议平台），以促进弹性工作方式的实施。

最新的创新还有一种方法，即行为科学研究提出的"制度变革"方法。一个名为"创意 42"的研究小组与"新美国

过劳
好工作是如何变坏的

的美好生活试验室"以及罗伯特·伍德·约翰逊基金会合作，共同制定并测试了一些干预措施。这些措施可能会改善工作和生活之间的平衡、健康以及工作效率。它们旨在鼓励员工和经理做出其所认为的"更好的选择"，并通过这种方式逐步改变职场文化。例如，他们提议重新考虑协作办公（包括仔细考虑会议安排和留出集中精力工作的时间）、重新思考以前线下工作和长时间办公的期望或规范（并鼓励利用休假和每日断开连接的方式享受个人生活）、留出更多时间应对工作延迟的问题。许多这样的变革都和 STAR 相似，但这并不出人意料，因为他们引用了本研究和一些相关研究的成果，并把这些成果当作他们"更好的工作工具包"的背景。

  这些创新措施的新颖之处在于，明确讨论人们在做其认为明智、有效的事情的时候，认知捷径和偏见是如何制造困难的。虽然有些只是小小的推动，但对改变行为来说价值匪浅。例如，一家进取型公司向度假期间退出公司系统（并且不查看或回复邮件、短信）的员工提供奖励。奖励可能是额外的假期、小额现金或向员工关心的慈善机构捐款。如果员工在休假时登录邮箱，系统就会弹出是否确认登录邮箱和如果登录就会失去奖励的提示。其他的创新措施包括，自动回复下班时间的电子邮件，告知对方你需要休息，因而无法立即回复。我们可以看到，该策略推动团队共同讨论他们想要的工作方式，从而兼顾最佳工作状态和个人生活空间，进而引发了与 STAR 类似的讨论。

第三部分
展望未来

一些创新型公司也在自行展开相关变革，但他们没有将其命名为双议程工作再设计计划。门罗创新公司（Menlo Innovations）是一家软件开发和设计公司，以其创新型的公司文化而闻名。联合创始人兼首席执行官里奇·谢里丹（Rich Sheridan）决定创造一种不同的公司文化。他之前过着"美国公司的死亡之旅生活"，在这种生活中，公司希望员工长时间加班，并且工作需求促使"荒谬、无理"的家庭牺牲。门罗创新公司利用工作再设计的关键要素，建立了一种适合所有人的公司文化（而不是只帮助已经为人父母的员工或者为他们提供变通），询问员工除了正常政策变动还有什么其他想法，然后确定同时有益于公司和其他员工的工作方式。然而，门罗创新公司遵循的具体策略与 TOMO 公司实施的 STAR 大相径庭。例如，门罗创新公司的管理部门将团队划分为两人一组，每项任务持续一周，员工在同一张办公桌上面对面办公，密切合作。之所以采用这种战略，是因为这样可以最大限度地减少会议需求、避免多任务处理、增加集中精力办公的时间，并且更加实际地估算项目时间表。为保证工作时长合理，员工会努力采用更明智的办公方法。对每个人来说，他们都期望八小时工作结束即代表一天工作结束；不鼓励在晚上、清晨或周末给员工打电话、发邮件。公司也认可员工家庭生活和照料家人。只要孩子和父母愿意，公司随时欢迎儿童来办公室，还为年龄大一些的孩子举办夏令营。这都是有趣的改变，因为员工几乎无法选择如何将日常工作和个人生活相结合（掌控自我是 STAR 所带来的益处的重要组成部分)。该公司有意重新安排工作,在工作和生活间划分清晰的界线,旨在促使员工工作时更加专注,明确支持员工个人生活,以及解决过劳问题。

企业和其他组织还可以再设计工作方式,在规定的工作时长内增加工作方式多样性、提供兼职选项以及工作压力不太大的专业和管理岗位。STAR 旨在使全职工作岗位更容易管理,压力更小,但同时还希望雇主提供工作时长更短、更具吸引力的兼职岗位(工资和按比例分配的福利也更少)。兼职类专业岗位可能会吸引不同的员工,包括一些年龄大的员工、为人父母者、存在健康问题的人,以及那些把重返学校或承担社区责任列为优先事项的人。如果这些员工知道,只要他们愿意就可以在一段时间后恢复全职工作,或者知道工作量将会被消减和记录,并且在工作时间达到要求后能够获得合理的报酬,那么这些岗位的吸引力就会更大。团队或工作小组需要和兼职员工对话,协调工作,高效沟通。STAR 计划增加远程办公和可变工作时间的选项以后,就出现了上述需求。否则,我们或许偶尔能看到变通的情况,但这种由员工个人协商的变通存在风险,尤其是在经常裁员的背景下;或者能够获得这种变通的人被认为已经进入职业生涯的末期。律师事务所、医疗机构和一些咨询公司已经尝试向专业人员提供兼职岗位,一些欧洲国家要求雇主在可行的情况下允许缩短工作时长。总之,全球有许多很好的模式可以与双议程工作再设计计划相结合。

虽然我们专注于研究专业和管理工作,但其他领域中也

第三部分
展望未来

同样存在日程安排难以预测且情况多变、要求随时待命和新人员配置策略等问题。服务行业的小时工，尤其是零售、酒店和食品等行业的小时工，通常都渴望更多的和更加可预测的工作时间。许多这样的工人都面临收入不稳定的问题，没有经济来源（如储蓄、配偶工资高）帮助他们缓冲危机和巨大压力。工作时间不足、工作日程难以预测以及无法掌控工作，都会影响他们的健康状况，照顾家人的能力，以及出色完成工作的能力。由于工资较低和对工作的掌控力有限，这类工作一直被认为是"糟糕的工作"。雪上加霜的是，这类工作目前在其他方面也很糟糕。比如，很多零售店和餐馆总认为员工随时都有空，因此即使在最后一刻通知他们来上班也没什么问题。因为这些小时工无从知晓自己每周的工作时长，所以他们被迫接受工作时长大幅度波动、轮班被取消、工作时长少于预期和收入无法预测等不合理状况。

过劳并不是核心问题，许多工人反而乐意长时间工作，因为这样才能获取更多的报酬。然而，我们研究的专业人员和经理，与那些在零售店、酒店和客服中心等地方工作并且收入较少的员工有一些类似之处。在所有这些环境中，员工对自己日程的控制能力有限，并且公司期待他们随时待命。在各行各业中，技术都助长了这些问题。对服务业的小时工来说，"准时制"软件会跟踪客流量，并根据客流情况重新安排日程。技术还可以精准跟踪每位员工的生产和销售状况，给员工施加压力，迫使他们即使在人员配备不足或设备不完善的情况下也要

过劳
好工作是如何变坏的

做更多工作。对专业人员和经理来说,技术推动全球劳动力链运转以及跨时间和空间的协调。各行各业的工作岗位可能因自动化、人工智能而面临风险。零售店将不需要那么多收银员,公司也不需要那么多软件测试人员。

企业和其他组织的变革会给许多行业和岗位的雇主和员工带来益处。我们在TOMO公司进行的STAR试验向专业人员和经理等白领雇员证明了这一点。同时,在其他环境中也有令人兴奋的创新,而这些创新同样始于对当前的工作方式隐性成本的认识。例如,零售店的人员配置策略主要关注如何精准地匹配商店客流量和员工工作时间。但这实际上会带来其他问题,如人员流失率高、缺勤、迟到和"寻找捷径"等行为,这些行为会导致库存、商品跟踪和客服方面出现问题。零售企业可以避免这种恶性循环并用良性循环取而代之。在这种良性循环中,零售店拥有更稳定的工作日程、受过更多交叉培训且日程安排灵活的员工,并且在高峰期和其他时段都能够平稳运营。最近,服装公司盖璞(GAP)对更加稳定的日程安排展开试验。结果显示,公司明显获益,销售额、效率和经验丰富员工的留职率上升。中国客户服务中心进行的另一项试验表明,员工在居家办公时的满意度更高、人员流失率更低、效率也更高,一线员工对工作地点有发言权时更是如此。

第三部分
展望未来

经理和员工能够做出的改变

我们认为,过劳的原因在于企业或其他组织,其中包括具体的管理方式和人员配备策略,而真正的解决措施涉及组织变革,其中包括工作方式的转变,以及重新考虑个人和团队绩效评估标准。

包括 STAR 在内的工作再设计计划和其他一些方案,提供了可能的前进方向。然而,有些高管和经理不愿意尝试新的工作方式,导致前进受阻。在这种情况下,一线经理和员工个人可以凭借自身力量逐步挑战根深蒂固的职场文化。我们认为这些是"同时"变化的,有望为将来更广泛的变革奠定基础

经理和员工可以开始对话,提出一些简单的双议程问题,目标是改变现状,帮助自己和同事设想新的可能性。回想一下,这就是学者们所说的制度工作和"定义规范"。你可以问:维持工作现状并努力坚持下去,我们会失去什么?换句话说,目前不起作用并且我们还未进行充分讨论的事情是什么?我们要如何在一种更可持续的工作状态下更高效地工作?为了提高灵活性,我们如何制定更多样的日程安排、更多的远程办公和拥有更多专门的办公时间?为尽力完成手头最要紧的工作,我们可以把当前的哪些任务或会议先搁置一旁?我们如何在需要时使用互联网工具和技术,保证通信顺畅,但又不期待立刻回复和随时待命?我们如何鼓励大家把工作和生活进行分离?比如,真正享受度假,周末彻底休息,晚上不受干扰。作为团队

过劳
好工作是如何变坏的

和企业,支持家庭和个人生活、目标和兴趣,可以得到什么?

这类问题可能会让人感到充满风险,尤其是如果评估个人或团队绩效的人认同下列观点的时候:工作时间长就能提高生产效率;对工作问题立即做出回应就是一个人对工作尽心的表现;在办公室待得晚一些或更久一些就可以为晋升铺路。如果企业准备裁员或重组,即使是很小的变革也会让人认为不明智。在一种认为过劳是不可避免的职场文化中站出来反对过劳就像是一场赌博,尤其是在随时面临失业的时候。很多情况下,专业人员和经理都会保持沉默,因为他们担心自身难保。职位较低的员工,虽然工资更低,同时也不是公司想要留住的人,他们更可能保持沉默,即使他们提出的建议也许对公司和自身都有好处。

但是,如果关于新工作方式的讨论能够展开,那么就是值得抓住的时机。任何人都可以成为"温和的激进分子"。黛布拉·迈耶森曾用此形容"悄悄挑战主流智慧,温和激发企业文化调整"的人们。经理可以在自己的工作小组内与员工开始对话,并和其他经理分享以不同方式工作的想法。员工可以悄悄地改变自己的行为,比如以不同方式召开项目会议;某些天的下午关闭电子邮件和信息提醒,以便专注地工作;声明周末发送的电子邮件不要期待立即得到回复;明确支持同事休假、请假和其他完全脱离工作的时间。员工可能会指出,经理提出的时间表不现实,因为给项目分配的员工人数太少。这样的对话可能看起来有点紧张和冒险,但可以通过礼貌、专业的方式提出来。一位员工饱受过劳的影响，她告诉我们，自己把一长串当前项目的清单给了经理，并友善地恳求经理帮忙确定轻重缓急。结果显而易见，她一个人不可能完成所有工作，所以经理需要找其他员工来帮忙分担，或者调整自己的预期。事实上，在一些企业或其他组织中，指出要求不切实际反而被认为是不合适的行为，但这本身其实就是问题的一部分。

如果与同事或支持型经理讨论这些小小的改变，或者将其视为双议程的一部分，这些改变就会被放大，最终或许能够达到"临界质量"，将工作再设计视为对企业及其员工都有价值的计划。至少，员工和一线经理可以改变与同事互动的方式，避免强化不正常的做法。乔蒂·汤普森和卡利·雷斯勒开发了 ROWE，他们同时也是 STAR 的重要成员。他们强调，任何人都可以清除他们所谓的"污名"，即那些强化线下和长时间工作的旧规范的日常语言和惯例。也就是说，不要因为周末工作、半夜还在办公室加班或中断假期参加线上会议而给予奖励，甚至也不要在团队会议中给予表扬。相反，员工尤其是经理可以明确关注工作目标，以及为了更好地完成目标需要做些什么。这些对话还有助于阐明正确的绩效指标、切实可行的时间表，以及特定团队中的优秀工作。汤普森和雷斯勒认为这是"管理工作，而不是管理员工"。这种做法能够提高员工的积极性，有助于改进绩效评估，并打破长时间工作和随时待命是工作效率、质量或工作尽心的有效指标的假设。通过对话和低调的试验，这种制度工作能够进一步推动游戏规则的改变。

过劳
好工作是如何变坏的

　　员工和一线经理也可以通过一些方法塑造一种更支持型的文化，方法是分享个人生活和家庭优先事项。如果重新安排了工作，处理生活中的其他事情，就大胆承认，而不是隐藏。这样的话，就能向处于不同年龄段与人生阶段的同事和下属提供支持。团队可以有意识地主动认可每个人的家庭照顾责任、家庭和社区参与度，以及关爱自己的需求（比如充足的睡眠）。这样做可以强化工作之外的生活的重要性，也表明繁重的工作和加班对所有人来说都会产生问题。员工和经理还应认识到，在整合工作和生活、保持角色和时间分配方面，每个人的偏好并不相同。这种观点并非旨在提出一种工作与生活完全融合、高度共享的新模式，而是要弄清楚同事和经理如何制定适合自己的工作方式，同时又能牢记团队的目标和需求。

　　尤其是经理，即使没有官方政策或新计划，也应帮助企业朝着向更好的工作方式的方向发展。首先，有权批准弹性工作制的经理（在把灵活性当作变通的政策下）可以把默认假设转变为：在大多数情况下，不同的工作日程和地点能够很好地运行。公司政策通常要求，寻求变通的员工要提出采用不同工作方式的理由。这意味着他们需要证明为什么要采用不同的工作方式，并证明新的安排将能够惠及公司。这里隐含的假设是，当前（不灵活、繁重）的工作模式是最优的，而且允许改变的唯一原因是公司可以从员工那里获得更高的效率。但这种假设往往不成立。经理可以假设要求实行弹性工作制是值得的，并批准执行，除非出现使这些做法很棘手的特殊情况。即使看起来需要随时待命或与客户紧密联系的工作，也可以通过创新和协调日程安排，以不同的方式来完成。这些日程安排利用新的通信技术，同时也设置了一些边界，防止工作无休无止。变更工作时间和地点，通常也需要对如何完成工作进行适度改变，但这并不是说原有的死板方式更好或是唯一可行的选择。

经理也可以自我检查，评估考核中是否存在灵活性污名。不应该存在所谓的职业权衡，即认定执行弹性工作制的员工必然会晋升慢或加薪迟缓。应该对工作结果进行评估（如果员工工作时间和工作量减少，则按合理比重进行评估），而不是评估员工的工作地点、具体的工作日程安排或加班频率。如果某个执行弹性工作制的员工存在明显的绩效问题，则应该有针对性地解决相关问题，不应把问题扩大化，因为这类绩效问题并不一定能够证明传统的工作模式就能够改善绩效。一些被认为效率不高的员工，（通常无法获得变通政策下的灵活办公模式），如果根据个人需求重新安排自己的工作，业绩或许会更好。经理可以提醒自己，首先重点关注工作质量和时效，而不是根据员工是否遵守一贯和理想化的员工规范来评估下属。这是因为，在这种规范中，效率和承诺就等同于长时间工作和随时待命。

改变公共政策环境

未来更可持续的工作方式还要求更新过时的公共政策，

过劳
好工作是如何变坏的

因为这些政策最初是针对20世纪中叶的工作和劳动力情况制定的。在企业或团队层面（如TOMO公司），实施工作再设计计划是重要的创新举措，因为这些工作再设计计划打破了原有的期望，提供了"概念验证"。然而，它们还不足以为整个社会提供新的工作方式。即使成功的企业变革战略也总是会面临风险，正如我们看到公司合并后STAR被取消一样。拥有相对优厚待遇的专业人员、管理和技术人员所在的企业，更有可能追求高水平的就业政策，而从事服务工作的小时工和弱势工人所感受到的压力往往会被忽视。旨在减少过劳并解决工作时间不可预测问题的公共政策，能够将新工作方式制度化，使之成为每个人都拥有的合理的工作方式。

公共政策需要为当前和未来保驾护航，让劳动者自己对工作日程安排有更大的控制权，同时承认工作之外的重要优先事项和承诺。美国现行的劳动法针对的是工业时代，这个时代的特点：蓝领工作盛行；白领工作扩张，员工期望能够在一家公司稳步晋升；只有在工作场所（除了农民和相当有限的家庭生产）才能得到有偿工作；工会代表更多工人，与雇主协商工资、工作时间和安全规则。这些政策和法规还假定，大多数工人参与"各负其责"的战略，即男性养家糊口，赚取的工资不仅足以养活自己，还能养活家人，以便在家操持家务的妻子照顾家庭、孩子和年老体弱的亲人。正如经济学家希瑟·鲍施伊（Heather Boushey）所说，美国规范工作时间的主要法律《公平劳动标准法》起草于"计算机发明之前，当时最重要的问

第三部分
展望未来

题是小时工过劳工作"。鲍施伊还提醒我们,几十年来,美国企业依赖"美国妻子"作为"沉默的合作伙伴",她们的贡献支撑了有偿员工的工作。显然,美国需要更新其"安全网"和劳动法规,以反映劳动力和工作类型的变化、不稳定的雇佣关系,以及当前员工个人情况的多样性。

20世纪的政策与21世纪的现实不匹配,催生了一种期望,即员工能够在工作地点工作(固定时间在办公室或工作场所工作),也能够随时随地工作(将工作带回家,努力完成不可能的要求,并在截止日期前完成)。这种企业需求的灵活性意味着,雇主极力要求延长受薪员工的工作时间,并期望许多小时工可以随时待命,而这些小时工的工作时间(或收入)、日程安排无法预测,也没有设定最低工作时间。

一个关键的政策变化或许是修改加班法,以便不受现行《公平劳动标准法》保护的专业人员和其他劳动群体也能获得加班工资。这就意味着雇主和员工将更加平均地分摊长时间工作的成本。这样的话,出于经济动机,雇主就会重新考虑尽可能消减员工数量的经营战略,无法继续迫使规模有限的员工团队长时间地超负荷工作。奥巴马政府提出了新的加班规则,提高收入门槛(从每年2.5万美元左右开始),从而使更多员工可以获得加班费。一些诉讼案件和特朗普政府主导的变革表明,这些规则没有按最初计划那样生效。但在我们修订本书期间,劳工部提出将门槛进一步提高到每年3.5万美元左右。无论该议案能否生效或何时生效,公众已开始就需要更新加班费

过劳
好工作是如何变坏的

规则展开了讨论，而且讨论还可以进一步深入。

对美国人来说，扩大加班费的覆盖范围可能听起来有点像天方夜谭，但在其他富裕国家，对包括专业人员在内的大多数员工的一周工作时间有明确规定，超过之后就能拿到加班费。例如，法国官方规定的一周工作时间为 35 小时。虽然法国员工并不是一直关注额外工作时间或总能获得额外的工资，但法律标准设定了更适度的规范门槛，在极端情况下可以通过法律强制执行。此外，法国最近通过了一项"离线权"法案，规定不得迫使员工晚上或周末回复电子邮件。纽约市议会也提出了一项类似的法案。员工在下班时间或许会查看电子邮件并回复，但不能因为没有回复而受到处罚。尽管很难执行这些法规，有时员工也想忽略它们，但这些创新型法律标准的萌芽，挑战了雇主和员工关于员工在任何时候都能够随时待命的期待。

除了通过要求支付加班费来保证工作时间适度，劳动法还为拒绝长时间工作的员工提供保护。目前，美国允许强制小时工加班，而受薪员工可能会被迫长时间工作、周末加班、参加清晨或深夜的会议，以及及时回复电话、短信和电子邮件。但未来的立法可规定员工的总工作时间，超过之后就不能强迫他们工作。新的法律还可以规定每月加班的最多天数或班次，员工有权在其他时间拒绝加班。瑞典《工作时间法》规定一周工作时间为 40 个小时，涵盖包括非高管在内的几乎所有员工。每年最多 200 个小时加班时间，每月最多 50 个小时。瑞典是高度工会化国家，与美国相比，其社会政策和优先事项大不一样。但这是一个值得借鉴的例子，说明可行的标准可以改变美国的现状，即许多美国员工觉得，只要有要求，他们就必须工作，否则就可能会失业。

弹性日程安排和远程办公可以缓解长时间工作以及下班后和周末需要随时待命的压力，这一点在实施STAR的TOMO公司IT专业人员和经理身上得到了验证。这些策略可以通过立法来实施。例如，一些国家（包括英国、澳大利亚和德国）的法律规定，员工有权要求执行弹性工作制。请注意，这些是"软"规定，没有强制要求雇主必须允许其员工灵活安排工作。相反，法律规定员工有权选择适合自己的工作日程和地点，而雇主必须认真考虑并尊重员工的选择，除非特定的工作需要无法满足这种请求。实际上，雇主仍有相当大的回旋余地，可同意或拒绝弹性工作制的请求，但这项立法也表达了新的大众期待，即企业应充分考虑弹性工作这一选择。这和目前美国的政策不同，因为这项法律要求雇主说明弹性工作制不可行的原因，而不是要求员工事先证明其可行。在许多国家，员工如果认为自己的请求遭到无理拒绝，可以向政府机构或劳资仲裁庭申诉。

这些请求权法同样涵盖兼职工作。欧盟已经出台了兼职平等法律，要求企业按照与全职类似的小时工资支付兼职人员的薪酬，并按比例提供其他福利。当然，一些员工仍然犹豫要不要从事兼职工作，因为他们不太清楚在条件具备的情况下自己还能否重返全职岗位。这尤其会打击男性从事兼职工作的积极性。即便如此，有些民众公开和明确表示，兼职工作合理、可行，而且很多人确实会选择做兼职。

带薪休假也让大家在一定程度上接受了高强度工作和过劳。对大多数工业化国家的大多数员工而言，法律或集体谈判协议（由工会谈判）规定，他们能够享受带薪休假。在美国，带薪休假是雇主给大多数（而非全部）员工的福利。专业人员和管理人员享受带薪休假的机会较多，但这些员工经常会面临假期不完整或休假时还要工作的问题。

大多数富裕国家还提供带薪病假和带薪育儿假。事实上，尽管美国的一些州颁布了带薪探亲假的法律，但美国仍是全球唯一一个不提供带薪产假的工业化国家。通常，带薪休假作为社会保障方案进行管理，雇主需要缴纳休假基金（有时员工也需通过工资税缴纳），员工从该基金中获得部分补助。在其他国家以及带薪探亲假已经实行了十多年的加利福尼亚州进行的研究表明，中短假期（不到一年）可以鼓励母亲回到职场，有助于改善家庭经济状况、增进情感和保护身体健康。

带薪探亲假和病假表明，作为社会成员，我们认识到了休息的价值，即在关键时期（孩子出生或被收养、家庭成员需要照顾，或者员工自己患重病），员工可以短暂离开工作岗位的价值。有了带薪休假的相关立法，员工知道自己可以在人生的关键时期合法休假，并且从长期来看不会危及或需要放弃自己的工作。雇主需要批准此类假期，而不是拒绝或随意取消员工假期。目前，与其他雇员相比，从比例上看，收入较高、从事专业或管理工作的人获得带薪休假的机会较多。然而，我们需要颁布法律，让所有雇员都能够享受带薪休假，并且在雇员与雇主展开谈判需要支持时，为其提供法律保护。

除了对长时间工作和休假时间有限等政策进行变革，新的劳动立法还应该解决工作时间不可预测的问题。这个问题一直困扰着专业人员和经理，他们不知道什么时候就会被叫去解决问题，回复客户，或者只是让心存疑问的雇主放心。仓库工人和送货司机同样也受工作时间不可预测和长时间工作的困扰。他们做着繁重的体力工作，每天都筋疲力尽。由于公司向客户承诺快速交付，因而管理层就会给员工施加压力，对员工产生实际的负面影响。例如，拣货员和其他的仓库工人抱怨道，疯狂的工作强度，加上工作对员工体力的要求，给员工带来流产等身体健康问题，引发了集体抗议。许多公司延长轮班时间，并且几乎不提前通知，导致员工别无选择，只能辞职。虽然采用不同的人员配备和调度策略就能降低因人员流失而增加的成本，但高流失率仍被普遍接受。改革加班法、禁止或限制强制性加班、积极执行更宽松的休假法等变革措施，都将改善在此类环境下工作的雇员的处境。

还有一些员工的工作日程安排不可预测，但他们的困扰是工作时间太短，而非太长。公共政策的改变也可以解决这种情况。事实上，部分城市（包括美国的纽约、旧金山和西雅图，每个月都在讨论新政策）以及俄勒冈州已经通过了"公正的一周工作时间法"，规定了工作日程安排标准。到目前为

过劳
好工作是如何变坏的

止,这些法规主要针对零售业、食品服务和酒店业,尤其是大公司。根据法律要求,雇主须提前通知员工相关的日程安排(至少提前两周),并在日程安排发生变化或需要工人随时待命时提高薪酬。员工可以在轮班结束时拒绝额外班次或延长工作时间(以解决强制加班问题)。此外,不鼓励"开关店"轮班制(员工在深夜关门,第二天早上再去开门的做法)。一些法规还规定,员工有权要求不同的日程安排,以便照顾到上课、家务时间或另外一份兼职工作的时间。最重要的是,雇主制定日程安排时不能只考虑自己的利益,而是必须为小时工制定可预测的合理日程安排。

当前,美国雇主无须向工人承诺每周工作多长时间,因此,制定关于一周工作时间的法律在美国尤为重要。对小时工来说,工作时间没有保障意味着他们的收入可能会大幅度波动,或者他们虽然出现在雇主的工资表上,但实际上并没有挣多少钱,甚至挣不到钱。一篇关于日程安排的新闻报道和最近提高最低工资标准的法律都提出了这样的问题:"如果工人不知道每周的工作时长,提高工资有什么用?"在其他国家,这就是所谓的零工时合同。此类合同会导致工人及其家庭出现经济收入不稳定的问题,政策制定者和公众都对这一问题予以一定关注。在美国,这是常见现象。事实上,我们甚至没有"零工时合同"的说法,无法强调小时工无固定工作时间,甚至对自身工作时长和工作时间都无发言权的不合理状况,这是我们默认的规定。但西雅图的新法规《西雅图安全工作日程条例》涵盖了相关的排班制,其中包括要求雇主提供新员工的预期工作时间中间值,并在雇用新员工之前保证现有员工的工作时间。这是一部新法规,还有更多的工作需要去做。我们需要更多地了解,如何以一种对雇主可行且对员工有帮助的方式进行排班。在政策如何尽力解决小时工工作时长问题,以及推动服务行业小时工的收入更加稳定和更加可以预测方面,这是又一个范例。

设计更加美好的未来

本书所讲述的故事的症结在于,目前雇主在员工的工作时间和工作量方面几乎有绝对的控制权。面对全球不稳定的经济状况以及技术"颠覆"对业务的威胁,雇主试图从员工那里获取更多,但同时又进行裁员(在美国和其他劳动力成本昂贵的国家),将部分工作转移至海外,并利用技术简化工作流程,整合全球团队,用机器替代人工。因此,越来越多的受薪员工经常加班、过劳,工作挤掉了他们生活中的其他事情。此外,越来越多的小时工必须应对工作时间不足和长期的不可预测性,因而很难规划自己的生活或进行财务管理。

尤其是在美国,雇主可以单方面决定员工的工作时间和日程安排。即使一些企业提供了创新和灵活的选择,正如我们看到 TOMO 公司愿意将 STAR 引入其 IT 部门一样,但那只是雇主单方面的决定。因此,我们评估的灵活性计划和双议程工

过劳
好工作是如何变坏的

作再设计计划存在分布不均的问题,只有那些管理层希望聘用和保留的高层次专业人员、经理和熟练技术工人才更容易享有它们。但正如我们所看到的,那些更灵活、更具有支持性的工作方式远未得到保证,即使对享有优势和受欢迎的员工来说也是如此。

工时过长和日程安排的不确定性,导致过劳或者劳动时间不足。我们已经概述了可能的政策变化,以解决上述问题。但是政府也是雇主之一,因此即使在没有立法的情况下,它们也可以为新的工作方式铺平道路。具体来说,政府可以再设计工作日程安排,改善公务员队伍的"安全网"。这样一来,政府部门就可以成为私营和非营利部门创新实践的模范。

另一可行方式是,工会或工作委员会代表员工与雇主就工作日程和人员配置问题进行谈判。只有11%的美国工人是工会成员,但这并不意味着非工会会员反对工会或对如何管理企业不感兴趣。根据2017年的一项调查,近50%非工会会员表示,他们会支持所在单位的工会。超过1/3的人员表示,他们希望工会在工作方式、工作日程安排和工作时间方面投入更多的时间和精力。工作委员会(在德国很常见,其他国家也有)选派员工代表与管理层共同做出相关决定,并且工人代表还能够进入董事会。在工作委员会的帮助下,管理层和员工共同审查公司日程安排和工作量等方面,甚至共同制定相关内容。协商制度将会使首席执行官或管理团队的少数成员难以取消既定政策或计划,而这种随意取消政策或计划(包括

STAR）的现象在美国公司中经常发生，因为雇主有绝对的控制权。

美国还需要一种新的、重新设计的工作"安全网"，以解决工作日益不稳定的问题。我们认为，在高度的工作不安全感的背景下，员工对争取合乎情理和可持续的日程安排和合理工作量持谨慎态度。当每个人都怀着恐惧心理奔跑的时候，放慢脚步就有风险。这是事实，即使适中的步伐会提高工作成果质量，激发创造力和创新能力，减少人员流失，并使企业受益。

我们还需要改变政策，以更好地应对当前和未来雇佣关系变化所带来的风险。应该随时能够转移医疗保险和退休金等重要福利，以匹配员工更换工作更加频繁的现实。更根本的是，我们的社会"安全网"需要与如下事实相对应，即工作者，也就是劳动并创造利润的群体，很少是企业获利的受益者。我们的研究只包括TOMO公司的美国员工，尽管其工作以及公司的商业战略与美国和印度承包商密切相关。随着越来越多的独立承包人、自由职业者、零工经济工作者和其他个体经营者参与进来，我们需要新的选择，以获得不与企业绑定的转移性福利。雇员已经承担了新兴制度的大部分风险，因此要创造条件让他们获得合理的福利。失业保险也需要更新，以满足合同工和临时工的需求。正式员工的失业保险同样需要更新。如同关于日程安排的法律一样，当前与福利和失业保险相关的法律，是围绕20世纪中叶制造业工人的状况而制定的。有观点认为，失去工作的现象并不太严峻，因为有许多替代性的工作。因此,相对较低的工资替代率和短期福利是合适的。但是,促进全球劳动力链和自动化的新技术,加上市场极其不稳定,可能会使失去工作的现象更加普遍,并暴露出与失业或未充分就业的成年人相关的政策存在不足之处。

我们提出的一些创新政策可能看起来很陌生,但欧洲国家的实践表明,制定更具支持性和安全性的制度完全具有可行性。我们还看到,目前美国的许多城市和州实施了创新政策。此外,对于美国习惯稳健的职业道路和传统的朝九晚五工作时间的年长者来说,工作本身变得越来越陌生。相比之下,千禧一代非常清楚,在全球数字经济时代背景下,工作的空间和时间都充满变数。关于员工将如何把工作和家庭生活结合在一起,这一代人表达了不同的理想,但他们面对的是不允许他们追求这些理想的企业。在美国劳动力中,千禧一代目前的占比最大(在政治上也是一股日益增长的力量)。这些员工也许准备与老一辈人一起推动工作再设计计划,更新劳工法规,以便让这些新设计和法规适应被科技推动的全球经济,并把员工关心自己、家人和社会的真实需求放在首位。

工作的未来取决于现在的行动。在职业和经济领域的高端和底端,我们都看到了不规范的工作时间和不可预测的工作日程。雇主们感受到了市场压力,他们希望少花钱多办事,寻找新的方法降低成本,其中就包括劳动力成本。技术促进了全球劳动力链的发展,专业性强的知识工作现在可以由低薪人员来完成,他们通常在欠发达地区工作,或作为合同工受雇于另一家公司。IT专业人员和律师、会计师、医疗专家等面临工作外包和裁员风险，而这些风险早已使制造业深受重创。人工智能和自动化的发展很快将加剧工作的不安全感。技术也诱惑着我们，让我们随时待命。这种诱惑不在于我们有多么热爱工作，而在于我们希望保住工作。为了保住工作，我们不停地查看手机，尽最大努力抗住压力，很容易就模糊了工作和生活的界限。当然，个人可以变得更加明智，在我们决定必须保护睡眠和健康之前，确定我们允许工作占据生活的多少时间，以及我们在工作中投入多少时间。然而，单靠个人的力量，无法促成变革的发生。不过，好消息是，只要我们团结一致，就能促成变革。现在，是采取行动的时候了。

参考文献

Acemoglu, Daron, David Autor, David Dorn, Gordon H. Hanson, and Brendan Price. 2016. "Import Competition and the Great US Employment Sag of the 2000s." *Journal of Labor Economics* 34(1): S141–98.

Acker, Joan. 1990. "Hierarchies, Jobs, Bodies: A Theory of Gendered Organizations." *Gender & Society* 4(2): 139–58.

Albiston, Catherine, and Lindsey O'Connor. 2016. "Just Leave." *Harvard Women's Law Journal* (39)1: 1–65.

Albiston, Catherine Ruth. 2010. *Institutional Inequality and the Mobilization of the Family and Medical Leave Act: Rights on Leave*. New York: Cambridge University Press.

Allen, Davina. 2001. "Narrating Nursing Jurisdiction: 'Atrocity Stories' and 'Boundary-Work.'" *Symbolic Interaction* 24(1): 75–103.

Allen, Tammy D., Timothy D. Golden, and Kristen M. Shockley. 2015. "How Effective Is Telecommuting? Assessing the Status of Our Scientific Findings." *Psychological Science in the Public Interest* 16(2): 40–68.

Almeida, David M., Kelly D. Davis, Soomi Lee, Katie M. Lawson, Kimberly N. Walter, and Phyllis Moen. 2015. "Supervisor Support Buffers Daily Psychological and Physiological Reactivity to Work-to-Family Conflict." *Journal of Marriage and Family* 78(1): 165–179.

Almeida, David M., Soomi Lee, Kimberly N. Walter, Katie M. Lawson, Erin L. Kelly, and Orfeu M. Buxton. 2018. "The Effects of a Workplace Intervention on Employees' Cortisol Awakening Response." *Community, Work & Family* 21(2): 151–67.

Almeida, David M., Elaine Wethington, and Ronald C. Kessler. 2002. "The Daily Inventory of Stressful Events: An Interview-Based Approach for Measuring Daily Stressors." *Assessment* 9(1): 41–55.

Amabile, Teresa M., and Regina Conti. 1999. "Changes in the Work Environment for Creativity during Downsizing." *Academy of Management Journal* 42(6): 630–40.

Ammons, Samantha K. 2013. "Work–Family Boundary Strategies: Stability and Alignment between Preferred and Enacted Boundaries." *Journal of Vocational Behavior* 82(1): 49–58.

Autor, David H., Frank Levy, and Richard J. Murnane. 2003. "The Skill Content of Recent Technological Change: An Empirical Exploration." *Quarterly Journal of Economics* 118(4): 1279–1333.

Babbott, Stewart, Linda Baier Manwell, Roger Brown, Enid Montague, Eric Williams, Mark Schwartz, Erik Hess, and Mark Linzer. 2014. "Electronic Medical Records and Physician Stress in Primary Care: Results from the MEMO Study." *Journal of the American Medical Informatics Association: JAMIA* 21(e1): e100–106.

Bailyn, Lotte. 2006. *Breaking the Mold: Redesigning Work for Productive and Satisfying Lives*. 2nd ed. Ithaca, NY: ILR Press/Cornell University Press.

Bailyn, Lotte. 2011. "Redesigning Work for Gender Equity and Work-Personal Life Integration." *Community, Work & Family* 14(1): 97–112.

Bakker, Arnold B., and Evangelia Demerouti. 2009. "The Crossover of Work Engagement between Working Couples: A Closer Look at the Role of Empathy." *Journal of Managerial Psychology* 24(3): 220–36.

Balogun, J. 2003. "From Blaming the Middle to Harnessing Its Potential: Creating Change Intermediaries." *British Journal of Management* 14(1): 69–83.

Barbosa, Carolina, Jeremy W. Bray, William N. Dowd, Michael J. Mills, Phyllis Moen, Brad Wipfli, Ryan Olson, and Erin L. Kelly. 2015. "Return on Investment of a Work-Family Intervention: Evidence from the Work, Family, and Health Network." *Journal of Occupational and Environmental Medicine* 57(9): 943–51.

Barley, Stephen R., Debra E. Meyerson, and Stine Grodal. 2010. "E-Mail as a Source and Symbol of Stress." *Organization Science* 22(4): 887–906.

Battilana, Julie, Bernard Leca, and Eva Boxenbaum. 2009. "How Actors Change Institutions: Towards a Theory of Institutional Entrepreneurship." *Academy of Management Annals* 3(1): 65–107.

Becker, Penny Edgell, and Phyllis Moen. 1999. "Scaling Back: Dual-Earner Couples' Work-Family Strategies." *Journal of Marriage and the Family* 61(4): 995–1007.

Becker, William J., Liuba Belkin, and Sarah Tuskey. 2018. "Killing Me Softly: Electronic Communications Monitoring and Employee and Spouse Well-Being." *Academy of Management Proceedings* 2018(1): 1–6.

Berdahl, Jennifer L., Marianne Cooper, Peter Glick, Robert W. Livingston, and

Joan C. Williams. 2018. "Work as a Masculinity Contest." *Journal of Social Issues* 74(3): 422–48.

Berg, Peter, Gerhard Bosch, and Jean Charest. 2014. "Working-Time Configurations: A Framework for Analyzing Diversity across Countries." *Industrial & Labor Relations Review* 67(3): 805–37.

Berkman, Lisa F., Ichirō Kawachi, and M. Maria Glymour. 2014. *Social Epidemiology*. 2nd ed. Oxford: Oxford University Press.

Berkman, Lisa F., Erin L. Kelly, Leslie B. Hammer, Frank Mierzwa, Todd Bodner, Tay MacNamara, Soomi Lee, Miguel Marino, Thomas W. McDade, Ginger Hanson, Phyllis Moen, and Orfeu M. Buxton. 2019. "Effects of a Workplace Intervention on Employee Cardiometabolic Risk: Evidence from the Work, Family, and Health Network." Harvard Center for Population and Development Studies Working Paper, Cambridge, MA.

Berkman, Lisa F., Sze Yan Liu, Leslie Hammer, Phyllis Moen, Laura Cousino Klein, Erin Kelly, Martha Fay, Kelly Davis, Mary Durham, Georgia Karuntzos, and Orfeu M. Buxton. 2015. "Work–Family Conflict, Cardiometabolic Risk, and Sleep Duration in Nursing Employees." *Journal of Occupational Health Psychology* 20(4): 420–33.

Bird, Chloe E., and Patricia P. Rieker. 2008. *Gender and Health: The Effects of Constrained Choices and Social Policies*. New York: Cambridge University Press.

Blair-Loy, Mary. 2003. *Competing Devotions: Career and Family among Women Executives*. Cambridge, MA: Harvard University Press.

Blair-Loy, Mary. 2009. "Work Without End? Scheduling Flexibility and Work-to-Family Conflict Among Stockbrokers." *Work and Occupations* 36(4): 279–317.

Blair-Loy, Mary, and Erin A. Cech. 2017. "Demands and Devotion: Cultural Meanings of Work and Overload Among Women Researchers and Professionals in Science and Technology Industries." *Sociological Forum* 32(1): 5–27.

Blinder, Alan S. 2006. "Offshoring: The Next Industrial Revolution?" *Foreign Affairs* 85(2): 113–28.

Bloom, Nicholas, James Liang, John Roberts, and Zhichun Jenny Ying. 2015. "Does Working from Home Work? Evidence from a Chinese Experiment." *Quarterly Journal of Economics* 130(1): 165–218.

Bloom, Nicholas, Aprajit Mahajan, David McKenzie, and John Roberts. 2018. "Do Management Interventions Last? Evidence from India." Working Paper 24249, National Bureau of Economic Research, Cambridge, Massachusetts.

Boushey, Heather. 2016. *Finding Time*. Cambridge, MA: Harvard University Press.

Bray, Jeremy, Erin L. Kelly, Leslie Hammer, David Almeida, James Dearing, Rosalind King, and Orfeu Buxton. 2013. *An Integrative, Multilevel, and Transdisciplinary Research Approach to Challenges of Work, Family, and Health*. MR-0024–1303. Research Triangle Park, NC: RTI Press.

Bray, Jeremy W., Jesse M. Hinde, David J. Kaiser, Michael J. Mills, Georgia T. Karuntzos, Katie R. Genadek, Erin L. Kelly, Ellen E. Kossek, and David A. Hurtado. 2017. "Effects of a Flexibility/Support Intervention on Work Performance: Evidence from the Work, Family, and Health Network." *American Journal of Health Promotion* 32(4): 963–70.

Briscoe, Forrest. 2007. "From Iron Cage to Iron Shield? How Bureaucracy Enables Temporal Flexibility for Professional Service Workers." *Organization Science* 18(2): 297–314.

Brynjolfsson, Erik, Tom Mitchell, and Daniel Rock. 2018. "What Can Machines Learn, and What Does It Mean for Occupations and the Economy?" *AEA Papers and Proceedings* 108: 43–47. Buhl, Larry. 2017. "The Latest Fight for Employee Rights: Work Schedule Predictability." *Marketplace*.www.marketplace.org/2017/09/04/business/latest-fight-employee-rights-work-schedule-predictability.

Burchell, Brendan, David Ladipo, and Frank Wilkinson. 2002. *Job Insecurity and Work Intensification*. London: Routledge.

Burke, Ronald J., and Cary L. Cooper. 2008. *The Long Work Hours Culture: Causes, Consequences and Choices*. London: Emerald Group Publishing.

Burke, Ronald J., and Lisa Fiksenbaum. 2009. "Work Motivations, Satisfactions, and Health Among Managers: Passion Versus Addiction." *Cross-Cultural Research* 43(4): 349–65.

Buxton, Orfeu M., Soomi Lee, Miguel Marino, Chloe Beverly, David M. Almeida, and Lisa Berkman. 2018. "Sleep Health and Predicted Cardiometabolic Risk Scores in Employed Adults from Two Industries." *Journal of Clinical Sleep Medicine: JCSM: Official Publication of the American Academy of Sleep Medicine* 14(3): 371–83.

Canales, Rodrigo. 2016. "From Ideals to Institutions: Institutional Entrepreneurship and the Growth of Mexican Small Business Finance." *Organization Science* 27(6): 1548–73.

Cappelli, Peter. 1999. *The New Deal at Work: Managing the Market-Driven Workforce*. Cambridge, MA: Harvard Business School Press.

Carrillo, Dani, Kristen Harknett, Allison Logan, Sigrid Luhr, and Daniel Schneider.

2017. "Instability of Work and Care: How Work Schedules Shape Child-Care Arrangements for Parents Working in the Service Sector." *Social Service Review* 91(3): 422–55.

Cascio, Wayne F. 2010. "Employment Downsizing: Causes, Costs, and Consequences." In *More than Bricks in the Wall: Organizational Perspectives for Sustainable Success,* edited by Lea Stadtler, Achim Schmitt, Patricia Klarner, Thomas Straub, 87–96. Wiesbaden: Gabler Verlag / Springer Science & Business Media.

Cha, Youngjoo. 2010. "Reinforcing Separate Spheres: The Effect of Spousal Overwork on Men's and Women's Employment in Dual-Earner Households." *American Sociological Review* 75(2): 303–29.

Cha, Youngjoo, and Kim A. Weeden. 2014. "Overwork and the Slow Convergence in the Gender Gap in Wages." *American Sociological Review* 79(3): 457–84.

Chandola, Tarani, Eric Brunner, and Michael Marmot. 2006. "Chronic Stress at Work and the Metabolic Syndrome: Prospective Study." *British Medical Journal* 332(7540): 521–25.

Chang, Emily. 2018. *Brotopia: Breaking Up the Boys' Club of Silicon Valley*. New York: Penguin. Chermack, Kelly, Erin L. Kelly, Phyllis Moen, and Samantha K. Ammons. 2015. "Implementing Institutional Change: Flexible Work and Team Processes in a White Collar Organization." *Research in the Sociology of Work* 26: 331–59.

Chesley, Noelle. 2005. "Blurring Boundaries? Linking Technology Use, Spillover, Individual Distress, and Family Satisfaction." *Journal of Marriage and Family* 67(5): 1237–48.

Chesley, Noelle. 2011. "Stay-at-Home Fathers and Breadwinning Mothers: Gender, Couple Dynamics, and Social Change." *Gender & Society* 25(5): 642–64.

Chesley, Noelle. 2014. "Information and Communication Technology Use, Work Intensification and Employee Strain and Distress." *Work, Employment & Society* 28(4): 589–610.

Chesley, Noelle, and Phyllis Moen. 2006. "When Workers Care: Dual-Earner Couples' Caregiving Strategies, Benefit Use, and Psychological Well-Being." *American Behavioral Scientist* 49(9): 1248–69.

Chung, Heejung, and Mariska van der Horst. 2018. "Flexible Working and Unpaid Overtime in the UK: The Role of Gender, Parental and Occupational Status." *Social Indicators Research*. https://doi.org/10.1007/s11205-018-2028-7.

Clawson, Dan, and Naomi Gerstel. 2014. *Unequal Time: Gender, Class, and Family in Employment Schedules*. New York: Russell Sage Foundation.

Cohen, Sheldon, Tom Kamarck, and Robin Mermelstein. 1983. "A Global Measure of Perceived Stress." *Journal of Health and Social Behavior* 24(4): 385–96.

Coltrane, Scott, Elizabeth C. Miller, Tracy DeHaan, and Lauren Stewart. 2013. "Fathers and the Flexibility Stigma." *Journal of Social Issues* 69(2): 279–302.

Conlan, Catherine. 2016. "Nurses, Here's How to Cope with Your Long Hours." *Monster Career Advice*. www.monster.com/career-advice/article/nurses-how-to-cope-long-hours-0716.

Connoly, Dan, Ung Uyhun, Mattew Darling, Ted Robertson, and Suman Gidwani. 2017. *Work and Life: A Behavioral Approach to Solving Work-Life Conflict (An Ideas42 Report)*. www.ideas42.org/wp-content/uploads/2017/03/I42-863_RWJ_Report_DesignSolution_final.pdf.

Cooper, Marianne. 2000. "Being the 'Go-To Guy': Fatherhood, Masculinity, and the Organization of Work in Silicon Valley." *Qualitative Sociology* 23(4): 379–405.

Cooper, Marianne. 2014. *Cut Adrift: Families in Insecure Times*. Berkeley: University of California Press.

Cooper, Rae, and Marian Baird. 2015. "Bringing the 'Right to Request' Flexible Working Arrangements to Life: From Policies to Practices." *Employee Relations* 37(5): 568–81.

Correll, Shelley J. 2017. "SWS 2016 Feminist Lecture: Reducing Gender Biases in Modern Workplaces: A Small Wins Approach to Organizational Change." *Gender & Society* 31(6): 725–50.

Correll, Shelley J., Stephen Benard, and In Paik. 2007. "Getting a Job: Is There a Motherhood Penalty?" *American Journal of Sociology* 11(5): 1297–1338.

Crain, Tori L., Leslie B. Hammer, Todd Bodner, Ellen Ernst Kossek, Phyllis Moen, Richard Lilienthal, and Orfeu M. Buxton. 2014. "Work–Family Conflict, Family-Supportive Supervisor Behaviors (FSSB), and Sleep Outcomes." *Journal of Occupational Health Psychology* 19(2): 155–67.

Crowley, Martha, and Randy Hodson. 2014. "Neoliberalism at Work." *Social Currents* 1(1): 91–108.

Davis, Kelly D., Katie M. Lawson, David M. Almeida, Erin L. Kelly, Rosalind B. King, Leslie Hammer, Lynne M. Casper, Cassandra A. Okechukwu, Ginger Hanson, and Susan M. McHale. 2015. "Parents' Daily Time with Their Children: A Workplace Intervention." *Pediatrics* 135(5): 875–82.

Desilver, Drew. 2017. "Access to Paid Family Leave Varies Widely in U.S." Pew Research Center. www.pewresearch.org/fact-tank/2017/03/23/access-to-paid-familyleave-varies-widely-across-employers-industries/.

Dobbin, Frank. 2009. *Inventing Equal Opportunity*. Princeton, NJ: Princeton University Press. Dobbin, Frank, Daniel Schrage, and Alexandra Kalev. 2015. "Rage against the Iron Cage: The Varied Effects of Bureaucratic Personnel Reforms on Diversity." *American Sociological Review* 80(5): 1014–44.

Egan, Matt, Clare Bambra, Sian Thomas, Mark Petticrew, Margaret Whitehead, and Hilary Thomson. 2007. "The Psychosocial and Health Effects of Workplace Reorganisation. 1. A Systematic Review of Organisational-Level Interventions That Aim to Increase Employee Control." *Journal of Epidemiology and Community Health* 61(11): 945–54.

Ely, Robin J., and Debra E. Meyerson. 2000a. "Advancing Gender Equity in Organizations: The Challenge and Importance of Maintaining a Gender Narrative." *Organization* 7(4): 589–608.

Ely, Robin J., and Debra E. Meyerson. 2000b. "Theories of Gender in Organizations: A New Approach to Organizational Analysis and Change." *Research in Organizational Behavior* 22:103–151.

Epstein, Cynthia Fuchs, and Arne L. Kalleberg. 2004. *Fighting for Time: Shifting Boundaries of Work and Social Life*. New York: Russell Sage Foundation.

Epstein, Cynthia Fuchs, Carroll Seron, Bonnie Oglensky, and Robert Sauté. 2014. *The Part-Time Paradox: Time Norms, Professional Life, Family and Gender*. New York: Routledge.

Ewick, Patricia, and Susan S. Silbey. 1995. "Subversive Stories and Hegemonic Tales: Toward a Sociology of Narrative." *Law & Society Review* 29(2): 197–226.

Ewick, Patricia, and Susan Silbey. 2003. "Narrating Social Structure: Stories of Resistance to Legal Authority." *American Journal of Sociology* 108(6): 1328–72.

Fletcher, Joyce K., Bailyn Lotte, and Stacy Blake Beard. 2009. "Practical Pushing: Creating Discursive Space in Organizational Narratives." In *Critical Management Studies at Work: Negotiating Tensions between Theory and Practice*, edited by J. W. Cox, 82–93. Northampton, MA: Edward Elgar.

Fligstein, Neil. 1997. "Social Skill and Institutional Theory." *American Behavioral Scientist* 40(4): 397–405.

Fligstein, Neil. 2001. "Social Skill and the Theory of Fields." *Sociological Theory* 19(2): 105–25.

Fligstein, Neil, and Taek-Jin Shin. 2004. "The Shareholder Value Society: A Review of the Changes in Working Conditions and Inequality in the United States, 1976 to 2000." In *Social Inequality*, edited by K. M. Neckerman, 401–32. New York: Russell Sage Foundation.

Gallie, Duncan. 2017. "The Quality of Work in a Changing Labour Market." *Social Policy & Administration* 51(2): 226–43.

Gawande, Atul. 2018. "Why Doctors Hate Their Computers." *New Yorker*, November 5. www.newyorker.com/magazine/2018/11/12/why-doctors-hate-their-computers.

Gerson, Kathleen. 1985. *Hard Choices: How Women Decide About Work, Career and Motherhood*. Berkeley: University of California Press.

Gerson, Kathleen. 1993. *No Man's Land: Men's Changing Commitments to Family and Work*. New York: Basic Books.

Gerson, Kathleen. 2010. *The Unfinished Revolution: How a New Generation Is Reshaping Family, Work, and Gender in America*. New York: Oxford University Press.

Gerstel, Naomi, and Dan Clawson. 2014. "Class Advantage and the Gender Divide: Flexibility on the Job and at Home." *American Journal of Sociology* 120(2): 395–431.

Gerstel, Naomi, and Dan Clawson. 2018. "Control over Time: Employers, Workers, and Families Shaping Work Schedules." *Annual Review of Sociology* 44(1): 77–97.

Gibbons, Robert, and Rebecca Henderson. 2012. "Relational Contracts and Organizational Capabilities." *Organization Science* 23(5): 1350–64.

Gittell, Jody Hoffer. 2016. *Transforming Relationships for High Performance: The Power of Relational Coordination*. Palo Alto, CA: Stanford University Press.

Glass, Jennifer L. 2004. "Blessing or Curse?: Work-Family Policies and Mother's Wage Growth Over Time." *Work and Occupations* 31(3): 367–94.

Glass, Jennifer L., and Mary C. Noonan. 2016. "Telecommuting and Earnings Trajectories Among American Women and Men 1989–2008." *Social Forces* 95(1): 217–50.

Glauber, Rebecca. 2011. "Limited Access: Gender, Occupational Composition, and Flexible Work Scheduling." *Sociological Quarterly* 52(3): 472–94.

Glavin, Paul, and Scott Schieman. 2010. "Interpersonal Context at Work and the Frequency, Appraisal, and Consequences of Boundary-Spanning Demands." *Sociological Quarterly* 51(2): 205–25.

Glavin, Paul, Scott Schieman, and Sarah Reid. 2011. "Boundary-Spanning Work Demands and Their Consequences for Guilt and Psychological Distress." *Journal of Health and Social Behavior* 52(1): 43–57.

Godart, Olivier N., Holger Görg, and Aoife Hanley. 2017. "Trust-Based Work Time and Innovation: Evidence from Firm-Level Data." *ILR Review* 70(4): 894–918.

Goh, Joel, Jeffrey Pfeffer, and Stefanos Zenios. 2015a. "Exposure to Harmful Workplace Practices Could Account for Inequality in Life Spans across Different Demographic Groups." *Health Affairs (Project Hope)* 34(10): 1761–68.

Goh, Joel, Jeffrey Pfeffer, and Stefanos A. Zenios. 2015b. "The Relationship Between Workplace Stressors and Mortality and Health Costs in the United States." *Management Science* 62(2): 608–28.

Golden, Lonnie. 2001. "Flexible Work Schedules: Which Workers Get Them?" *American Behavioral Scientist* 44(7): 1157–78.

Goldin, Claudia. 2014. "A Grand Gender Convergence: Its Last Chapter." *American Economic Review* 104(4): 1091–1119.

Graham, John R., Campbell R. Harvey, and Shiva Rajgopal. 2005. "The Economic Implications of Corporate Financial Reporting." *Journal of Accounting and Economics* 40(1): 3–73.

Green, Francis. 2006. *Demanding Work: The Paradox of Job Quality in the Affluent Economy*. Princeton, NJ: Princeton University Press.

Gulati, Ranjay, and Alicia Desantola. 2016. "Start-Ups That Last: How to Scale Your Business. (Spotlight on Entrepreneurship for the Long Term)." *Harvard Business Review* 94(3): 54–61.

Hallett, Tim. 2010. "The Myth Incarnate: Recoupling Processes, Turmoil, and Inhabited Institutions in an Urban Elementary School." *American Sociological Review* 75(1): 52–74.

Hamermesh, Daniel S., and Elena Stancanelli. 2015. "Long Workweeks and Strange Hours." *ILR Review* 68(5): 1007–18.

Hammer, Leslie B., Ryan C. Johnson, Tori L. Crain, Todd Bodner, Ellen Ernst Kossek, Kelly D. Davis, Erin L. Kelly, Orfeu M. Buxton, Georgia Karuntzos, L. Casey Chosewood, and Lisa Berkman. 2016. "Intervention Effects on Safety Compliance and Citizenship Behaviors: Evidence from the Work, Family, and Health Study." *Journal of Applied Psychology* 101(2): 190–208.

Hammer, Leslie B., Ellen Ernst Kossek, W. K. Anger, T. Bodner, and K. L. Zimmerman. 2011. "Clarifying Work–Family Intervention Processes: The Roles of Work–Family Conflict and Family-Supportive Supervisor Behaviors." *Journal of Applied Psychology* 96(1): 134–150.

Hammer, Leslie B., Ellen Ernst Kossek, Todd Bodner, and Tori Crain. 2013. "Measurement Development and Validation of the Family Supportive Supervisor

Behavior Short-Form (FSSB-SF)." *Journal of Occupational Health Psychology* 18(3): 285–96.

Hammer, Leslie B., Ellen Ernst Kossek, Nanette L. Yragui, Todd E. Bodner, and Ginger C. Hanson. 2009. "Development and Validation of a Multidimensional Measure of Family Supportive Supervisor Behaviors (FSSB)." *Journal of Management* 35(4): 837–56.

Harris, Malcolm. 2017. *Kids These Days*. New York: Little Brown and Company.

Hempel, Christian E., Thomas B. Lawrence, and Paul Tracey. 2017. "Institutional Work: Taking Stock and Making It Matter." In *The SAGE Handbook of Organizational Institutionalism*, edited by R. Greenwood, C. Oliver, K. Sahlin, and R. Suddaby, 558–590. London: Sage Publications.

Henly, Julia R., and Susan J. Lambert. 2014. "Unpredictable Work Timing in Retail Jobs: Implications for Employee Work-Life Conflict." *Industrial & Labor Relations Review* 67(3): 986–1016.

Henly, Julia R., H. Luke Shaefer, and Elaine Waxman. 2006. "Nonstandard Work Schedules: Employerand Employee-Driven Flexibility in Retail Jobs." *Social Service Review* 80(4): 609–34.

Hirst, Peter. 2016. "How a Flex-Time Program at MIT Improved Productivity, Resilience, and Trust." *Harvard Business Review*. https://hbr.org/2016/06/how-a-flex-time-program-at-mit-improved-productivity-resilience-and-trust.

Ho, Karen Zouwen. 2009. *Liquidated: An Ethnography of Wall Street*. Durham, NC: Duke University Press.

Hochschild, Arlie Russell. 1997. *The Time Bind: When Work Becomes Home and Home Becomes Work*. New York: Henry Holt and Company.

Hurtado, David A., Cassandra A. Okechukwu, Orfeu M. Buxton, Leslie Hammer, Ginger C. Hanson, Phyllis Moen, Laura C. Klein, and Lisa F. Berkman. 2016. "Effects on Cigarette Consumption of a Work–Family Supportive Organisational Intervention: 6-Month Results from the Work, Family and Health Network Study." *Journal of Epidemiology and Community Health* 70(12): 1155–61.

Huy, Quy Nguyen. 2002. "Emotional Balancing of Organizational Continuity and Radical Change: The Contribution of Middle Managers." *Administrative Science Quarterly* 47(1): 31–69.

Jackall, Robert. 1988. *Moral Mazes: The World of Corporate Managers*. New York: Oxford University Press.

Jacobs, Jerry A., and Kathleen Gerson. 2004. *The Time Divide: Work, Family, and

Gender Inequality. Cambridge, MA: Harvard University Press.

Johnson, R. C., A. Kalil, and Re Dunifon. 2012. "Employment Patterns of Less-Skilled Workers: Links to Children's Behavior and Academic Progress." *Demography* 49(2): 747–72.

Jones, Damon, David Molitor, and Julian Reif. 2018. "What Do Workplace Wellness Programs Do? Evidence from the Illinois Workplace Wellness Study." Working Paper 24229. National Bureau of Economic Research, Cambridge, Massachusetts. www.nber.org/papers/w24229.

Judiesch, Michael K., and Karen S. Lyness. 1999. "Left Behind? The Impact of Leaves of Absence on Managers' Career Success." *Academy of Management Journal* 42(6): 641–51.

Kaduk, Anne, Katie Genadek, Erin L. Kelly, and Phyllis Moen. 2019 (forthcoming). "Involuntary vs. Voluntary Flexible Work: Insights for Scholars and Stakeholders." *Community, Work, and Family*.

Kalleberg, Arne L. 2009. "Precarious Work, Insecure Workers: Employment Relations in Transition." *American Sociological Review* 74(1): 1–22.

Kalleberg, Arne L. 2011. *Good Jobs, Bad Jobs: The Rise of Polarized and Precarious Employment Systems in the United States, 1970s to 2000s*. New York: Russell Sage Foundation.

Kalleberg, Arne L., and Steven P. Vallas. 2018. "Probing Precarious Work: Theory, Research, and Politics." *Research in the Sociology of Work* 31: 1–30.

Karasek, Robert A. 1979. "Job Demands, Job Decision Latitude, and Mental Strain: Implications for Job Redesign." *Administrative Science Quarterly* 24(2): 285–308.

Karasek, Robert A., and Tores Theorell. 1990. *Healthy Work: Stress Productivity and the Reconstruction of Working Life*. New York: Basic Books.

Kelliher, Clare, and Deirdre Anderson. 2010. "Doing More with Less? Flexible Working Practices and the Intensification of Work." *Human Relations* 63(1): 83–106.

Kellogg, Katherine C. 2009. "Operating Room: Relational Spaces and Microinstitutional Change in Surgery." *American Journal of Sociology* 115(3): 657–711.

Kellogg, Katherine C. 2011. *Challenging Operations: Medical Reform and Resistance in Surgery*. Chicago: University of Chicago Press.

Kellogg, Katherine C. 2012. "Making the Cut: Using Status-Based Countertactics to Block Social Movement Implementation and Microinstitutional Change in Surgery." *Organization Science* 23(6): 1546–70.

Kellogg, Katherine C. 2018. "Subordinate Activation Tactics: Semi-Professionals and Micro-Level Institutional Change in Professional Organizations." *Administrative Science Quarterly*. 59(3): 375–408.

Kelly, Erin L., Samantha K. Ammons, Kelly Chermack, and Phyllis Moen. 2010. "Gendered Challenge, Gendered Response: Confronting the Ideal Worker Norm in a White-Collar Organization." *Gender & Society* 24(3): 281–303.

Kelly, Erin L., Anne Kaduk, Katie Genadek, and Phyllis Moen. 2016. "Free to Flex? Work Practices and Career Consequences in an IT Workplace." Labor and Employment Relations Association Winter Meeting in conjunction with Allied Social Science Association conference, San Francisco, January 5, 2016.

Kelly, Erin L., and Alexandra Kalev. 2006. "Managing Flexible Work Arrangements in US Organizations: Formalized Discretion or 'A Right to Ask.'" *Socio-Economic Review* 4(3): 379–416.

Kelly, Erin L., Ellen Ernst Kossek, Leslie B. Hammer, Mary Durham, Jeremy Bray, Kelly Chermack, Lauren A. Murphy, and Dan Kaskubar. 2008. "Getting There from Here: Research on the Effects of Work–Family Initiatives on Work–Family Conflict and Business Outcomes." *Academy of Management Annals* 2(1): 305–49.

Kelly, Erin L., and Phyllis Moen. 2007. "Rethinking the ClockWork of Work: Why Schedule Control May Pay Off at Work and at Home." *Advances in Developing Human Resources* 9(4): 487–506.

Kelly, Erin L., Phyllis Moen, J. Michael Oakes, Wen Fan, Cassandra Okechukwu, Kelly D. Davis, Leslie B. Hammer, Ellen Ernst Kossek, Rosalind Berkowitz King, Ginger C. Hanson, Frank Mierzwa, and Lynne M. Casper. 2014. "Changing Work and Work-Family Conflict Evidence from the Work, Family, and Health Network." *American Sociological Review* 79(3): 485–516.

Kelly, Erin L., Phyllis Moen, and Eric Tranby. 2011. "Changing Workplaces to Reduce Work-Family Conflict." *American Sociological Review* 76(2): 265–90.

Kessler, Ronald, Catherine Barber, Arne Beck, Patricia Berglund, Paul Clearly, David McKenas, Nico Pronk, Gregory Simon, Paul Stang, T. Ustun, and Philip Wang. 2003. "The World Health Organization Health and Work Performance Questionnaire (HPQ)." *Journal of Occupational and Environmental Medicine* 45(2): 156–74.

Kessler, Ronald C., Peggy R. Barker, Lisa J. Colpe, Joan F. Epstein, Joseph C. Gfroerer, Eva Hiripi, Mary J. Howes, Sharon-Lise T. Normand, Ronald W. Manderscheid, Ellen E. Walters, and Alan M. Zaslavsky. 2003. "Screening for Serious Mental Illness in the General Population." *Archives of General Psychiatry* 60(2): 184–89.

Kessler, Sarah. 2017. "IBM, Remote-Work Pioneer, Is Calling Thousands of Employees Back to the Office." *Quartz*. https://qz.com/924167/ibm-remote-work-pioneer-is-calling-thousands-of-employees-back-to-the-office/.

Khalid, Asma. 2017. "From Post-It Notes to Algorithms: How Automation Is Changing Legal Work." *NPR.Org*.www.npr.org/sections/alltechconsidered/2017/11/07/561631927/from-post-it-notes-to-algorithms-how-automation-is-changing-legal-work.

Kivimaki, Mika, Paivi Leino-Arjas, Ritva Luukkonen, Hilkka Riihimaki, Jussi Vahtera, and Juhani Kirjonen. 2002. "Work Stress and Risk of Cardiovascular Mortality: Prospective Cohort Study of Industrial Employees." *British Medical Journal* 325(7369): 857–62.

Klotz, Frieda, and Larry Rosen. 2017. "Heavy Toll of 'Always-On' Technology." *MIT Sloan Management Review*, Spring. https://sloanreview.mit.edu/article/the-heavy-toll-of-always-on-technology/.

Kochan, Thomas A. 2016. *Shaping the Future of Work: What Future Worker, Business, Government, and Education Leaders Need to Do for All to Prosper*. New York: Business Expert Press.

Kochan, Thomas A., Duanyi Yang, William T. Kimball, and Erin L. Kelly. 2019. "Worker Voice in America: Is There a Gap between What Workers Expect and What They Experience?" *ILR Review* 72(1): 3–38.

Kolb, Deborah M., and Debra E. Meyerson. 1999. "Keeping Gender in the Plot: A Case Study of the Body Shop." In *Gender at Work: Organizational Change for Equality*, edited by A. Rao, 129–54. West Hartford, CT: Kumarian Press.

Konrad, Alison M., and Yang Yang. 2012. "Is Using Work-Life Interface Benefits a CareerLimiting Move? An Examination of Women, Men, Lone Parents, and Parents with Partners." *Journal of Organizational Behavior* 33(8): 1095–119.

Kossek, Ellen Ernst, Alison E. Barber, and Deborah Winters. 1999. "Using Flexible Schedules in the Managerial World: The Power of Peers." *Human Resource Management* 38(1): 33–46.

Kossek, Ellen, Patricia Gettings, Lindsay Rosokha, and Rebecca Thompson. 2019. "Work-Life Intervention Crafting and Sustaining Implementation." Conference paper presented at Academy of Management Meetings, August 10–13, Boston.

Kossek, Ellen Ernst, Leslie B. Hammer, Erin L. Kelly, and Phyllis Moen. 2014. "Designing Organizational Work, Family & Health Change Initiatives." *Organizational Dynamics* 43(1): 53–63.

Kossek, Ellen Ernst, and Brenda A. Lautsch. 2007. *CEO of Me: Creating a Life*

That Works in the Flexible Job Age. Upper Saddle River, NJ: Pearson Education.

Kossek, Ellen, Ryan Petty, Todd Bodner, Matthew Perrigino, Leslie Hammer, Nanette Yragui, and Jesse Michel. 2018. "Lasting Impression: Transformational Leadership and Family Supportive Supervision as Resources for Well-Being and Performance." *Occupational Health Science* 2(1): 1–24.

Kossek, Ellen Ernst, Shaun Pichler, Todd Bodner, and Leslie B. Hammer. 2011. "Workplace Social Support and Work–Family Conflict: A Meta-Analysis Clarifying the Influence of General and Work–Family-Specific Supervisor and Organizational Support." *Personnel Psychology* 64(2): 289–313.

Kossek, Ellen Ernst, Matthew M. Piszczek, Kristie L. McAlpine, Leslie B. Hammer, and Lisa Burke. 2016. "Filling the Holes: Work Schedulers as Job Crafters of Employment Practice in Long-Term Health Care." *ILR Review* 69(4): 961–90.

Kossek, Ellen Ernst, Rebecca J. Thompson, Katie M. Lawson, Todd Bodner, Matthew B. Perrigino, Leslie B. Hammer, Orfeu M. Buxton, David M. Almeida, Phyllis Moen, David A. Hurtado, Brad Wipfli, Lisa F. Berkman, and Jeremy W. Bray. 2019. "Caring for the Elderly at Work and Home: Can a Randomized Organizational Intervention Improve Psychological Health?" *Journal of Occupational Health Psychology* 24(1): 36–54.

Kramer, Karen Z., Erin L. Kelly, and Jan B. McCulloch. 2015. "Stay-at-Home Fathers: Definition and Characteristics Based on 34 Years of CPS Data." *Journal of Family Issues* 36(12): 1651–73.

Krueger, Alan B. 2018. "Independent Workers: What Role for Public Policy?" *ANNALS of the American Academy of Political and Social Science* 675(1): 8–25.

Kuhn, Peter, and Fernando Lozano. 2008. "The Expanding Workweek? Understanding Trends in Long Work Hours among U.S. Men, 1979–2006." *Journal of Labor Economics* 26(2): 311–43.

Kunda, Gideon. 1992. *Engineering Culture: Control and Commitment in a High-Tech Corporation*. Philadelphia: Temple University Press.

Kunda, Gideon. 2006. *Engineering Culture: Control and Commitment in a High-Tech Corporation*. Rev. ed. Philadelphia: Temple University Press.

Kurutz, Steven. 2018. "How to Retire in Your 30s with $1 Million in the Bank." *New York Times*, September 1.

Kuruvilla, Sarosh, and Ernesto Noronha. 2016. "From Pyramids to Diamonds: Legal Process Offshoring, Employment Systems, and Labor Markets for Lawyers in the United States and India." *ILR Review* 69(2): 354–77.

Kuruvilla, Sarosh, and Aruna Ranganathan. 2008. "Economic Development Strategies and Macroand Micro-Level Human Resource Policies: The Case of India's 'Outsourcing' Industry." *Industrial & Labor Relations Review* 62(1): 39–72.

Lam, Chun Bun, Susan M. McHale, and Ann C. Crouter. 2012. "Parent-Child Shared Time from Middle Childhood to Late Adolescence: Developmental Course and Adjustment Correlates." *Child Development* 83(6): 2089–2103.

Lam, Jack, Kimberly Fox, Wen Fan, Phyllis Moen, Erin Kelly, Leslie Hammer, and Ellen Ernst Kossek. 2015. "Manager Characteristics and Employee Job Insecurity around a Merger Announcement: The Role of Status and Crossover." *Sociological Quarterly* 56(3): 558–80.

Lam, Jack, Phyllis Moen, Shi-Rong Lee, and Orfeu M. Buxton. 2016. "Boomer and Gen X Managers and Employees at Risk: Evident from the Work, Family, and Health Network Study." In *Beyond the Cubicle: Job Insecurity, Intimacy, and the Flexible Self*, edited by A. J. Pugh, 51–74. New York: Oxford University Press.

Lambert, Susan J., Peter J. Fugiel, and Julia R. Henly. 2014. *Precarious Work Schedules among EarlyCareer Employees in the US: A National Snapshot.* https://ssa.uchicago.edu/sites/default/files/uploads/lambert.fugiel.henly_.precarious_work_schedules.august2014_0.pdf.

Lambert, Susan J., Anna Haley-Lock, and Julia R. Henly. 2012. "Schedule Flexibility in Hourly Jobs: Unanticipated Consequences and Promising Directions." *Community, Work & Family* 15(3): 293–315.

La Monica, Paul R. 2013. "You're Fired. Stock Rises. Wall Street Loves Layoffs— The Buzz— Investment and Stock Market News." *CNNMoney.* http://buzz.money.cnn.com/2013/10/01/layoffs-stocks/.

Lamont, Michèle. 1992. *Money, Morals, and Manners: The Culture of the French and American UpperMiddle Class*. Chicago: University of Chicago Press.

Lamont, Michèle. 2000. *The Dignity of Working Men: Morality and the Boundaries of Race, Class, and Immigration*. Cambridge, MA: Russell Sage Foundation and Harvard University Press.

Lassus, Lora A. Phillips, Steven Lopez, and Vincent J. Roscigno. 2015. "Aging Workers and the Experience of Job Loss." *Research in Social Stratification and Mobility* 41: 81–91.

Lawrence, Thomas B., and Roy Suddaby. 2006. "Institutions and Institutional Work." In *Handbook of Organization Studies*, edited by S. R. Clegg, C. Hardy, T. B. Lawrence, and W. R. Nord, 215–254. London: Sage Publications.

Lawson, Katie M., Kelly D. Davis, Susan M. McHale, David M. Almeida, Erin L. Kelly, and Rosalind B. King. 2016. "Effects of Workplace Intervention on Affective Well-Being in Employees' Children." *Developmental Psychology* 52(5): 772–77.

Lee, Mary Dean, Shelley MacDermid, and Michelle L. Buck. 2000. "Organizational Paradigms of Reducedload Work: Accommodation, Elaboration, and Transformation." *Academy of Management Journal* 43(6): 1211–26.

Lee, Michael, Melissa Mazmanian, and Leslie Perlow. 2019. "Fostering Positive Relational Dynamics in Teams: The Power of Interaction Scripts as a Resource for Change." *Academy of Management Journal*. doi.org/10.5465/amj.2016.0685.

Lee, Soomi, Tori L. Crain, Susan M. McHale, David M. Almeida, and Orfeu M. Buxton. 2017. "Daily Antecedents and Consequences of Nightly Sleep." *Journal of Sleep Research* 26(4): 498–509.

Leslie, Lisa, Colleen Manchester, Tae-Youn Park, and Si Ahn Mehng. 2012. "Flexible Work Practices: A Source of Career Premiums or Penalties?" *Academy of Management Journal* 55(6): 1407–28.

Lott, Yvonne, and Heejung Chung. 2016. "Gender Discrepancies in the Outcomes of Schedule Control on Overtime Hours and Income in Germany." *European Sociological Review* 32(6): 752–65.

Lott, Yvonne, and Christina Klenner. 2016. "Ideal Workers and Ideal Parents: Working-Time Norms and the Acceptance of Part-Time and Parental Leave at the Workplace in Germany." WSI Working Papers 204, The Institute of Economic and Social Research, (WSI), HansBöckler-Foundation, Düsseldorf.

Lowe, Travis Scott. 2018. "Perceived Job and Labor Market Insecurity in the United States: An Assessment of Workers' Attitudes from 2002 to 2014." *Work and Occupations* 45(3): 313–45.

Maertz, Carl P., Jack W. Wiley, Cynthia Lerouge, and Michael A. Campion. 2010. "Downsizing Effects on Survivors: Layoffs, Offshoring, and Outsourcing." *Industrial Relations: A Journal of Economy and Society* 49(2): 275–85.

Marino, Miguel, Marie Killerby, Soomi Lee, Laura C. Klein, Phyllis Moen, Ryan Olson, Ellen E. Kossek, Rosalind King, Leslie Erickson, Lisa F. Berkman, and Orfeu M. Buxton. 2016. "The Effects of a Cluster Randomized Controlled Workplace Intervention on Sleep and WorkFamily Conflict Outcomes in an Extended Care Setting." *Sleep Health* 2(4): 297–308.

Marino, Miguel, Yi Li, Michael J. Pencina, Ralph B. D'Agostino, Lisa F. Berkman, and Orfeu M. Buxton. 2014. "Quantifying Cardiometabolic Risk Using Modifiable

Non–Self-Reported Risk Factors." *American Journal of Preventive Medicine* 47(2): 131–40.

Maslach, Christina, and Susan E. Jackson. 1986. *Maslach Burnout Inventory Manual*. 2nd ed. Palo Alto, CA: Consulting Psychologists Press.

Matos, Kenneth, and Ellen Galinsky. 2015. "Commentary on How Effective Is Telecommuting? Assessing the Status of Our Scientific Findings." *Psychological Science in the Public Interest* 16(2): 38–39.

Matteescu, Alexandra, and Aiha Nguyen. 2019. "Explainer: Workplace Monitoring & Surveillance." https://datasociety.net/output/explainer-workplace-monitoring-surveillance.

Mattke, Soeren, Harry H. Liu, John P. Caloyeras, Christina Y. Huang, Kristin R. Van Busum, Dmitry Khodyakov, and Victoria Shier. 2013. *Workplace Wellness Programs Study*. Santa Monica, CA: RAND Corporation.

Maume, David J. 2006. "Gender Differences in Restricting Work Efforts Because of Family Responsibilities." *Journal of Marriage and Family* 68(4): 859–69.

Mazmanian, Melissa, and Ingrid Erickson. 2014. "The Product of Availability: Understanding the Economic Underpinnings of Constant Connectivity." In *Proceedings of the SIGCHI Conference on Human Factors in Computing Systems*, CHI '14, 763–72. New York: Association for Computing Machinery.

Mazmanian, Melissa, Wanda J. Orlikowski, and JoAnne Yates. 2013. "The Autonomy Paradox: The Implications of Mobile Email Devices for Knowledge Professionals." *Organization Science* 24 (5) (October 2013): 1337–57.

McGee, Suzanne. 2014. "Layoffs Make CEOs Look like Heroes—That's Why Corporate America Is Sick | Money | The Guardian." *The Guardian*, July 24.

McGovern, Patrick, Stephen Hill, Colin Mills, and Michael White. 2007. *Market, Class, and Employment*. Oxford: Oxford University Press.

McHale, Susan M., Katie M. Lawson, Kelly D. Davis, Lynne Casper, Erin L. Kelly, and Orfeu Buxton. 2015. "Effects of a Workplace Intervention on Sleep in Employees' Children." *Journal of Adolescent Health* 56(6): 672–77.

Meyerson, Debra E. 2001a. *Tempered Radicals: How People Use Difference to Inspire Change at Work*. Cambridge, MA: Harvard Business School Press.

Meyerson, Debra E. 2001b. "Radical Change, the Quiet Way (Changing Corporate Culture)." *Harvard Business Review* 79(9): 92–104.

Meyerson, Debra E., and Deborah M. Kolb. 2000. "Moving out of the 'Armchair': Developing a Framework to Bridge the Gap between Feminist Theory and Practice."

Organization 7(4): 553–71.

Michaels, Guy, Ashwini Natraj, and John Van Reenen. 2013. "Has ICT Polarized Skill Demand? Evidence from Eleven Countries over Twenty-Five Years." *Review of Economics and Statistics* 96(1): 60–77.

Michel, Jesse S., Lindsey M. Kotrba, Jacqueline K. Mitchelson, Malissa A. Clark, and Boris B. Baltes. 2011. "Antecedents of Work–Family Conflict: A Meta-Analytic Review." *Journal of Organizational Behavior* 32(5): 689–725.

Milkie, Melissa A., Kei Nomaguchi, and Scott Schieman. 2019. "Time Deficits with Children: The Link to Parents' Mental and Physical Health." *Society and Mental Health* 9(3): 277–95. doi/10.1177/2156869318767488.

Milkman, Ruth, and Eileen Appelbaum. 2013. *Unfinished Business: Paid Family Leave in California and the Future of U.S. Work-Family Policy*. Ithaca, NY: ILR Press.

Miller, Claire Cain. 2019. "Women Did Everything Right. Then Work Got 'Greedy.'" *New York Times*, April 26.

Mirowsky, John, and Catherine E. Ross. 1998. "Education, Personal Control, Lifestyle and Health: A Human Capital Hypothesis." *Research on Aging* 20(4): 415–49.

Mishel, Lawrence R. 2013. *Vast Majority of Wage Earners Are Working Harder, and for Not Much More: Trends in U.S. Work Hours and Wages over 1979–2007*. Washington, DC: Economic Policy Institute.

Moen, Phyllis. 2003. *It's About Time: Couples and Careers*. Ithaca, NY: Cornell University Press.

Moen, Phyllis. 2016. *Encore Adulthood: Boomers on the Edge of Risk, Renewal, and Purpose*. New York: Oxford University Press.

Moen, Phyllis, Wen Fan, and Erin L. Kelly. 2013. "Team-Level Flexibility, Work-Home Spillover, and Health Behavior." *Social Science & Medicine* 84 (May): 69–79.

Moen, Phyllis, Erin L. Kelly, Wen Fan, Shi-Rong Lee, David Almeida, Ellen Ernst Kossek, and Orfeu M. Buxton. 2016. "Does a Flexibility/Support Organizational Initiative Improve High-Tech Employees' Well-Being? Evidence from the Work, Family, and Health Network." *American Sociological Review* 81(1): 134–64.

Moen, Phyllis, Erin L. Kelly, and Rachelle Hill. 2011. "Does Enhancing Work-Time Control and Flexibility Reduce Turnover? A Naturally Occurring Experiment." *Social Problems* 58(1): 69–98.

Moen, Phyllis, Erin L. Kelly, and Qinlei Huang. 2008. "Work, Family and Life-Course Fit: Does Control Over Work Time Matter?" *Journal of Vocational Behavior* 73(3): 414–25.

Moen, Phyllis, Erin L. Kelly, and Jack Lam. 2013. "Healthy Work Revisited: Do Changes in Time Strain Predict Well-Being?" *Journal of Occupational Health Psychology* 18(2): 157–72.

Moen, Phyllis, Erin L. Kelly, Shi-Rong Lee, J. Michael Oakes, Wen Fan, Jeremy Bray, David Almeida, Leslie Hammer, David Hurtado, and Orfeu Buxton. 2017. "Can a Flexibility/Support Initiative Reduce Turnover Intentions and Exits? Results from the Work, Family, and Health Network." *Social Problems* 64(1): 53–85.

Moen, Phyllis, Erin L. Kelly, Eric Tranby, and Qinlei Huang. 2011. "Changing Work, Changing Health: Can Real Work-Time Flexibility Promote Health Behaviors and Well-Being?" *Journal of Health and Social Behavior* 52(4): 404–29.

Moen, Phyllis, Erik Kojola, Erin L. Kelly, and Yagmur Karakaya. 2016. "Men and Women Expecting to Work Longer: Do Changing Work Conditions Matter?" *Work, Aging and Retirement* 2(3): 321–44.

Moen, Phyllis, and Patricia Roehling. 2005. *The Career Mystique: Cracks in the American Dream*. Lanham, MD: Rowman & Littlefield.

Munsch, Christin L. 2016. "Flexible Work, Flexible Penalties: The Effect of Gender, Childcare, and Type of Request on the Flexibility Bias." *Social Forces* 94(4): 1567–91.

Netemeyer, Richard G., James S. Boles, and Robert McMurrian. 1996. "Development and Validation of Work–Family Conflict and Family–Work Conflict Scales." *Journal of Applied Psychology* 81(4): 400–10.

Neumark, David. 2016. "Policy Levers to Increase Jobs and Increase Income from Work after the Great Recession." *IZA Journal of Labor Policy* 5(1): 1–38.

Newman, Katherine S. 1999. *Falling from Grace: Downward Mobility in the Age of Affluence*. Berkeley: University of California Press.

Nijp, Hylco H., Debby G. J. Beckers, Sabine A. E. Geurts, Philip Tucker, and Michiel A. J. Kompier. 2012. "Systematic Review on the Association Between Employee Worktime Control and Work–Non-Work Balance, Health and Well-Being, and Job-Related Outcomes." *Scandinavian Journal of Work, Environment & Health* 38(4): 299–313.

Nijp, Hylco H., Debby G. J. Beckers, Karina van de Voorde, Sabine A. E. Geurts, and Michiel A. J. Kompier. 2016. "Effects of New Ways of Working on Work Hours and Work Location, Health and Job-Related Outcomes." *Chronobiology International* 33(6): 604–18.

Nomaguchi, Kei M., Melissa A. Milkie, and Suzanne M. Bianchi. 2005. "Time

Strains and Psychological Well-Being Do Dual-Earner Mothers and Fathers Differ?" *Journal of Family Issues* 26(6): 756–92.

Noonan, Mary C., and Jennifer L. Glass. 2012. "The Hard Truth About Telecommuting." *Monthly Labor Review* (June): 38–45.

Norbert, K. Semmer. 2006. "Job Stress Interventions and the Organization of Work." *Scandinavian Journal of Work, Environment & Health* 32(6): 515–27.

Okechukwu, Cassandra A., Erin L. Kelly, Janine Bacic, Nicole DePasquale, David Hurtado, Ellen Kossek, and Grace Sembajwe. 2016. "Supporting Employees' Work-Family Needs Improves Health Care Quality: Longitudinal Evidence from Long-Term Care." *Social Science & Medicine* 157 (May): 111–19.

Olson, Ryan, Tori L. Crain, Todd E. Bodner, Rosalind King, Leslie B. Hammer, Laura Cousino Klein, Leslie Erickson, Phyllis Moen, Lisa F. Berkman, and Orfeu M. Buxton. 2015. "A Workplace Intervention Improves Sleep: Results from the Randomized Controlled Work, Family, and Health Study." *Sleep Health: Journal of the National Sleep Foundation* 1(1): 55–65.

Osterman, Paul. 1999. *Securing Prosperity: The American Labor Market: How It Has Changed and What to Do about It*. Princeton, NJ: Princeton University Press.

Padavic, Irene, Robin J. Ely, and Erin M. Reid. 2019. "Explaining the Persistence of Gender Inequality: The Work-Family Narrative as a Social Defense against the 24/7 Work Culture." *Administrative Science Quarterly*. https://doi.org/10.1177/0001839219832310.

Parker, Sharon K., Frederick P. Morgeson, and Gary Johns. 2017. "One Hundred Years of Work Design Research: Looking Back and Looking Forward." *Journal of Applied Psychology* 102(3): 403–20.

Pearlin, Leonard I. 2010. "The Life Courseand the Stress Process: Some Conceptual Comparisons." *Journals of Gerontology Series B: Psychological Sciences and Social Sciences* 65B(2): 207–15.

Pedulla, David S. 2016. "Penalized or Protected? Gender and the Consequences of Nonstandard and Mismatched Employment Histories." *American Sociological Review* 81(2): 262–89.

Pedulla, David S., and Sarah Thebaud. 2015. "Can We Finish the Revolution? Gender, Work-Family Ideals, and Institutional Constraint." *American Sociological Review* 80(1): 116–39.

Perea, Juan F. 2011. "The Echoes of Slavery: Recognizing the Racist Origins of the Agricultural and Domestic Worker Exclusion from the National Labor Relations Act."

Ohio State Law Journal 72(1): 95–138.

Perlow, Leslie A. 1997. *Finding Time: How Corporations, Individuals, and Families Can Benefit from New Work Practices*. Ithaca, NY: Cornell University Press.

Perlow, Leslie A. 1999. "The Time Famine: Toward a Sociology of Work Time." *Administrative Science Quarterly* 44(1): 57–81.

Perlow, Leslie A. 2012. *Sleeping with Your Smartphone: How to Break the 24/7 Habit and Change the Way You Work*. Cambridge, MA: Harvard Business Review Press.

Perlow, Leslie A., and Erin L. Kelly. 2014. "Toward a Model of Work Redesign for Better Work and Better Life." *Work and Occupations* 41(1): 111–34.

Perry-Jenkins, Maureen. 2014. "The Time and Timing of Work: Unique Challenges for LowIncome Families." In *Work-Family Challenges for Low-Income Children and their Parents*, edited by Ann C. Crouter and Alan Booth, 119–28. New York: Routledge.

Petersen, Anne Helen. 2019. "How Millennials Became the Burnout Generation." *BuzzFeed News*. www.buzzfeednews.com/article/annehelenpetersen/millennials-burnout-generation-debt-work.

Petrakaki, Dimitra, Ela Klecun, and Tony Cornford. 2016. "Changes in Healthcare Professional Work Afforded by Technology: The Introduction of a National Electronic Patient Record in an English Hospital." *Organization* 23(2): 206–26.

Pfeffer, Jeffrey. 2018. *Dying for a Paycheck: How Modern Management Harms Employee Health and Company Performance—and What We Can Do about It*. New York: HarperCollins.

Plumb, Emma. 2015. "Tips for Successful Flex from Peter Hirst, MIT Sloan—1MFWF." *1 Million for Work Flexibility*. www.workflexibility.org/tips-for-successful-flex-from-peter-hirst-executive-director-of-executive-education-mit-sloan/.

Pryce, Joanna, Karen Albertsen, and Karina Nielsen. 2006. "Evaluation of an Open-Rota System in a Danish Psychiatric Hospital: A Mechanism for Improving Job Satisfaction and Work–Life Balance." *Journal of Nursing Management* 14(4): 282–88.

Pugh, Allison J. 2015. *The Tumbleweed Society: Working and Caring in an Age of Insecurity*. New York: Oxford University Press.

Pugh, Allison J. 2016. *Beyond the Cubicle: Job Insecurity, Intimacy, and the Flexible Self*. New York: Oxford University Press.

Rahmandad, Hazhir, Rebecca Henderson, and Nelson P. Repenning. 2018. "Making the Numbers? 'Short Termism' and the Puzzle of Only Occasional Disaster." *Management Science* 64(3): 1328–47.

Rahmandad, Hazhir, and Nelson Repenning. 2016. "Capability Erosion Dynamics." *Strategic Management Journal* 37(4): 649–72.

Ramarajan, Lakshmi, and Erin Reid. 2013. "Shattering the Myth of Separate Worlds: Negotiating Nonwork Identities at Work." *Academy of Management Review* 38(4): 621–44.

Rao, Hayagreeva, Philippe Monin, and Rodolphe Durand. 2003. "Institutional Change in Toque Ville: Nouvelle Cuisine as an Identity Movement in French Gastronomy." *American Journal of Sociology* 108(4): 795–843.

Rapoport, Rhona, Lotte Bailyn, Joyce K. Fletcher, and Bettye H. Pruitt. 2001. *Beyond Work-Family Balance: Advancing Gender Equity and Workplace Performance*. San Francisco: Jossey-Bass.

Reid, Erin. 2015. "Embracing, Passing, Revealing, and the Ideal Worker Image: How People Navigate Expected and Experienced Professional Identities." *Organization Science* 26(4): 997–1017.

Remus, Dana, and Frank S. Levy. 2016. "Can Robots Be Lawyers? Computers, Lawyers, and the Practice of Law." https://papers.ssrn.com/sol3/papers.cfm?abstract_id=2701092.

Repenning, James, Donald Kieffer, and Nelson Repenning. 2017. "Agile for Everyone Else: Using Triggers and Checks to Create Agility Outside of Software Development." MIT Sloan Working Paper 5198-17, Cambridge, MA.

Repenning, Nelson P. 2001. "Understanding Fire Fighting in New Product Development." *Journal of Product Innovation Management* 18(5): 285–300.

Repenning, Nelson P., and John D. Sterman. 2001. "Nobody Ever Gets Credit for Fixing Problems That Never Happened: Creating and Sustaining Process Improvement." *California Management Review* 43(4): 64–88.

Ressler, Cali, and Jody Thompson. 2008. *Why Work Sucks and How to Fix It: No Schedules, No Meetings, No Joke . . .* New York: Portfolio.

Riordan, Christine. 2018. "Task-Based Stratification: How Technical, Social and Relational Characteristics of Tasks Drive Stratification in Corporate Law." MIT Sloan Working Paper, Cambridge, MA.

Risman, Barbara. 2018. *Where Millennials Will Take Us: A New Generation Wrestles with the Gender Structure*. New York: Oxford University Press.

Rosenfeld, Sarah, and Dawne Mouzon. 2013. "Gender and Mental Health." In *Handbook of the Sociology of Mental Health, Handbooks of Sociology and Social Research*, edited by Carol S. Aneshensel, Jo C. Phelan, and Alex Bierman, 277–96.

Dordrecht: Springer.

Rossin-Slater, Maya. 2018. "Maternity and Family Leave Policy." In *The Oxford Handbook of Women and the Economy*, edited by Susan L. Averett, Laura M. Argys, and Saul D. Hoffman, 323–342. New York: Oxford University Press.

Rothbard, Nancy P., Katherine W. Phillips, and Tracy L. Dumas. 2005. "Managing Multiple Roles: Work-Family Policies and Individuals' Desires for Segmentation." *Organization Science* 16(3): 243–58.

Rubin, Alissa J. 2017. "France Lets Workers Turn Off, Tune Out and Live Life." *New York Times*, December 22.

Rudman, Laurie A., and Kris Mescher. 2013. "Penalizing Men Who Request a Family Leave: Is Flexibility Stigma a Femininity Stigma?" *Journal of Social Issues* 69(2): 322–40.

Sako, Mari. 2013. "Professionals between Market and Hierarchy: A Comparative Political Economy Perspective." *Socio-Economic Review* 11(1): 185–212.

Schieman, Scott. 2013. "Job-Related Resources and the Pressures of Working Life." *Social Science Research* 42(2): 271–82.

Schieman, Scott, and Paul Glavin. 2008. "Trouble at the Border?: Gender, Flexibility at Work, and the Work-Home Interface." *Social Problems* 55(4): 590–611.

Schieman, Scott, and Paul Glavin. 2017. "Ironic Flexibility: When Normative Role Blurring Undermines the Benefits of Schedule Control." *Sociological Quarterly* 58(1): 51–71.

Schneider, Daniel, and Kristen Harknett. 2019. "Consequences of Routine Work Schedule Instability for Worker Health and Wellbeing." *American Sociological Review* 84(1): 82–114. Schulte, Brigid. 2014. *Overwhelmed: How to Work, Love, and Play When No One Has the Time*.New York: Macmillan.

Schulte, Brigid. 2017. "Why Your Best Productivity Hacks Still Come Up Short (And What Really Needs to Change)." www.fastcompany.com/40400900/why-your-best-productivity-hacks-still-come-up-short-and-what-really-needs-to-change.

Shafer, Emily Fitzgibbons, Erin L. Kelly, Orfeu M. Buxton, and Lisa F. Berkman. 2017. "Partners' Overwork and Individuals' Wellbeing and Experienced Relationship Quality." *Community, Work & Family* 21(4): 410–28.

Sheridan, Richard. 2013. *Joy, Inc.: How We Built a Workplace People Love*. New York: Penguin. Shows, Carla, and Naomi Gerstel. 2009. "Fathering, Class, and Gender: A Comparison of Physi-cians and Emergency Medical Technicians." *Gender & Society* 23(2): 161–87.

过劳
好工作是如何变坏的

Sianoja, Marjaana, Erin L. Kelly, Lee Soomi, and David M. Almeida. 2018. "Working Around the Clock: How Uninterrupted Off-Job Time Between Workdays Relates to Energy Levels and Cognitive Functioning at Work." Working paper.

Silver-Greenberg, Jessica, and Natalie Kitroeff. 2018. "Miscarrying at Work: The Physical Toll of Pregnancy Discrimination." *New York Times*, October 21.

Smith, Vicki. 2001. *Crossing the Great Divide: Worker Risk and Opportunity in the New Economy*. Ithaca, NY: Cornell University Press.

Society for Human Resources Professionals. 2018. *FLSA Overtime Rule Resources*. www.shrm.org/resourcesandtools/legal-and-compliance/employment-law/pages/flsa-overtime-rule-resources.aspx.

Stansfeld, S., and B. Candy. 2006. "Psychosocial Work Environment and Mental Health—a MetaAnalytic Review." *Scandinavian Journal of Work Environment & Health* 32(6): 443–62.

Stevens, Allison. 2014. "Let's Take Luck Out of the 'Boss Lottery.'" *Women's ENews*. https:// womensenews.org/2014/10/lets-take-luck-out-of-the-boss-lottery/.

Stone, Pamela. 2007. *Opting Out?: Why Women Really Quit Careers and Head Home*. Berkeley: University of California Press.

Strauss, Anselm. 1996. "Everett Hughes: Sociology's Mission." *Symbolic Interaction* 19(4): 271–83. Swanberg, Jennifer E., Marcie Pitt-Catsouphes, and Krista Drescher-Burke. 2005. "A Question of Justice: Disparities in Employees' Access to Flexible Schedule Arrangements." *Journal of Family Issues* 26(6): 866–95.

Sweet, Stephen, Marcie Pitt-Catsouphes, and Jacquelyn Boone James. 2016. "Successes in Changing Flexible Work Arrangement Use: Managers and Work-Unit Variation in a Financial Services Organization." *Work and Occupations* 43(1): 75–109.

Thébaud, Sarah, and David S. Pedulla. 2016. "Masculinity and the Stalled Revolution: How Gender Ideologies and Norms Shape Young Men's Responses to Work–Family Policies." *Gender & Society* 30(4): 590–617.

Thompson, Jody, and Cali Ressler. 2013. *Why Managing Sucks and How to Fix It: A Results-Only Guide to Taking Control of Work, Not People*. New York: Wiley.

Townsend, Nicholas W. 2002. *The Package Deal: Marriage, Work, and Fatherhood in Men's Lives*. Philadelphia: Temple University Press.

Turco, Catherine. 2016. *The Conversational Firm: Rethinking Bureaucracy in the Age of Social Media*. New York: Columbia University Press.

US Department of Labor, Bureau of Labor Statistics. 2017. "National Compensation Survey: Employee Benefits in the United States, March 2017." www.bls.

gov/ncs/ebs/benefits/2017/ownership/private/table32a.htm.

US Department of Labor, Wages and Hours Division. 2019. "Notice of Proposed Rule-Making: Overtime Exemption." www.dol.gov/whd/overtime2019/.

Vallas, Steven P., and Angèle Christin. 2018. "Work and Identity in an Era of Precarious Employment: How Workers Respond to 'Personal Branding' Discourse." *Work and Occupations* 45(1): 3–37.

Van Oort, Madison. 2018. "The Emotional Labor of Surveillance: Digital Control in Fast Fashion Retail." *Critical Sociology*. https://doi.org/10.1177/0896920518778087.

Wajcman, Judy. 2015. *Pressed for Time: The Acceleration of Life in Digital Capitalism*. Chicago: University of Chicago Press.

Watson, David, Lee Anna Clark, and Auke Tellegen. 1988. "Development and Validation of Brief Measures of Positive and Negative Affect: The PANAS Scales." *Journal of Personality and Social Psychology* 54(6): 1063–70.

Weeden, Kim A. 2005. "Is There a Flexiglass Ceiling? Flexible Work Arrangements and Wages in the United States." *Social Science Research* 34(2): 454–82.

Weick, Karl E. 1984. "Small Wins: Redefining the Scale of Social Problems." *American Psychologist* 39(1): 40–49.

Weil, David. 2014. *The Fissured Workplace: Why Work Became So Bad for so Many and What Can Be Done to Improve It*. Cambridge, MA: Harvard University Press.

Weise, Karen. 2018. "Somali Workers in Minnesota Force Amazon to Negotiate." *New York Times*, November 21.

Wharton, Amy S., Sarah Chivers, and Mary Blair-Loy. 2008. "Use of Formal and Informal Work– Family Policies on the Digital Assembly Line." *Work and Occupations* 35(3): 327–50.

Williams, Christine L. 2013. "The Glass Escalator, Revisited: Gender Inequality in Neoliberal Times." *Gender & Society* 27(5): 609–29.

Williams, Joan C. 2000. *Unbending Gender: Why Family and Work Conflict and What to Do about It*. New York: Oxford University Press.

Williams, Joan C. 2010. *Reshaping the Work-Family Debate: Why Men and Class Matter*. Cambridge, MA: Harvard University Press.

Williams, Joan C., Mary Blair-Loy, and Jennifer L. Berdahl. 2013. "Cultural Schemas, Social Class, and the Flexibility Stigma." *Journal of Social Issues* 69(2): 209–34.

Williams, Joan C., Susan Lambert, Saravanan Kesavan, Peter J. Fugiel, Lori Ann Ospina, Erin Devorah Rapoport, Meghan Jarpe, Dylan Bellisle, Pendem Pradeep, Lisa

McCorkell, and Sarah Adler-Milstein. 2018. "Stable Scheduling Increases Productivity and Sales: The Stable Scheduling Study." *WorkLife Law*. https://worklifelaw.org/projects/stable-scheduling-study/report/.

Wingfield, Adia Harvey. 2013. *No More Invisible Man: Race and Gender in Men's Work*. Philadelphia, PA: Temple University Press.

Wolfe, Jonathon. 2018. "New York Today: The Right to Disconnect." *New York Times*. www.nytimes.com/2018/03/23/nyregion/new-york-today-the-right-to-disconnect.html.

Wolfe, Julia, Janelle Jones, and David Cooper. 2018. "'Fair Workweek' Laws Help More than 1.8 Million Workers: Laws Promote Workplace Flexibility and Protect against Unfair Scheduling Practices." Washington, DC: Economic Policy Institute.

Wollan, Malie. 2016. "Failure to Lunch." *New York Times*, February 25.

Wynn, Alison T. 2018. "Misery Has Company: The Shared Emotional Consequences of Everwork Among Women and Men." *Sociological Forum* 33(3): 712–34.

Wynn, Alison T., and Aliya Hamid Rao. 2019. "Failures of Flexibility: How Perceived Control Motivates the Individualization of Work–Life Conflict." *ILR Review*. https://doi.org/10.1177/0019793919848426.